民航客舱安全管理指南

Civil Aviation Cabin Security Management Guidebook

主　　编：魏全斌
副 主 编：邓彩霞　张雪梅　黄志勇　谈国萍

中国民航出版社

图书在版编目（CIP）数据

民航客舱安全管理指南 / 魏全斌主编. —北京：中国民航出版社，2018.11（2023.11 重印）
ISBN 978-7-5128-0615-3

Ⅰ. ①民…　Ⅱ. ①魏…　Ⅲ. ①民用航空 - 旅客运输 - 客舱 - 安全管理 - 指南　Ⅳ. ① F560.6–62

中国版本图书馆 CIP 数据核字（2018）第 256385 号

民航客舱安全管理指南

魏全斌　主编

责任编辑	陈　晨　罗仁君
出　　版	中国民航出版社（010）64279457
地　　址	北京市朝阳区十里河桥东民航报社大楼二层（100122）
排　　版	中国民航出版社录排室
印　　刷	北京金吉士印刷有限责任公司
发　　行	中国民航出版社（010）64297307　64290477
开　　本	787×1092　1/16
印　　张	15.75
字　　数	441 千字
版 印 次	2019 年 1 月第 1 版　2023 年 11 月第 5 次印刷
书　　号	ISBN 978-7-5128-0615-3
定　　价	49.90 元

官方微博　http://weibo.com/phcaac
淘宝网店　https://shop142257812.taobao.com
电子邮箱　phcaac@163.com

本书编写组

主　　编： 魏全斌

副 主 编： 邓彩霞　张雪梅　黄志勇　谈国萍

参编人员： 史庞豪　晋亚齐　郑　茹　周希宸　孙依晨

前　言

《国家中长期教育改革和发展规划纲要（2010—2020年）》明确指出：中等职业教育与高等职业教育协调发展，构建现代职业教育体系，增强职业教育支撑产业发展能力。职业教育为社会、经济和人的发展服务成为职业教育理论工作者与实践工作者的共识。

民航业是国家重要的战略产业，近年来，随着社会、经济的不断发展，民航业得到了空前的发展，行业规模不断扩大，服务能力逐步提升，安全水平显著提高，为我国的社会主义现代化建设作出了巨大贡献。

“安全第一”是民航运输业永恒不变的主题。客舱安全是民航安全的重要组成部分，是客舱服务的前提，对民航安全有着重要的影响。确保客舱安全是乘务员的首要职责，也是乘务工作的第一要务。近年来，虽然我国民航安全水平稳步提高，但客舱安全事故仍时有发生，这与民航业的飞速发展不协调，与广大旅客对于飞行安全的期望不相符，与民航服务业的服务宗旨不相符。因此，不断提高乘务人员的安全责任意识，不断完善客舱安全法律法规体系，不断提高客舱安全监督管理水平，最大限度地减少客舱安全事故，就成为民航安全的重要课题之一。

为了满足日益发展的民航运输业的要求，进一步提高民航服务业的服务质量与水平，确保民航运输安全，不断满足旅客对于飞行安全的期待，我们组织校内外民航专家编写了这本教材。该教材在编写过程中，坚持文字表述简练、专业、指导性强的原则，通过对民航客舱安全管理内容的整理，坚持与现有航空公司操作程序保持一致，使教材具有很强的操作性，可有效地提高学生的综合素质。

本教材主要以民航乘务员应具备的职业素质培养为主线，有序地向学生呈现出成为优秀民航乘务员所应具备的知识和技能；以《大型飞机公共航空运输承运人运行合格审定规则》第五次修订版中的部分章节为指导性文件，并结合各航空公司乘务员手册、机型操作手册及现实行业要求，循序渐进地向学生介绍民航乘务员应掌握的行业专业知识。

本教材由职业教育专家魏全斌担任主编，邓彩霞、张雪梅、黄志勇和谈国萍担任副主编，史庞豪、晋亚齐、郑茹、周希宸、孙依晨参编。

本教材在写作中引用了大量国内外民航安全研究者的宝贵学术成果和资料。没有他们出色的研究工作，本教材是不可能完成的。在此，向各位原作者表示深深的谢意。同时，由于时间较紧、联系方式不准确等原因，未能一一取得原成果作者的同意，敬请原成果作者谅解并与我们联系，我们将奉寄稿酬和样书，并在重印或者再版时根据原成果的要求进行相应的调整。

学海无涯。虽然本教材的写作参与者试图出版一本能够指导民航客舱安全管理的优秀著作，但由于水平有限，本书难免还存在各种不足，在此恳请读者和同行专家不吝赐教。我们会在未来的出版中不断修订、提高和完善，不辜负民航教育工作者的使命。

编　者

2018 年 11 月

目　录

第一章 客舱安全管理规则和职责

第一节 客舱安全管理

一、职责

（一）机长职权

（1）在整个飞行期间，机长对旅客、机组成员、货物和飞机的安全负责。任何情况下具有绝对指挥权，机组成员应当服从机长的指令。

（2）在飞行期间，机长对飞机的运行拥有控制权和管理权，并有最后决定权。

（3）机组成员必须听从机长的命令，如机长的指令与规定的程序不同，可向机长提出意见，如机长坚持其命令，其他人必须服从。

（二）主任乘务长 / 乘务长职责

（1）在执行航班任务过程中，主任乘务长 / 乘务长应认真执行《中华人民共和国民用航空法》《大型飞机公共航空运输承运人运行合格审定规则》（CCAR-121 部）及公司手册中的有关规定，全程监控服务工作和客舱安全，确保国家财产和旅客安全。

（2）每次航班飞行，始终隶属机长领导，协助机长保证旅客、客舱、货物、飞机在正常和紧急情况下的安全。

（3）维护公司利益，有权处理机上服务及客舱安全方面的各种事宜。

（4）检查准备工作，妥善处理好与相关部门的关系，以保证航班正点。

（5）负责机上旅客的安全，有权要求旅客严格执行相关安全规则，遇有特殊、紧急情况及时报告机长，在机长的指示下，指挥乘务员充分利用机上应急设备，保证旅客安全。紧急情况下，负责广播。

（6）在客舱发生与安全有关的事件时，负责填写相应的事件报告单，向有关单位报告。

（7）检查确保本岗位应急设备处于良好状态。

（三）区域乘务长职责

（1）区域乘务长在主任乘务长的领导下开展工作，协助主任乘务长处理机上客舱安全及服务的有关事宜。

（2）区域乘务长在服务工作中除承担本区域规定的工作职责外，还应对所管辖区域的客舱安全及服务工作进行全面管理。

（3）遇有紧急情况及时报告主任乘务长，在机长 / 主任乘务长的指挥下，确保国家财产和旅客安全。

（4）检查确保本岗位应急设备和服务设备处于良好或待用状态。

（四）乘务员职责

（1）检查确保本岗位内应急设备和服务设备处于良好或待用状态。

（2）按照分工负责本区域的旅客服务和安全工作，严格执行各种安全规章。

（3）按照规定操作、管理服务设备和应急设备。

（4）遇有紧急情况和特殊情况及时报告，在主任乘务长 / 乘务长的指挥下，确保旅客安全。

（五）厨房乘务员职责

（1）检查确保本岗位内应急设备和服务设备处于良好或待用状态。

（2）按照分工负责本区域的服务和安全工作，严格执行各种安全规章。

（3）按规定操作、使用厨房设备和应急设备。

（4）遇有紧急情况和特殊情况及时报告，在主任乘务长 / 乘务长的指挥下，确保旅客安全。

（六）广播员职责

（1）正确使用广播设备，按规定内容对客舱进行广播，原则上广播器不得让旅客使用。

（2）履行本区域的服务和安全职责。

（3）遇有航班延误、颠簸等特殊情况，及时用中外文通知旅客。

（七）客舱乘务教员的职责

（1）负责按照航空公司经局方批准的训练大纲，对客舱乘务员进行地面课程或航线实习带飞训练的教学。

（2）做出该客舱乘务员是否合格地完成各训练课程段的证明，可以在训练记录或课程段表单上签名。

（八）客舱乘务检查员的职责

负责按照航空公司经局方批准的训练大纲，对客舱乘务员的训练进行检查。这些检查和评估应包括但不限于下列内容：

（1）客舱乘务员地面理论学习、操作训练的质量检查。

（2）在初始新雇员训练中，对完成航线实习带飞的客舱乘务员进行至少 5 小时的资格检查，但如果教员和检查员为同一人，所教学员在完成航线实习带飞后的 5 小时资格检查应由另一检查员负责。

（3）经局方认可，按航空公司授权，在客舱乘务员训练合格证上做相应签注。

（4）及时向公司主管部门上报任何训练科目中存在的缺陷。

（九）机上指挥权的接替

（1）机组成员的姓名和他们在飞行中所担当的职位，按规定写在每次航班的飞行任务书上，排在飞行任务书上机长栏内的第一位，是该次航班的机长。

（2）在飞行期间，机长对飞机的运行拥有完全的控制权和管理权，这种权力没有限制，当机长由于生病、生理或其他原因丧失指挥能力时，接替指挥、管理权的顺序是第二机长—正驾驶—副驾驶—主任乘务长 / 乘务长—区域乘务长—头等舱乘务员—普通舱乘务员—实习乘务员。①

二、资格

（一）新雇员资格

经公司政审和民航地区管理局体检合格，即将担任客舱乘务员工作的新雇佣人员。

（二）客舱乘务员资格

按照局方批准的训练大纲完成训练并经公司资格检查合格，持有现行有效的体检合格证和客舱乘务员训练合格证，出于对旅客安全的考虑，受公司指派在客舱执行执勤任务的机组成员。

（三）国际线普通舱乘务员资格

国际线普通舱乘务员需经过国际运输、外事知识、国际航线、CIQ、应急生存、应急撤离、急救、供餐服务等训练，经考试合格后才可取得国际线普通舱乘务员资格。

（四）公务舱 / 头等舱乘务员资格

公务舱 / 头等舱乘务员需经过职责、服务技巧、酒类服务、应急生存等方面的训练，经考试合格后才可取得公务舱 / 头等舱乘务员资格。

（五）客舱乘务长资格

经公司聘用指派在飞机客舱内承担管理责任的客舱乘务员。

（六）客舱乘务教员资格

（1）至少具有 2 年（含）乘务长以上岗位工作经历。

（2）满足相应经历要求的，在航空公司经批准的训练大纲中承担客舱安全训练与教学任务的人员。

（3）执行航线实习带飞任务时，应持有有效的航空人员体检合格证。

（4）由航空公司作为客舱乘务教员聘用。

---

① 如同一舱位有多名乘务员，则按飞行年限的长短排序，飞行时间越长，接替权越靠前。

（七）客舱乘务检查员资格

（1）至少具有 5 年（含）乘务长以上岗位工作经历并有教员岗位工作经历。

（2）完成飞标司客舱安全课程并考试合格。

（3）执行航线实习检查任务时，应持有有效的航空人员体检合格证。

（4）经局方认可，在航空公司经批准的训练大纲中履行航空公司客舱安全资格检查职责的航空检查人员。

（八）训练

（1）新雇员训练：是指对经公司政审和民航地区管理局体检合格的即将担任客舱乘务员工作的新雇佣人员进行一定的岗前培训（包括基础理论教育和针对特定机型和岗位的训练），使其能充分了解中国民航的发展、公司企业精神、服务理念及各项规章制度，并对从事的职业有充分的理解，树立乘务员的专业化形象，为提高整体素质打下良好基础。

（2）初始训练：分为初始 A 类训练和初始 B 类训练，指经公司政审和民航地区管理局体检合格的新聘的客舱乘务学员，在进入客舱乘务员执勤岗位之前所需要进行的岗位技能训练。主要训练包括基础教育训练、机型训练、应急设备及处置训练、客舱服务理论及专业技能训练、形体及美容训练等课程。

① 初始 A 类训练：适用于公司新招聘的乘务学员或有飞行经历但间断飞行已连续超过 24 个日历月（含）的客舱乘务学员。

② 初始 B 类训练：适用于有飞行经历六个月（含）以上且飞行时间≥ 300 小时，但间断飞行未超过 24 个日历月的新招聘客舱乘务学员。

（3）转机型训练：是针对已在公司特定机型上经审定合格上岗的乘务员，需要其在其他机型上取得上岗合格证之前的训练，此训练将根据训练手册要求的时间对乘务员进行新机型的系统理论及实际操作训练。

（4）差异训练：是针对已在公司特定机型上经审定合格上岗，现需要其进入同类别不同型别飞机上工作的客舱乘务员进行与原飞机在性能、设备或操作程序等方面的差异补充性训练。

（5）定期复训 / 应急生存训练：针对已取得客舱乘务员资格者为保持技能熟练水平，在规定时间内根据 CCAR–121 部的要求进行的训练。训练主要内容包括在初期训练时所进行的紧急情况处置程序，进而将它与目前的飞行事件及安全有关的最新信息综合在一起，进行每连续 12 个日历月一次的定期复训和考核以及每连续 24 个日历月一次的应急演练。

（6）重新获得资格训练：连续 12 个日历月（含）以上、24 个日历月以下未担任机组必需成员执勤上岗的客舱乘务员；或未按规定期限完成定期复训的客舱乘务员；以及未按规定通过初始经历检查的乘务学员，为恢复资格需要进行的训练。

（7）升级训练：指对乘务员晋升等级资格的训练，即获得国际（地区）航线乘务员、头等舱乘务员、主任乘务长 / 乘务长、客舱乘务教员、客舱乘务检查员资格的训练，每个阶段均专设培训课程、课时及考核科目标准。

（8）危险物品运输训练：

① 初始训练：依据公司《危险品运输训练大纲》进行训练。

② 定期训练：是指通过培训，使受训者了解危险品的定义、依据、范围、分类，熟悉

危险品的标记 / 标签与运输限制，掌握危险品及爆炸物的应急处置方法，最终达到有效保证飞行安全的目的，应当在每 24 个日历月在训练适宜期进行的危险物品运输的复训。

（9）特殊航线运输训练（高原机场运行训练）：是指通过对客舱乘务员的培训，使受训者能了解高原机场运行的政策、特点和客舱安全的重要性，掌握高原机场运行机上特殊应急设备的使用方法和特情处置，学习高原救生和救援知识。执行高原机场运行的客舱乘务员都应进行此训练。

（10）机组安保训练：针对客舱乘务学员、客舱乘务员及需要进行重获资格训练的人员，该训练的所有内容应在初始和重获资格训练中完成，并应每 24 个日历月复训一次。安保训练中的所有科目应至少每 48 个日历月进行一次。

（11）机组资源管理训练：机组资源管理训练中的所有科目应至少每 24 个日历月进行一次训练和考核。乘务员初始训练、转机型训练、定期复训、应急生存训练、重获资格训练、主任乘务长资格训练、乘务长资格训练应包含机组资源管理训练。

（九）训练保障

（1）按照《客舱乘务员训练手册》，提供满足规章要求且具备足够安全措施的训练设备、设施和教材，配备具有合适资格的教员。

（2）所有周期训练，客舱部门应当按要求为客舱乘务员安排受训时间。

（十）客舱乘务员训练的附加条件

（1）初始新乘务员和在职乘务员需要获得新任岗位资格时，应当在乘务检查员的监督下履行规定的职责至少达到 5 小时（不少于 2 个连续起落），客舱乘务检查员应当观察这些职责的完成情况并做好记录和得出结论。

（2）正在获得经验的初始乘务员不得担任机组必需成员。

（十一）客舱乘务员训练记录

客舱乘务员训练、考核及航线检查由公司相关部门负责实施，并建立、保存详细的客舱乘务员训练记录。

（十二）中国民用航空客舱乘务员训练合格证（以下简称“训练合格证”）

公司相关部门负责“训练合格证”的颁发，客舱服务部负责“训练合格证”的暂停、吊销和日常检查工作。“训练合格证”长期有效。客舱乘务员每一日历年内完成资格审查，并在“训练合格证”上签字之后方可有效，有效期一年。客舱乘务员个人须对“训练合格证”的有效期负责，不在有效期内不得执行飞行任务。

1. 记录

（1）危险品运输培训由危险品运输教员负责将训练合格项目填写于“危险品运输训练合格证”记录页上并签字；

（2）其他安全培训课程，在培训结束前一天由培训学员自带“训练合格证”，在完成课程及考核后由局方认可且公司授权的客舱乘务检查员负责将训练合格项目在“训练合格证”

记录页上进行盖章签注或签字签注；

（3）“训练合格证”的签注分为客舱乘务检查员手工签注和盖章签注；

（4）证件如被私自涂改或模仿签注，一律失效。

2. 失效

当“训练合格证”失效后，须按照《客舱乘务员训练手册》的要求完成其相应的恢复性训练科目，考核合格，并有相应记录，可恢复其合格证的有效性。

3. 遗失

“训练合格证”一旦遗失，证件持有人应立即报告。

4. 补办

（1）“训练合格证”一旦遗失，须本人提出申请，由相关部门及分管领导签字同意批准后方可补办；

（2）证件补办阶段，该“训练合格证”持有人不得执行航班任务。

5. 暂停

因各种原因而暂时停飞的人员应由相关部门及时收回“训练合格证”，同时将该人员的停飞起始日期、停飞原因等以书面形式一并上报相关部门，由相关部门对该“训练合格证”做好暂停记录。

6. 吊销

停飞或离职的员工须交回所持的“训练合格证”，由相关部门做好吊销记录。

7. 报告

相关部门负责将“训练合格证”的颁发、暂停及吊销记录报公司相关部门，由其相关科室负责向局方报备。

【课后思考题】

1. 请简述客舱乘务员职责。
2. 请简述客舱乘务员资格训练中的各项训练。
3. 请简述客舱乘务员飞行必备证件与资料。

第二节　客舱安全规则

一、应急设备检查

客舱乘务员登机后，应当对照应急设备检查单检查核实应急设备的位置，确认处于待用状态。当飞行机组或客舱乘务组的所有机组成员离开飞机后一段时间，再次进入该飞机时，应再次对飞机的应急设备进行安全检查。

二、安全演示

（一）安全演示的内容

每一个航班，包括经停站停留后再继续飞行的航班即便没有新增加旅客，当飞机关门后，都应当通过录像设备，播放安全须知简介，其中包括应急情况的演示，安全介绍应包括以下内容：

（1）中国民航规定旅客必须遵守客舱信号灯、标志牌的指示，禁止摆弄、损坏飞机厕所内的烟雾探测器，禁止在客舱及卫生间内吸烟。

（2）安全带的操作及使用说明。

（3）客舱失压情况下氧气的重要性及氧气面罩的位置。

（4）紧急出口的位置和使用方法。

（5）氧气面罩脱落后的使用。

（6）收起椅背，扣紧餐桌。

（7）旅客安全须知卡的位置。

（8）紧急撤离引导灯光。

（9）禁止或限制旅客在机上使用便携式电子设备。

（10）需要的任何应急漂浮设备的位置和使用方法。

（二）安全演示的要求

在没有录像设备的飞机上（包括录像设备有故障时），乘务员通过表演向旅客进行演示（内容同上），在整个演示期间，乘务员应分布在所有出口、门的附近，应停止客舱服务及检查。

（三）为个别旅客做安全介绍

给那些可能在应急撤离时需要帮助的旅客（例如，无成人陪伴的未成年旅客、残疾人、老人等）进行安全须知介绍。另外对于坐在视线有限座位的旅客，也要进行个别介绍。介绍内容应包括以下内容：

（1）征询该旅客及随行人员（如有）关于帮助该旅客最适宜的方式，以免使其痛苦或进一步受伤。

（2）如在同一飞机上在前面的航段中该旅客接受过介绍说明，并且值勤乘务员已得知关于防止该旅客痛苦和进一步受伤的最适宜的方式，则该项要求不适用。

（3）紧急出口和备用出口的位置以及撤往出口最适宜的时间。

（4）氧气面罩的使用。

（5）座椅安全带的使用。

（6）出示安全须知卡。

（7）撤离程序。

（8）指令识别。

（9）所有旅客（或绝大部分旅客）撤离之后再离机。

（10）援助者帮助。

三、延伸跨水运行介绍

（1）按 CCAR 121.571 条规定，如果飞机起飞后直接进入跨水飞行，客舱乘务员应向旅客提供补充口头简介，讲解救生衣、救生筏（超过 93 千米 /50 海里的延伸跨水运行）和其他漂浮装置的位置和使用方法，包括演示救生衣穿戴和充气方法。

（2）按 CCAR 121.571(d) 条规定，如果飞机起飞后不直接进入跨水飞行，介绍不必在起飞前进行，但在跨水飞行前必须完成全部介绍。

（3）当执行延伸跨水航班遇有婴儿旅客时，乘务员应在旅客登机后，向其监护人提供婴儿救生衣,并依据安全须知卡内的相应图示向旅客明确婴儿救生衣的使用方法及注意事项。

四、飞机紧急撤离的能力

在飞机上有旅客的所有时间内，合格证持有人将保证飞机在地面移动之前，至少有一地板平面出口，可供旅客使用正常或应急手段撤出飞机。载有旅客的任何合格证持有人飞机在地面移动、起飞或着陆时，飞机上每个自动展开应急撤离的辅助设备应做好撤离准备。

五、飞行关键阶段

（1）禁止飞行机组成员在飞行的关键阶段做除飞机安全运行所需的工作之外的任何其他工作，其中包括通信联系、预订厨房供应品和确认旅客的衔接航班等，因为这些活动会分散飞行员的注意力和影响工作的质量。

（2）所有包括地面滑行、起飞、着陆及低于 3000 米（10000 英尺）时的飞行为飞行关键阶段。

（3）在飞行关键阶段，乘务员不要进入驾驶舱或与驾驶舱进行联络。

六、旅客告示

（一）要求

（1）按照 CCAR 121.603 条规定，飞机在地面做任何移动以及每次起飞、着陆和机长认为必要的其他任何时间，“系好安全带”信号应当接通。

（2）当“系好安全带”信号灯亮时，每位旅客应当系好安全带。

（3）飞机在禁止吸烟的飞行航段上运行时，应当使“禁止吸烟”的告示信号灯一直亮着。

（4）按 CCAR 121.569 条规定，告知每个旅客，什么时候、什么地方和在什么情况下禁止吸烟以及禁烟区的位置及有关说明。并应当申明局方要求旅客遵守客舱信号灯、标志牌的指示。说明现行法规禁止摆弄、损害或毁坏飞机厕所内烟雾探测器并应在卫生间内设有禁止损害烟雾探测器的中、英文标牌，禁止旅客在厕所内、客舱内吸烟。

（5）公司在各机型上装备了与机型相符的旅客告示信号和标牌，并配备与机型相符的带有图示的“旅客安全须知卡”、“出口座位须知卡”。

（6）图卡、图表和词语使用国际认同的符号，描述识别和操作方法。

（二）安全须知卡的存放位置

（1）“旅客安全须知卡”放置于旅客座椅前方的口袋里；

（2）“出口须知卡”放置于出口座位前的口袋里。

（三）“旅客安全须知卡”应提供的信息

（1）系紧、调整和解开安全带的说明；

（2）指示紧急出口的通道；

（3）插图描绘出口手柄移动的方向；

（4）撤离滑梯的使用方法；

（5）安全姿势；

（6）氧气面罩的位置及使用方法（帮助别人时的使用方法）；

（7）救生衣的使用及表明不得在客舱内充气，但儿童、婴儿、上肢残疾者除外；

（8）禁止吸烟；

（9）起飞和着陆时，座椅靠背收直，餐桌收好；

（10）禁止或限制便携式电子设备的使用；

（11）需要的任何应急漂浮设备的位置及使用方法；

（12）应急出口及过道禁止摆放行李。

（四）禁止吸烟

1. 规定

合格证持有人按照中国民用航空规章的规定，对本公司所有航班客舱内实施全程禁烟。

2. 对违反禁止吸烟规定的旅客的处置

（1）发现违反禁止吸烟规定的旅客，应当立即要求其停止吸烟，将相关的法规告诉旅客，如旅客当即停止，不再追究其责任。

（2）如旅客不听劝告，态度恶劣，还继续吸烟，要对他讲明此事将报告给机长，并明确指出此行为是严重的行为不当。

（3）一旦该事件报告给机长，就要将该旅客的姓名和座位号记录在机上事件报告中。

（4）在到达第一个降落站时，机长有权决定将其交地面公安部门处理。

（5）如发现有人在卫生间内吸烟，要严格检查该区域有无火灾隐患。

（五）系安全带规定

（1）客舱乘务员在下列情况应检查或广播通知旅客系好安全带：

① 滑行、起飞和着陆前；

② “系好安全带”信号灯亮时；

③ 遇有颠簸；

④ 夜间飞行时；

⑤ 遇有劫机；

⑥ 紧急下降时。

（2）在滑行、起飞、着陆过程中或空中“系好安全带”信号灯亮时以及机长要求的任何时候，客舱乘务员除完成保障飞机和机上人员安全的任务外，其他时间应当坐在值勤位置并系好安全带和肩带，以便在紧急撤离时，最有效地疏散旅客。

（3）要求装备组合式安全带和肩带装置的座椅上的每个乘务员，在起飞和着陆过程中都应当用这种组合式安全带扣紧，在履行其正常职责需要时可以松开肩带。

（4）客舱乘务员在空中履行其正常职责需要时，如“系好安全带”信号灯亮，应当系上安全带，但可不系肩带。

（5）旅客必须服从“系好安全带”信号灯指示。

（6）在每个无人乘坐的座椅上，应将安全带和肩带固定好，使其不妨碍机组成员执行任务或应急情况下人员的迅速撤离。

（7）机上遇有腰围较大的旅客，应提供加长安全带。

（8）当飞行机组打开或关闭“系好安全带”信号灯的使用与公司《飞行运行手册》的规定相违背时，主任乘务长 / 乘务长应当及时提醒飞行机组或要求飞行机组按照公司《飞行运行手册》规定执行。

七、颠簸

（一）颠簸的处置程序

（1）明确颠簸的处置预案。

（2）颠簸的等级划分和处置程序。

（3）可预知颠簸的操作程序。

（4）突发性颠簸的操作程序。

（5）颠簸伤人的预防。

（二）飞行机组与客舱乘务员的双向沟通

1. 机组协同会

（1）飞行任一阶段可能遇有的颠簸以及遵循的程序；

（2）明确颠簸时机组发出的提示信号；

（3）相应服务程序的调整或缩减；

（4）根据机长对航路天气情况的介绍，乘务组针对本次航班空中可能遇有中度 / 强度颠簸的大致时间和时间长短，做好空中颠簸的处置预案以及个人心理准备和组织协调工作。

2. 机组之间信息传递

（1）飞行机组有责任随时向客舱乘务员通报前方可能遇到的颠簸强度和时间长短；

（2）使用操作程序的标准术语；

（3）必要时飞行机组进行适当的广播；

（4）主任乘务长 / 乘务长复述飞行机组给出的信息以确认；

（5）客舱乘务员及时向机组报告客舱颠簸的情况；

（6）根据相应的颠簸等级和情况进行不同的机上广播；

（7）因颠簸造成人员伤害时，客舱乘务员有责任向飞行机组报告受伤人员的数量和程度，以及客舱内的其他情况，在必要情况下主任乘务长 / 乘务长可向机长提出改航、返航的建议和地面医疗急救的要求。

（三）颠簸的等级划分和处置程序

表 1-2-1　颠簸的等级划分和处置程序

等级	轻度颠簸	中度颠簸	严重颠簸
定义	轻微、快速而且有些节奏地上下起伏，但是没有明显感觉到高度和姿势的变化或飞机轻微、不规则的高度和姿态变化。机上乘员会感觉安全带略微有拉紧	快速地上下起伏或摇动，但没有明显感觉飞机高度和姿态的改变，始终在可控范围内。通常这种情况会引起空速波动。机上乘员明显感到安全带被拉紧	飞机高度和姿态有很大并且急剧的改变。通常空速会有很大波动，飞机可能会短时间失控。机上乘员的安全带急剧拉紧
机组发出的信号	无	接通“系好安全带”灯，并发出一声提示音	接通“系好安全带”灯，并连续发出三声提示音
客舱内部反应	杯内的饮料摇晃但未晃出； 旅客有安全带稍微被拉紧的感觉； 餐车移动时略有困难	饮料会从杯中晃出； 旅客明显感觉到安全带被拉紧； 行走困难，没有支撑物较难站起； 餐车移动困难	物品摔落或被抛起； 未固定的物品摇晃剧烈； 旅客有安全带被猛烈拉紧的感觉； 不能在客舱中服务和行走
客舱服务	可继续服务，送热饮时需小心，或视情况暂停服务； 固定餐车和服务设施，提醒旅客系好安全带； 检查婴儿摇篮内的拉锁是否扣好	暂停服务，固定餐车和服务设施； 提醒使用婴儿摇篮的旅客将婴儿从摇篮中抱出，在条件允许的情况下取下摇篮并收置	立即停止服务，原地踩刹餐车； 客舱乘务员就近入座系上安全带或原地抓紧附近固定物体，将自己固定； 提醒旅客系好安全带； 提醒使用婴儿摇篮的旅客将婴儿从摇篮中抱出，在条件允许的情况下取下摇篮并收置
安全带的要求	检查旅客已入座和系好安全带，手提行李已妥善固定	视情检查旅客已入座和系好安全带以及手提行李已妥善固定，坐好，系好安全带、肩带	马上在就近座位坐好，抓住客舱中的餐车，对旅客的呼叫可稍后处理
客舱广播	广播员视情况对客舱进行广播	离话机最近的乘务员均有权利对客舱进行广播，视情况增加广播内容	离话机最近的乘务员均有权利对客舱进行广播，增加广播内容和次数
安全带灯熄灭后	客舱乘务员巡视客舱，并逐级报告客舱情况： 客舱乘务员—客舱乘务长—飞行机组		

（四）可预知颠簸的操作程序

在飞行中，当乘务组得到即将发生颠簸信息时，应根据机组提供的颠簸程度信息，按照预案提前做好准备工作，包括物品的固定、广播通知旅客、对客舱进行安全检查等。

不同程度的颠簸：

（1）轻度颠簸：进行安全带检查。

（2）中度颠簸：

①“系好安全带”信号灯亮并发出一声提示音；

②广播通知旅客系好安全带，暂停服务；

③乘务员就近固定自己，做好自我保护。

（3）重度颠簸：

①“系好安全带”信号灯亮并发出三声提示音；

②广播提醒旅客系好安全带，立即停止服务；

③固定餐车，就近找座位坐下，系好安全带或原地抓紧附近固定物体，将自己固定，同时监控餐车安全。

主任乘务长/乘务长根据机组提供的航路信息，必要时可调整服务计划。如果推迟/暂停服务，对旅客进行广播，说明服务推迟/暂停的原因。

“系好安全带”灯熄灭后，客舱乘务员检查旅客、机组人员和客舱情况。逐级报告客舱情况：客舱乘务员—客舱乘务长—飞行机组。

（五）突发性颠簸的操作程序

当遇有突发性颠簸时，乘务组首先要广播通知旅客系好安全带，若长时间持续颠簸，乘务组可向机组了解相关情况。若“系好安全带”灯未亮，应及时与机组沟通。

判断突发颠簸程度，视颠簸程度提供相应的服务工作。

当突发颠簸已使服务工作无法进行，乘务组应立即停止服务并广播通知旅客系好安全带（如广播员或主任乘务长/乘务长不在话机附近，任何离话机最近的乘务员均可接替广播权对客舱进行广播），同时乘务员也要做好自身的安全保护，可以选择以下方式：

（1）餐饮服务时：原地踩刹车固定好餐车，如附近有空位，立即入座并系好安全带，如没有空位，原地抓紧附近固定物体（旅客座椅靠背及扶手、行李架边缘扶手等）将自己固定；

（2）客舱巡视时：找附近的空位立即入座并系好安全带，如没有空位，应原地蹲下或抓紧附近固定物体（旅客座椅靠背及扶手、行李架边缘扶手、止滑杆等）将自己固定；

（3）在厨房的乘务员：将热水壶收进餐车，固定好浮动物品，立即返回乘务员座位，系好安全带；

（4）在卫生间的乘务员：原地抓紧附近固定物体（卫生间的扶手等），将自己固定。

当突发颠簸时，乘务组应指导旅客，在不同的情景条件下做好自身的安全保护。

（六）颠簸伤人的预防

飞机起飞后，在“系好安全带”灯熄灭时，客舱应立即广播通知旅客：“即使在‘系好安全带’信号灯熄灭时，在座位上就座也应保持系好安全带。”乘务组注意检查和提醒。

飞行中的任何时间：

（1）随手固定餐车和服务设施；

（2）餐车及时归位和固定；

（3）餐车使用时避免无人监管，特别是出口区域、旅客座位处等；

（4）随时关闭旅客打开的行李架；

（5）固定客舱、服务间内的浮动物品。

因驾驶舱和客舱对颠簸的感觉程度不同，应保持机组之间的充分沟通。

机组休息区的管理：

（1）任何时间机组休息时都应系好安全带；

（2）妥善贮藏用品 / 衣物等；

（3）主任乘务长 / 乘务长应及时采用有效的方式与在机组休息室休息的机组沟通，做好颠簸的预防和处置。

客舱乘务员应严格落实餐车上摆放热食不得超过规定的数量或层数。

客舱乘务员应具有评估颠簸程度的能力，在不安全的情况下，即使未得到任何的指示，也应遵循相应的程序，及时入座系好安全带。

热饮壶必须放置在餐车内部，用托盘传递热饮壶时，热饮壶的壶嘴严禁对着旅客。

空中颠簸期间特别关注老人和儿童的安全，提醒系好安全带，并提醒正在使用婴儿摇篮的旅客遵照安全规定执行。

乘务组应尽可能提醒长时间站立在通道、门区、卫生间、厨房附近以及正在睡觉的旅客，在不同的情况下做好自身安全保护措施。

夜间飞行时，在调暗客舱灯光前，乘务组应对客舱进行必要的广播及安全检查，确保旅客系好安全带。

颠簸结束后，客舱乘务员应注意巡视客舱，并逐级报告客舱情况：客舱乘务员—客舱乘务长—飞行机组。

如在颠簸时发生了安全事故，应按照安全信息管理规定进行汇报和处置。

完成下降前告知及检查程序，根据降落时间的预报向旅客播报下降广播通知。提醒旅客如需要在客舱内走动，应在规定时间内回到座位并系好安全带。客舱乘务员执行下降安全检查后锁闭卫生间，并回到执勤位坐好，系好安全带。

（七）颠簸造成人员伤害的处置

如因颠簸对机组成员或旅客造成人员伤害，乘务组应做好信息传递：客舱乘务员—客舱乘务长—飞行机组。主任乘务长 / 乘务长依据事件的轻重程度按程序上报。根据人员受伤情况在机上广播寻求医务人员的帮助，视情况通知驾驶舱机组联系地面医疗急救。

八、在机上饮用含酒精饮料的限制

（一）规定

（1）除了合格证持有人机上提供的饮料外，任何人不得在飞机上饮用其他含酒精饮料。

（2）酒精饮料可以不提供给那些有意图带出飞机的任何旅客。

（3）不得允许任何处于醉酒状态的人进入飞机。

（4）含酒精饮料不得提供给已显示出醉酒状态的旅客，应尽可能推荐饮用单上的软饮料，缓解酒醉的速度。

（5）如机上发现由于处于醉酒状态的人进入飞机引起的扰乱事件，应在事发后 5 天内向局方报告。

（6）酒精饮料不得提供给 18 岁以下的旅客，如有疑问应主动要求该旅客出示有关年龄的证件。

（7）飞行中禁止向下列人员提供含酒精饮料：

① 表现为醉酒状态的人。

② 正在护送别人或被护送的人。

③ 押送机密文件人员。

④ 特准持有致命性或危险性武器的人。

⑤ 未成年人（未满 18 岁者）。

（二）醉酒旅客的处置

（1）当发现有人拒绝遵守规定，或者发生由于处于醉酒状态的人进入飞机而引起骚乱事件时，机长和机长授权人应当场制止，公司应在事发后 5 天内向局方报告。

（2）起飞前：如果旅客登机时显示出醉酒状态或在麻醉品作用下，干扰了机组成员工作，并有可能危及旅客与机组安全，应通知地面值班人员或机长。地面值班人员或机长应当协作，把握事态，采取任何认为是必要的措施。地面人员将处理被劝下机的旅客并作善后处理。

（3）滑行中：如果旅客显示醉态或在麻醉品作用下发生在滑行中，通知机长并由机长决定是否滑回，劝其下机，通知地面人员处理该旅客离机及以后事宜。需开门时，执行机门再次开启程序。

（4）空中：如果旅客显示醉态或在麻醉品作用之下发生在起飞后，应通知机长将情况通知机上航空安全员，并协助其工作，用礼貌而坚定的态度与旅客打交道，并特别注意肢体冲突，安全员要在机长的授权下采取措施，机长并将此事件报告给空中交通管制部门。机长有权令其在下一个经停站下机。安全员应记录事件全过程，采集证据并将此事件报告给机长。

（5）到达目的地：地面有关人员可上飞机来处理该旅客并了解情况；安全员写出详细事件报告，并报机长签字；及时向公司安监部门书面报告。

（三）饮用含酒精饮料后的值勤限制和禁用药物的使用与携带

1. 酒精类饮料

（1）依据规定，在计划飞行的 8 小时内，任何机组人员不得饮用含酒精的饮料，机组人员受酒精的影响或血液里有含 0.04% 或更高的酒精时，不应上岗值勤或继续留在岗位上。

（2）在明知机组成员酒精浓度达 0.04% 或以上时，航空公司不得允许其上岗值勤或继续留在岗位上。

（3）机组成员在值勤过程中，不得饮用含酒精的饮料。

（4）在明知机组成员在值勤过程中饮用含酒精饮料时，航空公司不得允许该人员继续留在岗位上。

（5）机组人员穿着公司制服时，不得饮用含酒精的饮料或者进入或待在供应含酒精饮料的酒吧或鸡尾酒馆内（餐馆除外）。

2. 药物

（1）机组成员不得使用或携带大麻、可卡因、鸦片、天使粉或安非他命等禁用药物。

（2）机组人员如果使用了影响执行任务能力的药物，则应禁止飞行，有许多常用药物会影响飞行能力，因此机组人员应该向医生询问所开的任何药物是否会有这些作用。

（3）航空公司也不得安排明知使用或携带上述禁用药物的机组人员上岗值勤或继续留在岗位上。

（4）机组人员在值勤前不得服用药效可能持续到飞机预计起飞时间的药物，也不得在值勤过程中服用药物，但航医室确认的不影响飞行安全的药物除外。

九、出口座位

出口座位是指旅客从该座位可以不绕过障碍物直接到达出口的座位，和旅客从离出口最近的过道到达出口必经的成排座位中的每个座位。

合格证持有人应按中国民用航空的要求指定每一种机型旅客座位布局的出口座位，并在进行客运的机场办理乘机手续处和售票柜台提供出口座位须知和出口座位确定程序。

出口座位须知卡的位置以及应提供的信息如下。

1. 出口座位须知卡

“出口座位须知卡”放置于出口座位前的口袋里。“出口座位须知卡”应提供如下信息：

（1）要求出口座位旅客完成的职责；

（2）不符合出口座位规定的旅客；

（3）评估紧急出口外部的情况或滑梯的状况是否会增加对旅客的伤害；

（4）协助其他人撤离；

（5）机组成员给予的口头指示或手势；

（6）要求出口座位旅客按照选择标准进行自我对照，并明确旅客在下列情况下可以提出调换座位：

① 属于不宜在出口座位就座的情况；

② 不能确定自己是否具备应有的能力；

③ 不能履行出口座位处要求履行的职责；

④ 为了履行出口座位处的职责有可能伤害其身体；

⑤ 由于语言等原因，不能理解出口座位旅客须知卡的内容和机组成员讲解的内容。

2. 不能在出口座位就座的旅客

旅客应服从机组成员的安排。有下列情况之一的，不能在出口座位就座：

（1）该旅客的两臂、双手和双腿缺乏足够的运动功能、体力或灵活性导致下列能力缺陷：

① 向上、向旁边和向下达不到应急出口位置和应急滑梯操纵机构；

② 不能握住并推、拉、转动或不能操作应急出口操纵机构；

③ 不能推、撞、拉应急出口舱门操纵机构或不能打开应急出口；

④ 不能把与机翼上方出口窗门的尺寸和重量相似的东西提起、握住、放在旁边的座椅上，或把它越过椅背搬到下一排去；

⑤ 不能搬动在尺寸与重量上与机翼上方出口门相似的障碍物；

⑥ 不能迅速地到达应急出口；

⑦ 移动障碍物时不能保持平衡；

⑧ 不能迅速走出出口；

⑨ 在滑梯展开后不能稳定该滑梯；

⑩ 不能帮助他人用滑梯离开。

（2）该旅客不足 15 岁。

（3）该旅客缺乏阅读和理解本条要求的“出口座位须知卡”的能力，或者缺乏理解机组口头命令的能力。

（4）不具备良好的普通话理解能力和表达能力。

（5）该旅客的眼睛必须通过除隐形眼镜、普通眼镜以外的视觉器材帮助，才能拥有足够的视觉能力。

（6）该旅客必须通过助听器等器材帮助，才能拥有足够的听觉能力。

（7）该旅客缺乏足够的能力将信息口头传达给其他旅客。

（8）该旅客需照料小孩。

（9）遣返旅客、在押犯人及押解的人员。

（10）该旅客不愿意或不能遵守出口座位规定。

3. 机组成员对出口座位旅客的确认

（1）乘务员确认出口座位处的旅客，提示在出口位置的旅客阅读“出口座位旅客须知”卡并进行自我对照。

（2）乘务员在机门关闭之前，必须对坐在应急出口座位的旅客所承担的协助义务进行确认。

（3）飞机关舱门前乘务员必须将出口座位情况报告乘务长。

（4）对坐在出口座位上不愿承担协助义务的旅客，向乘务长报告并做相应座位的调整，应为其调换至非出口座位。

（5）如果非出口座位已坐满且需要把一个旅客从出口座位移开，应当把一个愿意且能够担负出口座位旅客职责的旅客移至出口座位。

（6）乘务长向机长报告出口座位旅客的情况。

（7）如果飞机已处于滑行中，还需调换出口座位，必须将此情况报告机长，机长决定是否返回登机口，飞机必须安全停稳后才能更换旅客座位。

（8）在包机飞行和任何旅客登机牌无座位号的航班上，机组成员在登机关门前必须做一次目视和口头上的评估。口头评估应包括确认旅客对于“出口座位旅客须知卡”上指示的责任是理解的。

（9）在出口座位就座的旅客要求调换座位时，机组成员不得要求其讲出理由；飞行中新增旅客应及时确认。

4. 拒绝运输旅客的原因

（1）合格证持有人已经制定了紧急情况下由他人帮助需要帮助的旅客迅速转移到出口的程序，并有合理的通知要求，而该旅客不遵守程序中的要求（根据程序不能运送旅客的情况除外）。

（2）该旅客拒绝遵守机组成员按规定制定的出口座位限制规定的指令。

（3）身体残疾，适合该人的唯一座位就是出口座位。

十、便携式电子设备的禁用和限制

（一）禁止和限制使用的电子装置

从飞机为开始飞行而关闭舱门时刻起，至结束飞行打开舱门时刻止，飞机上的乘员不得开启和使用与飞机正常飞行无关的主动发射无线电信号的便携式电子设备，这些电子设备包括：

（1）移动电话（包括带有飞行模式的移动电话）；

（2）对讲机；

（3）收音机；

（4）遥控玩具和其他带遥控装置的电子设备；

（5）局方或公司认为干扰飞机安全运行的其他无线电发射装置。

飞机在滑行、起飞、爬升、下降、进近和着陆等飞行关键阶段时，机上乘员不得使用下列电子设备，且必须将下列所有电子设备的电源调至关闭状态：

（1）便携式计算机，包括鼠标器；

（2）电子游戏机；

（3）视频录放机；

（4）播放系统（具备声频及视频播放功能的任何数码电子设备，如 CD 播放机、DVD 播放机及 MP3 播放机等）；

（5）其他所有数码电子设备。

（二）禁止和限制使用电子设备的管理

（1）飞机在关舱门前应向旅客广播禁止使用的电子设备，确保其处于关机状态。

（2）起飞前机组成员应加强客舱巡视，发现不遵守规定的行为，应立即制止，确认其关机方可离开。

（3）空中服务时加强客舱巡视。

（4）飞行期间，当发现存在电子干扰并怀疑该干扰来自机上成员使用的便携式电子设备时，机长和机长授权人应要求其关闭这些便携式电子设备，并由乘务员负责传达，机上空中安全员（空警）负责处理。情节严重者，在飞机降落后移交地面公安机关依法处置，并在事后报公司安监部门。

（三）允许使用的电子装置

（1）助听器；

（2）心脏起搏器和其他体内医疗设备；
（3）电子表；
（4）电动剃刀；
（5）可接受的个人使用的维持生命装置；
（6）公司所安装的设备（如电话、视 / 听设备）。

十一、储藏间使用规则

（一）储藏间区域

中国民用航空局批准下列区域为储藏间区域：
（1）行李架；
（2）旅客座位下部到前限制区域和侧面到靠走廊座位限制区域；
（3）衣帽间封闭区域（所有储存的物品重量不能超过该区域的承重限制）。

（二）客舱服务用品的储藏

（1）所有的物品 / 客舱服务供应品都应放置在装机规定的区域里；
（2）服务用品不应被放置在影响机组接近紧急设备的区域内；
（3）烤箱、行李架、衣帽间和旅客座椅下部不得用来大量存放餐饮用具和设备或其他客舱供应品。

（三）旅客手杖和拐杖的存放位置

（1）沿机身舱壁竖放在不靠紧急出口的窗口座位下；
（2）如果手杖平放在地面，放在任何两个非应急出口窗口座位下面；
（3）由一排相连的几个座椅下面，以不伸越旅客通道为限；
（4）在一个许可的储藏空间内。

十二、手提行李

（一）一般规定

按照 CCAR 121.607（a）款规定，公司允许旅客携带手提行李登机时，应当按照其运行规范内规定的手提行李程序，对每个旅客的手提行李进行检查，以控制其尺寸、重量和数量。如果旅客的手提行李超过公司运行规范内手提行李程序规定的允许量，该旅客不得登机。

（二）对机组人员的要求

（1）机组成员和加入机组成员的手提行李限制为每人两件。①
（2）机组成员和加入机组人员的手提行李要放置在储藏区域内，不能放在头等舱内。

① 飞行员的资料箱不在两件手提行李之内。

（三）旅客随身携带行李运输要求

1. 国内行李运输要求

头等舱旅客每人可以随身携带两件行李物品，公务舱或经济舱旅客每人只能携带一件行李物品，且每件行李物品的体积不超过 20 厘米 ×40 厘米 ×55 厘米，合计重量不超过 5 千克。应能置于旅客的前排座位下方或封闭行李架内。超过上述重量、件数或体积限制的随身携带物品应作为托运行李。

2. 国际行李运输要求

（1）非托运行李：每位头等舱旅客可随身携带两件手提行李，每位公务舱和经济舱旅客只能随身携带一件手提行李。每件手提行李的重量不得超过 5 千克。三边之和不得超过 115 厘米（20 厘米 ×40 厘米 ×55 厘米），同时，单边最大尺寸不得大于长 56 厘米、宽 45 厘米、高 25 厘米（手滑轮、锁具等外边线均包括在内），并可置于客舱行李箱内或座椅下。

（2）大件行李：有的体积超大物品（如精致乐器）等，不适合作为托运行李装在货舱内运输，旅客如需携带此类行李进入客舱，需事先征得公司及相关承运人的同意并且交付相应费用后，可作为占座行李带入客舱并由旅客自行保管。

3. 非托运行李控制（国际 / 地区航线）

（1）为了维护飞机客舱的内部秩序和保障飞行安全，地面工作人员应对每位旅客带入客舱运输的非托运行李进行控制；

（2）地面工作人员可在乘机手续办理柜台、旅客安检 / 联检口、航班登机口等地点，设立非托运行李标准尺寸，作为控制的依据，对旅客的非托运行李进行检查。

（四）手提行李的控制与管理

（1）地面工作人员、客舱乘务员应注意监控每位旅客所携带的行李物品在尺寸、重量和数量上是否符合储藏区域的规定。

（2）不符合尺寸、重量和数量要求的手提行李应要求其办理托运。

（3）按照 CCAR 121.607（f）款规定，每个放置于座位下面的行李应当受行李挡杆的限制，每个靠过道的座椅下的行李应当置于侧行李挡杆内，防止置于其下的行李物品在紧急着陆的极限惯性力的撞击下，向侧面滑到过道上。

（4）如储藏空间不够，客舱乘务员或机组人员的行李经机长同意可放置于驾驶舱内，但旅客物品不允许储藏在驾驶舱内。

（五）手提行李的储藏

按照 CCAR 121.607（c）款规定，在关闭全部旅客登机门和准备滑行推飞、着陆之前，每件手提行李都必须妥善地储藏好，客舱乘务员应当核实每件行李已按规定存放。

（1）手提行李不能放置在影响机组接近应急设备或阻挡旅客看到信号指示牌的任何区域内。

（2）不封闭的衣帽间仅能用来放置衣物或悬挂衣袋，手提行李不能放置在这些区域的地板上。

（3）手提行李不能放置在座椅上。

（4）手提行李不能放置在卫生间内。

（5）每个储藏区域都标明了各自的重量限制，客舱乘务员应在旅客登机时监督储放行李，确保这些储藏区域的重量不超过限制。

（6）当设置有门的储存区域的门不能关上和扣好时，该储存区域不得储存任何不能固定的物品。

（7）空餐车位不能用来放置手提行李。

（六）除手提行李外允许携带的物品

1. 除手提行李外允许随身携带的物品

（1）资料箱；

（2）照相机 / 望远镜；

（3）可折叠式行李车；

（4）尿布；

（5）阅读材料；

（6）袖珍书籍或钱包；

（7）婴儿及儿童类用品；

（8）雨伞或拐杖；

（9）小型公文 / 笔记本电脑（包）；

（10）全折叠式婴儿车（如有可安全存放的储藏区域）；

（11）全折叠式小型轮椅（如有可安全存放的储藏区域）；

（12）外衣或衣袋；

（13）一个适于作通常旅行化妆的手提袋 / 包或小背包。

2. 部分物品的储藏及使用

1）婴儿车

（1）不可折叠婴儿车应当托运；

（2）伞式婴儿车可挂在一个封闭式的衣帽间内；

（3）许可用来放置全折叠式婴儿车的储藏间位置：行李架、非应急出口窗口座位下面，尽可能离出口远的地方。

2）婴儿摇篮（如有配备）

（1）客舱乘务员要向带婴儿的旅客介绍，为确保应急撤离时过道不受阻碍。飞机在滑行、起飞、颠簸、下降及“系好安全带”灯亮时，禁止使用婴儿摇篮。

（2）飞机平飞，“系好安全带”灯熄灭后，客舱乘务员协助旅客挂好摇篮，并检查摇篮插销是否固定。

（3）飞机开始下降时，将婴儿摇篮取下并放回原处。

3）轮椅

（1）普通轮椅必须随机托运；

（2）个人全折叠式小型轮椅应优先选择随机托运方式；

（3）电驱动式轮椅应卸下电池；

（4）公司将负责为托运了轮椅的特殊旅客提供上下飞机的摆渡轮椅。①

只有每一旅客座椅的椅背处于直立位置，合格证持有人方可使飞机起飞或着陆。每位旅客应当遵守机组成员依照 CCAR 121.311 发出的指令。以下两种情况除外。

（1）为使主通道至出口的通道不受座椅靠背的妨碍而让其处于非竖直位置的情况。

（2）根据合格证持有人有关规定，在座位上载有货物或有由于健康方面的原因不能竖直就座的人的座椅，但其椅背不得妨碍任何旅客走向通道或任一应急出口。

十三、中途过站旅客不下飞机

飞机上应留有能合格地完成该飞机应急撤离程序的最低编制人员。如果按规定需要留在飞机上的乘务员数量少于最低编制的规定，则应当符合下列要求。

（1）必须保证飞机发动机已关车，并且至少打开一个登机门，客梯车或廊桥要安置好，以供旅客下飞机；同时保持所有应急出口区域畅通，无障碍物。

（2）在飞机上乘务员数量是正常编制要求数量的一半，但至少为 1 人。

（3）如果在过站时，该飞机上只有一名飞行乘务员或其他合格人员，则这位乘务员或其他人员的所在位置必须在打开的主登机门处，并且需要有明显的标志，易于旅客识别。

（4）如果在飞机上留有一名以上乘务员或其他合格人员，这些乘务员必须均匀分布在飞机客舱出口附近，以便在紧急情况下最有效地帮助撤离。

（5）负责监控加油的机组人员必须在现场，并与驾驶舱建立适当的通信方式，另一名飞行机组成员始终在驾驶舱监听，保持双向通信，一旦出现问题，立即处理。

（6）为飞机加油的地面机组、加油人员和监控人员，一旦发现有危险情况时，应立即报告机上有资格的人员或者机长。

（7）如果需要撤离，机组通过广播向乘务组发出指令，乘务长通过广播向乘务员发出指令。

十四、飞机加油时的客舱安全规定

（1）飞行机组人员将“禁止吸烟”信号灯接通，关断“系好安全带”信号灯。

（2）机上人员必须遵守“禁止吸烟”的信号。

（3）乘务员广播通知旅客飞机正在加油，应在原位就座，不要来回走动或解开安全带。

（4）提示禁止吸烟等注意事项。如遇任何特殊情况，乘务员通过广播告知旅客，如果需要撤离，乘务员通过广播向旅客发出撤离指令。

（5）必须保证飞机发动机已关车，并且至少打开一个登机门，客梯车或廊桥要安置好，以供旅客下飞机；同时保持所有应急出口区域畅通。

---

① 以上许可携带的物品如因客舱储存区域不能安全存放，客舱乘务员应向旅客说明原因并要求其办理托运。

（6）如有打开的客舱门没有连接登机桥、客梯车或食品升降车，一定要拉上安全拉带，要有乘务员在此处值班，而且地面的滑梯展开区应当没有障碍物。

（7）每个紧急脱离门应当有一名乘务员值班，以备紧急撤离。

（8）保证厨房设备保持在固定好的状态，客舱通道无障碍物。

（9）乘务员应加强客舱巡视，如果出现任何潜在危险情况，乘务长应通知机组停止加油，直到恢复安全为止。

十五、机组餐食

（一）机组餐食要求

食物中毒会影响飞行机组的工作能力，进而影响飞行安全。

（1）机长和副驾驶应配备不同餐食，如配同种餐食，机长和副驾驶应当间隔 1 小时进餐。

（2）食品应按规定加热，任何加热剩余的机组餐食，不能冷却后再次加热进行供应。

（3）机组餐食在机上过夜后不再使用。

（4）飞行关键阶段不允许为机组提供餐食。

（二）乘务员对飞行机组的服务

（1）为机组提供餐饮时，不得在中央仪表板上方传递，要远离中央仪表板；

（2）所有进入驾驶舱的物品，用完之后及时回收；

（3）在驾驶舱内与机组人员对话前，乘务员应注意观察，不要影响其工作；

（4）飞机处于颠簸、不稳定状态时，不能送餐饮；

（5）易拉罐饮料必须开启后再送入驾驶舱，不得在驾驶舱开启易拉罐饮料。

十六、机组人员损伤 / 失去工作能力

（1）机组成员在身体状态发生变化，不符合所持体检合格证相应医学标准时不得执行飞行任务。

（2）如果飞行机组成员有足够的原因认为另一名机组成员由于酒精或毒品或健康原因造成损伤或不能履行其工作职责，必须在航班起飞前将此问题解决，所有相关的机组成员都必须保密。

十七、飞行中应急医疗事件报告程序与要求

飞行中应急医疗事件包括下列情况：

（1）使用了机上应急医疗箱、急救箱。

（2）由于人员伤亡造成飞机改航、备降。

（3）旅客或机组人员死亡。

（4）带班乘务长将飞行中的应急医疗事件填写在应急医疗事件报告单内，于 24 小时之

内报客舱服务部，由客舱服务部上报公司航空安全监察部、航医室，由公司上报局方。

（5）公司航空安全监察部、公司航医室应保存机上应急医疗事件记录 24 个月，此记录应当说明使用应急医疗箱、急救箱的情况，使用人和该次应急医疗事件的结果。

（6）在每个日历年结束后 30 天内，由公司航空安全监察部、航医室将全年的应急医疗事件汇总，并报告局方。

十八、机上重大事件

在飞行的任何时间，机上发生了重大事件及特殊事件等，客舱乘务员应向乘务长报告，乘务长尽快报告机长。

飞行中发生的重大事件，乘务长都要填写机上事件报告单，并上报公司客舱部业务主管部门，由客舱部业务主管部门上报公司航空安全监察部及航医室。

（1）喝醉酒的旅客。

（2）危险旅客。

（3）干扰客舱秩序的旅客。

（4）劫机。

（5）威胁或炸机。

（6）违反吸烟规定且不听劝阻。

（7）拒绝执行机组人员的安全指令。

（8）紧急撤离。

（9）客舱内有烟、臭气或火。

（10）客舱释压。

（11）误放滑梯。

（12）旅客伤亡。

十九、客舱设备故障的处理

（一）乘务员折叠式座椅故障

（1）乘务员座位有故障，应及时报告乘务长，乘务长必须通知机长；

（2）损坏的乘务员座位不能安排人员就座；

（3）没有座位的乘务员应安排在离其负责的出口最近的旅客座位上，此时乘务员的职责不变；

（4）供该乘务员就座的旅客座位必须注明“仅供乘务员使用”；

（5）必须在客舱记录本上记录故障。

（二）舱门故障

（1）乘务长通知机长；

（2）根据最低设备放行清单限制旅客的数量；

（3）旅客登机时不能使用有故障的舱门；

（4）在门上明显处标上此舱门故障；

（5）简单告诉此舱门附近旅客使用其他舱门；

（6）如发生紧急情况，乘务员必须封住此舱门，并告知旅客使用其他舱门撤离；

（7）填写客舱记录本。

（三）内话机故障

（1）客舱与驾驶舱的内话联系出现故障，乘务长必须通知机长制定另一种通信联络的途径；

（2）乘务长将新的联络方式通知所有的乘务员。

（四）客舱广播系统故障

如客舱广播系统故障，带班乘务长必须制定与客舱联络的其他方案并告知机长。

与旅客联系的其他途径有：

（1）个别介绍；

（2）以小组形式简介。

（五）客舱中“系好安全带”“禁止吸烟”标示灯故障

（1）通知机长，并在必要时加以广播。

（2）确保每一位旅客均得到乘务员的提醒：系好安全带、禁止吸烟。

（3）填写客舱记录本。

二十、医用氧气装置

（一）规定

（1）合格证持有人可以允许旅客携带和使用用于储存、产生或者分配氧气的设备，该设备由合格证持有人提供；每个使用该设备的人员均应持有由合格医生签署的书面证明，说明该员有使用该设备的医学需要。

（2）当设备装机时和计划在空中使用时，乘务长必须报告机长。

（3）在用氧周围 3 米之内不允许吸烟。

（4）供氧设备应保证能为使用者提供 4 升每分钟的最低氧气流量。氧气总量等于按照医生证明中标明的每小时所需的最大氧气量乘以用以计算飞机燃油量的小时数。

（5）使用氧气面罩前，女士要擦掉口红。

（6）每个使用该设备的人员，均应持有由合格医生签署的使用证明。当一架飞机都载运那些需用氧气的人员（每个人员都不超过 1 名陪伴亲属或其他有关人员）和医护人员时不适用本款规定。

（7）氧气设备要妥善安置，以免妨碍接近或使用客舱中任何必需的应急出口、正常出口或过道。

（8）本规则要求的辅助氧气、急救氧气不适用。

（二）氧气设备允许储存的位置

（1）整个供氧组件存放在一个衣帽间内；

（2）如果其他许可的地方不可用，小心地将它放置在行李箱内；

（3）安全放置在与该旅客同排的一个相邻的座位上；

（4）如果相邻的座位均被占用，可固定在椅腿上或担架旁。

注意事项：

（1）使用医疗氧气组件的旅客不能安排在应急出口（窗口）座位上；

（2）飞机上的手提氧气瓶仅在应急情况下使用，如旅客的自备氧气在航行中耗尽，允许使用机载的手提氧气瓶；

（3）手提氧气瓶使用后，应填写客舱记录本。

二十一、宠物和辅助动物的运输①

（1）宠物是指家庭驯养的狗、猫、鸟或其他玩赏类小动物。野生动物和具有形体怪异或易于伤人等特性的动物，如蛇等不属于此范围。

（2）宠物必须装在货舱运输。

（3）辅助动物是指辅助残疾旅客的狗或猴子，或作为搜寻爆炸物或营救自用而驯养的犬只。

（4）辅助动物必须装入容器，由旅客本人带入客舱。

（5）辅助动物必须不占座位，并不妨碍应急撤离的区域。

（6）携带辅助动物的旅客不能在出口座位就座。

【课后思考题】

1. 请简述医用氧气装置在客舱中使用的相应规定。
2. 请简述特殊旅客的定义及运输过程中的相应注意事项。
3. 请简述可拒绝运输旅客的原因。

第三节　旅客管理

一、拒绝运输的权利

可以被要求下机的旅客：

（1）旅客不遵守国家的有关法律、政府规章和命令，以及公司的规定；

（2）旅客未能出示或拒绝出示本人有效的身份文件；

---

① 携带辅助动物登机必须在订座时提出，并经承运人和有关连续承运人同意，并符合相关运输规定。在同一客舱暂只能装运一只导盲犬，同时客舱不得再装运其他动物。

（3）无票和无登机牌的旅客；

（4）登错机的旅客；

（5）合格证持有人认为该旅客的身体或精神条件可能在没有乘务员帮助的情况下，无法理解或执行安全指示；

（6）有醉酒或吸毒迹象；

（7）要求静脉注射者；

（8）怀孕超过 36 周（含 36 周）的孕妇；

（9）心智不健全的旅客，其行为可能对自身、机组成员或其他旅客造成危险；

（10）有非因残疾或疾病发出的异味；

（11）已知患严重的传染性疾病，且无法出具其已采取必要的预防传染措施；

（12）穿着打扮可能令其他旅客感到不适或赤脚；

（13）不符合旅客运输安全规定的担架旅客；

（14）不听从机组人员指挥；

（15）不管是否有意，做出可能危及飞机或机上旅客安全的任何行为。

二、医疗证明

如果旅客需携带下列物品或具有下列情况者，合格证持有人将要求其提供医生签署的诊断证明，并有医生签字及医院盖章。

（1）需用早产婴儿保育箱者。

（2）要求在空中额外吸氧者，医生在签署证明上具体标明使用该设备的医学需要，如在正常飞行时与飞机客舱内相对应的压力高度下，每小时所需的最大氧气量和最大氧气流量。

（3）可能在空中有生命危险或要求医疗性护理者。

（4）已知有传染性疾病但采取医疗性护理者。

对于严重病人，医疗证明应当说明一切应遵守的措施，并在乘机之日前的 4 天之内签署。有生命危险的旅客应当在乘机之日前 2 天内签署。在旅客登机前，这种医疗证明应当交乘务长一份。

三、特殊旅客服务通知单

（1）地面代办人员应为需特殊帮助的旅客准备一份特殊旅客服务通知单，并将通知单送交该航班乘务长。

（2）当旅客登机时，乘务长应记下该旅客的座位号，如果被分配的座位是出口座位，应通知或反映给地面工作人员进行调整。

（3）落地前乘务长应落实帮助特殊旅客下飞机的工作。

（4）在到达站，乘务长告诉地面工作人员需帮助的旅客姓名及需帮助的方式。

（5）在旅客的终点站或转港站，乘务长将信息条交给接飞机的地面代办人员。

四、障碍性旅客类型和运输条件

障碍性旅客运输条件见表 1-3-1。

表 1-3-1　障碍性旅客类型与运输条件

障碍性旅客类型	代码	运输条件概要
盲人： 无导盲犬 有导盲犬	BLND	携带导盲犬应具有动物检疫证 导盲犬需戴口套和牵引绳索
聋人 聋哑人	DEAF	如带助听犬，条件同有导盲犬旅客
孕妇： 怀孕正常，不足 32 周 怀孕 32 周至 35 周，不足 36 周 无论何时怀孕，如有流产或早产先兆		有流产、早产先兆者，一般不予承运
轮椅旅客： WCHR（R：Ramp 停机坪）：旅客能够自行上下飞机，在客舱内能自己走到座位上去 WCHS（S：Steps 台阶）：旅客不能自行上下飞机，但在客舱内能自己走到座位上去 WCHC（C：Cabin Seat 客舱座位）：旅客完全不能走动，需要他人帮助才能进入客舱座位	WCHR WCHS WCHC	旅客自用轮椅应放在货舱运输 WCHS 和 WCHC 在每一航班的每一航段限载两名
担架旅客： 担架旅客只能安排在普通舱后排座位，必须有人陪伴	STCR	在每一航班的每一航段限载一名

（一）孕妇

（1）怀孕不足 32 周的孕妇乘机，除医生诊断不适乘机外，按一般旅客承运。

（2）怀孕满 32 周但不足 36 周的孕妇乘机，应办理适合乘机医疗证明；该证明可在乘机前 7 天内签发有效。

（3）下列情况不予承运：

① 怀孕 36 周（含）以上者；

② 预产期在 4 周（含）以内者；

③ 产后不足 7 天者。

（4）孕妇不得安排在飞机的出口座位。

（二）婴儿（14 天 ~2 岁）

（1）2 岁以下的婴儿必须由其陪护的成年人抱着，或乘坐在经局方批准的在其陪护的成年人座位旁边的儿童固定装置内；

（2）不允许安排在出口位置；

（3）每排旅客座位只允许安排一位 2 岁以下的婴儿。

（三）2~4 岁的儿童

（1）必须由一位同舱位的至少 12 岁以上的旅客陪护；

（2）不允许安排在出口位置。

（四）无人陪伴儿童（UM）

（1）无人陪伴儿童为5~12岁之间；

（2）在不换机的前提下独自旅行；

（3）必须有成年人陪同直到登机为止，必须配有在到达站接儿童的成年人姓名、地址和联系电话等信息的专用袋；

（4）其座位已得到确认，符合客舱安全规定（不可安排在出口座位）；

（5）合格证持有人自接受承运该名UM起负责全部责任，直到抵达目的地由接儿童的成年人接走为止；

（6）地面工作人员应根据旅客填写的“无人陪伴儿童（UM）运输申请书”，为其办理订座和售票，并建立记录文件；

（7）地面工作人员在无人陪伴儿童的外衣上别上统一标志，将其送上飞机，向当班乘务长说明其目的地和接收的成年人姓名；

（8）乘务长保管其资料，直到落地后移交地面工作人员或接收人；

（9）过站时，不能允许儿童离开飞机，除非由地面工作人员或乘务员陪同；

（10）在没有工作人员陪同下，儿童不得下机；

（11）由于承运人对无人陪伴儿童负有责任并需要提供特殊的服务和照顾，同时会对同一航班的其他旅客造成一定的影响，所以每一航班运送无人陪伴儿童的数量有一定限制。

（五）残疾旅客

残疾旅客不应安排在出口位置，一排座位只能安排一名残疾旅客就座；每一次起飞前，乘务员应与地面工作人员联系，了解是否需要专门的服务项目。应指定一位乘务员向在紧急情况下需要他人协助撤离的残疾旅客告知如下内容：

（1）告诉该旅客及随行人员，在紧急情况通往每一个适当出口的通道，以及开始撤离的最佳时间；

（2）征询该旅客及随行人员，关于帮助该旅客的最适宜方式，以免其进一步受伤或痛苦。

原则上，不要求乘务员对残疾旅客的个人需要提供帮助（如用餐、服药、使用卫生间等），除非是出于安全方面的考虑。

残疾旅客可以决定其是否需要乘务员特殊照顾，但有以下情况之一的，乘务组有权决定是否给予帮助：

（1）因精神上不健全而不能理解或遵循安全指导；

（2）因病重或残疾而自己不能应急撤离；

（3）因听力或视力的不健全而不能接受必要的指导；

（4）要求其他人员帮助处理医疗事务。

五、要求冷藏药品

（1）如果旅客在航班中要求冷藏药品，可将之放入盛有冰块的塑料袋内，但绝不能将药品冷藏于厨房柜或冰柜中。

（2）原则上旅客要求冷藏的药品应自行保管。

六、更换座位

（1）为了飞行安全，飞机起飞、着陆前任何人不得随意调换座位，特别是大面积的调换，避免飞机配平失调；①

（2）在航行中，如有空余座位，经乘务长允许，旅客在空中可更换座位，但不能允许不合条件的旅客坐在出口处座位；

（3）让旅客在各站直接向地面工作人员要求获得正式的座位更换。

七、特殊餐食

（1）出港旅客可在起飞前 24 小时提前在订票时预订特殊餐食；

（2）在外站旅客需在起飞前 48 小时提前在订票时预订特殊餐食；

（3）特殊旅客服务通知单上应列出特殊餐食的编码、旅客姓名和座位号；

（4）如果特殊餐食供应短缺，向旅客提供其他的特殊餐食、普通舱餐食或头等舱餐食（有备份的话），任其选择；

（5）特殊餐食的种类代码见表 1–3–2。

表 1–3–2　特殊餐食

特殊餐食	代码
婴儿餐	BBML
素食餐	VGML
糖尿病餐	DBML
无盐餐	NSML
溃疡餐	BLML
印度餐	HNML
鲜水果餐	RVML
犹太餐	KSML
儿童餐	CHML
穆斯林餐	MOML

八、旅客遗失物品

（1）在旅客离机后，或在旅客登机前，乘务员在客舱捡到任何有价值的物品时，必须马上报告乘务长进行查看，且需要两人在场，将物品逐一记录；

（2）乘务长将捡拾物品交给相关部门并保留好收据；

（3）如果是在途中捡到并证明是该旅客的物品，乘务长确认后归还；

（4）在登机后，如果旅客提出丢失了贵重物品，乘务员要将丢失物品了解清楚，并尽力帮助；

① 横向移动旅客不会影响飞行、操作，但是，纵向（大量）转移旅客会使飞行操作受到影响。

（5）登机后或登机完毕，如果旅客告知有物品遗失在候机厅等处，视情况尽量帮助旅客，如遇客观因素无法帮助的，应详细记录有关情况报机长联系地面协助解决。

九、机上失窃

如果在机上发生失窃，乘务员首先要证实并报告乘务长，将以下信息报机长并通知给即将到达的航站：

（1）丢失物品及价值；

（2）失窃是在机上发生；

（3）是否在有可能丢失的地方查找过；

（4）在到达站旅客是否要报案；

（5）如果旅客要求报案，乘务员要对他确认；

（6）如果警方介入，会产生一些不便，旅客不能按时下机；

（7）如果失物是很难确定物主的，如现金，找回的希望很小；

（8）在落地前，由乘务长广播，乘务组要向其他旅客做好解释工作，注意语言技巧。

【课后思考题】

1. 请简述拒绝运输的权利。
2. 请简述障碍性旅客的运输和限制。

第二章　空客 A320 系列机型客舱设备介绍

第一节　飞机概述

空客 A320 系列飞机是欧洲空中客车工业公司研制的双发单通道中短程客机。该机采用最先进的设计和生产技术、新材料及先进数字式航空电子设备。它是世界上第一种使用电传操纵的亚声速民用客机。

一、基本尺寸

空客 A320 飞机见图 2.1.1、图 2.1.2，基本尺寸见表 2–1–1。

表 2–1–1　空客 A320 飞机基本尺寸数据

机身长度：37.57 米	客舱长度：27.77 米
机身高度：11.76 米	机身直径：3.96 米
水平翼展宽度：33.91 米	

图 2.1.1　空客 A320 飞机侧面

图 2.1.2　空客 A320 飞机正面

二、设计性能数据

空客 A320 飞机的设计性能数据见表 2-1-2。

表 2-1-2　空客 A320 飞机设计性能数据

最大设计重量	最大滑行重量（MTW）	73900 千克
	最大起飞重量（MTOW）	73500 千克
	最大着陆重量（MLW）	64500 千克
	最大零燃油重量（MZFW）	60500 千克
最大使用高度		1000~39000 英尺（305~11890 米）
最大设计速度		350 海里 / 小时
巡航速度		800~900 千米 / 小时
最大航程		5400 千米

三、飞机的总体结构

飞机的总体结构分为：机头、机身、机尾三个部分。见图 2.1.3。

（1）机头部分：驾驶舱。

图 2.1.3　空客 A320 飞机总体结构

（2）机身部分：为上、下两个部分。上为客舱、下为货舱。机身的两侧是机翼部分，它们在飞行中起辅助作用；在机翼的下方各有一台发动机为飞机提供动力。

（3）机尾部分：包括方向舵、升降舵、安定面和 APU。

（4）APU（Auxiliary Power Unit）是飞机的辅助动力装置，在地面为飞机提供电力和气源；在空中可作为发动机电力和气源系统的备件。它并不产生推力，只能为特殊情况下的飞机提供电源和气源。

四、电源

（1）客舱、厨房、卫生间内的用电电压一般为 115 伏 /400 赫兹的交流电。

（2）在地面可由辅助动力装置或外部电源车提供电源。

（3）单发失效时，厨房电源会自动切断。

五、驾驶舱

空客系列飞机驾驶舱设计为机组人员提供了最佳舒适性及尽可能完善的设备。

驾驶舱是飞机的飞行控制中心，配制正、副驾驶和另外两名机组成员的座位。机长和副驾驶的座位是并排的，座椅为柱装式，可前、后移动，旋转调节到最舒适的位置。另外两名机组成员的座位在驾驶舱门两侧后壁板上，面向前方。见图 2.1.4、图 2.1.5、图 2.1.6。

驾驶舱具有隔热、隔音的功能，下层为电子舱。驾驶舱还有两个滑轨窗，可以作为应急出口。

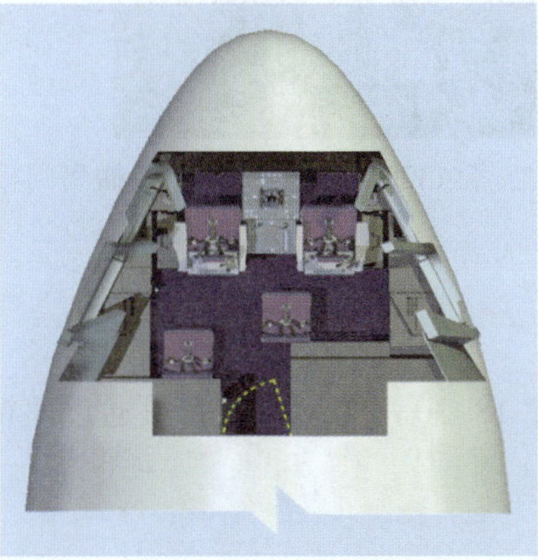

图 2.1.4　空客 A320 飞机驾驶舱布局

图 2.1.5　空客 A320 飞机驾驶舱

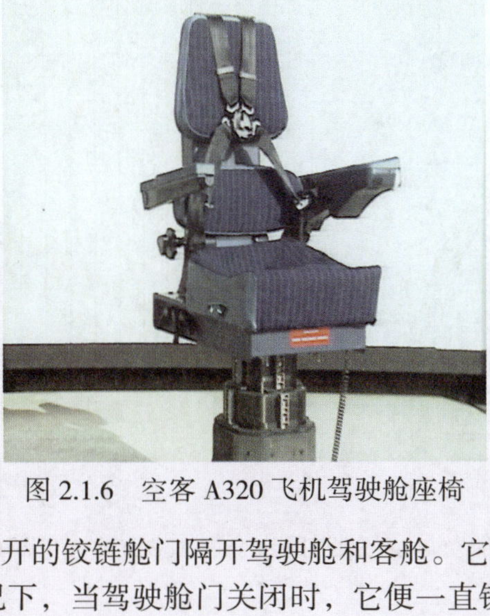

图 2.1.6　空客 A320 飞机驾驶舱座椅

驾驶舱中有一个向前打开的铰链舱门隔开驾驶舱和客舱。它有一个电子锁定并且由飞行员控制的锁扣，在正常情况下，当驾驶舱门关闭时，它便一直锁住。见图 2.1.7。一旦出现驾驶舱的进入请示，飞行机组可以选择开锁进入，此舱门应一直保持关闭，直到被推开。舱门是防弹型并且完全符合快速释压的要求。并且有一个机械超控装置可以让飞行员从驾驶舱里面打开驾驶舱门。

在紧急情况下，当舱门卡阻时，撤离门板允许飞行机组从驾驶舱中撤出。只能从驾驶舱里面拆下此门板，方法是朝向门板中心拉出快速松开销钉，然后踢开此门板。若出现供电故障或快速释压，此舱门自动开锁，但是一直保持关闭。见图 2.1.8。

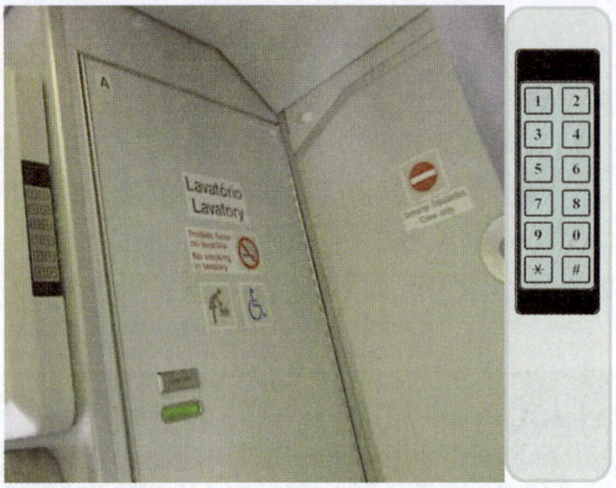

图 2.1.7　空客 A320 飞机驾驶舱门及密码锁

图 2.1.8　空客 A320 飞机驾驶舱门及撤离门板

六、空调

（1）客舱温度可由飞行员任意选择自动控制并保持在 18~30℃之间，旅客可通过座椅上方的服务组件调节风向和风量。见图 2.1.9。

（2）驾驶舱机组也可人工调节客舱温度。

（3）客舱和驾驶舱温度是分开控制的，客舱分为前后两个不同的温度区。

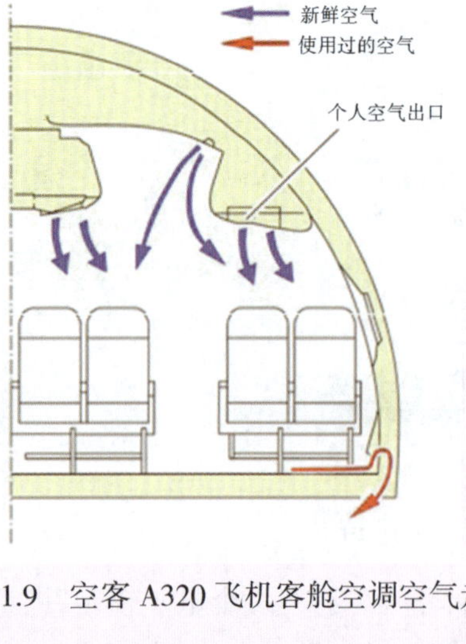

图 2.1.9　空客 A320 飞机客舱空调空气走向

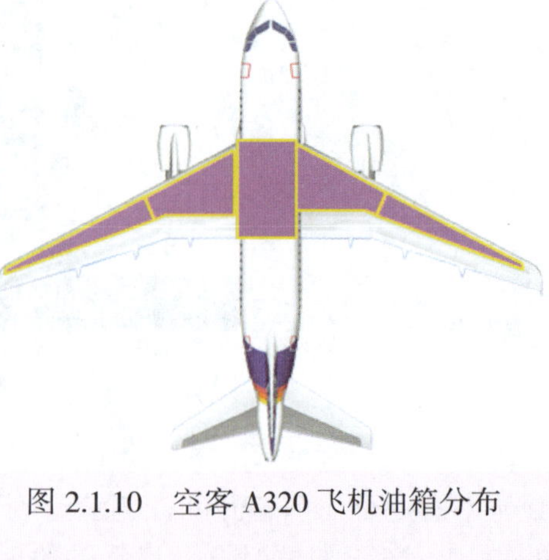

图 2.1.10　空客 A320 飞机油箱分布

七、增压

座舱压力是自动控制的，除头部、尾部、起落架舱及空调舱外，全部为增压舱。

八、油箱

空客 A320 飞机的燃油由三个油箱储存：左翼油箱、右翼油箱、中央油箱。见图 2.1.10。三个油箱的总储油量为 18614 千克。

九、起落架

（1）机身的下部是起落架，它是可收放三点式结构。

（2）起落架分为主起落架和前起落架，主起落架位于机翼下，朝机身中线方向收缩，前起落架朝前往机身内收缩。见图 2.1.11。

图 2.1.11　空客 A320 飞机起落架

十、货舱

空客 A320 飞机共有 3 个货舱。其中前后两个可装载集装箱，位于后部的散装货舱可以装载散装货物和运输动物。见图 2.1.12。前货舱装载限额为 3402 千克，后货舱装载限额为 4536 千克，散装货舱装载限额为 1497 千克。三个货舱总共装载 9400 千克左右。前、后货舱门只能从外部打开，散货箱从里外均可开启。

图 2.1.12　空客 A320 飞机货舱分布

十一、出口及基本知识

空客 A320 飞机客舱配有 8 个出口：4 个登机服务门（每侧各 2 个）、4 个客舱翼上紧急出口。另有 2 个驾驶舱紧急撤离窗（滑动窗，只能从里面打开）。

【课后思考题】

1. 空客 A320 飞机飞行时的巡航速度为多少千米 / 小时？最大航程为多少千米？最大起飞重量为多少千克？净重多少？

2. 机上共有几个货舱？分别可装载什么物品？门的开启方式是怎样的？

3. 什么是 APU？ APU 的作用是什么？

4. 单发失效时厨房电源会受到什么影响？

5. 在紧急情况下，当舱门卡阻时，飞行机组应怎样从驾驶舱中撤出？若出现供电故障或快速释压，舱门将会怎样？

6. 空客 A320 飞机客舱、厨房、卫生间内的用电电压一般为多少？在地面飞机电源可由哪些设备提供？

7. 飞机客舱的温度在哪里控制和调节？调节温度的范围是多少？

8. 空客飞机座舱压力是自动控制的，哪些部分为非增压舱？

9. 空客 A320 飞机三个油箱的总储油量为多少千克？

10. 空客 A320 飞机配有几个客舱出口？几个登机服务门？几个客舱紧急出口？几个翼上紧急出口？几个驾驶舱紧急撤离窗？

第二节　客舱概述

一、客舱布局

（一）布局

空客 A320 飞机客舱的布局结构见图 2.2.1、图 2.2.2。

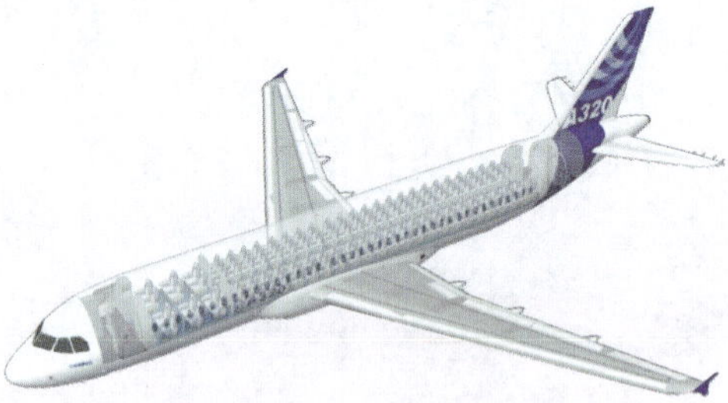

图 2.2.1　空客 A320 飞机客舱布局

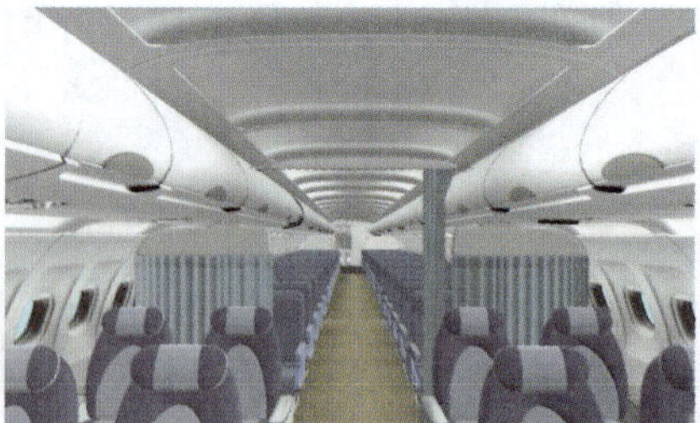

图 2.2.2　空客 A320 飞机客舱布局

（二）客舱服务设备

1. 旅客座位

客舱内座椅均用滑轨固定，座位数由用户在最初选型时进行订制。

1）座椅的调节

（1）在旅客的座椅扶手上有调节按钮可调节椅背的舒适度，按下扶手上的按钮可将椅背向后倾斜至少 15°，椅背通常也可前倾；

（2）部分靠近机门、应急窗的旅客座位的椅背无法向后或向前倾斜；

（3）旅客座位间的扶手通常可向上翻起，或被拆卸，在普通舱中有几排座位靠过道一侧的扶手都可向上翻起，以便轮椅旅客就座，但需按压一个扶手松开扭。

2）特殊功能座椅

（1）出口座位。

（2）椅背不能调节的座位：前后有紧急出口的座位。

（3）椅背不能后倾的座位：后有紧急出口的座位。

（4）椅背有限前倾的座位：前有紧急出口的座位。

（5）椅背有限后倾的座位：座椅后有挡板的座位。

2. 衣帽间

空客 A320 客舱内有 2 个衣帽间，前舱门左右各 1 个，衣帽间门为锁扣式。见图 2.2.3。

图 2.2.3　空客 A320 飞机衣帽间

图 2.2.4　空客 A320 飞机书报架

3. 书报架

一般位于普通舱第一排隔板或普通舱最后一排壁板上，方便旅客取阅报纸书刊或者宣传资料用。见图 2.2.4。

4. 婴儿摇篮

存放在头等舱，可挂在头等舱第一排和经济舱第一排。见图 2.2.5。

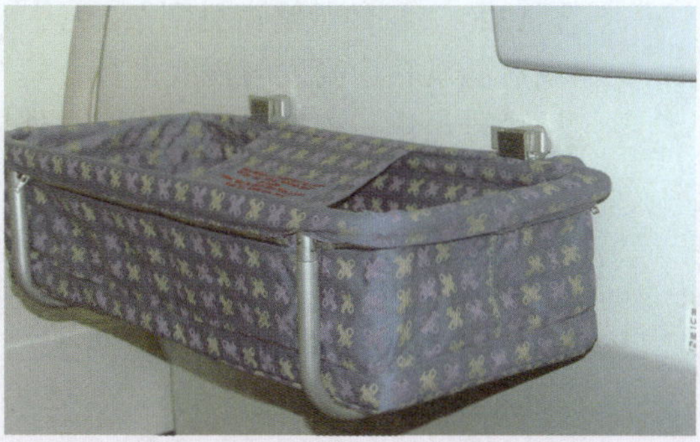

图 2.2.5　A320 飞机婴儿摇篮

5. 小桌板

空客 A320 客舱内的小桌板分为两种：

（1）扶手内插式小桌板，见图 2.2.6。

（2）椅背后扣式小桌板，见图 2.2.7。

图 2.2.6　空客 A320 飞机扶手内插式小桌板

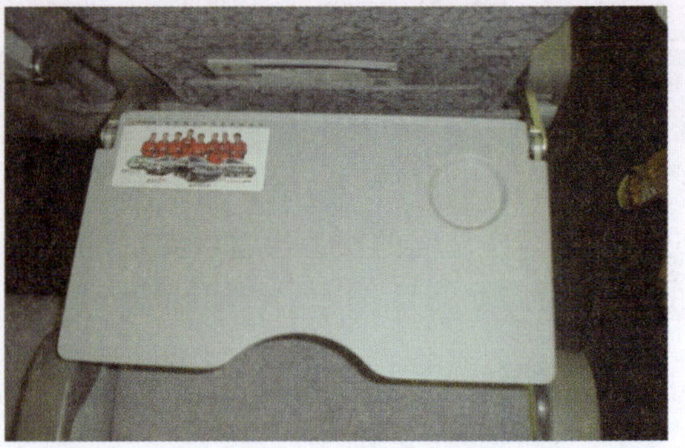
图 2.2.7　空客 A320 飞机椅背后扣式小桌板

6. 安全带

每个旅客座位上都配有安全带，每条安全带可承受 9G 的重力；不使用时应收好归位为应急脱出清理障碍。

7. 行李架

两门一组，可承受 76 千克的手提物品。见图 2.2.8。

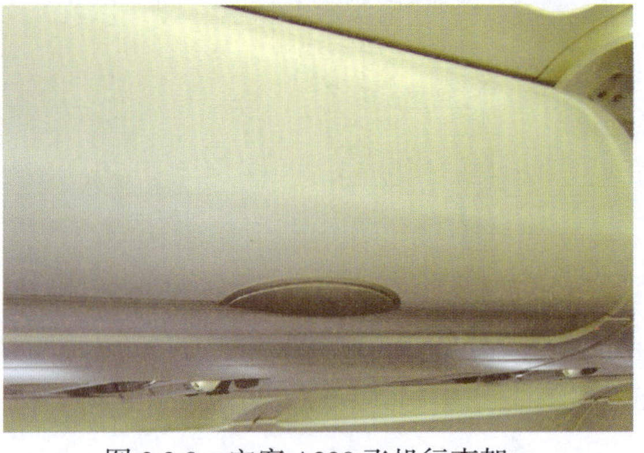
图 2.2.8　空客 A320 飞机行李架

图 2.2.9　空客 A320 飞机观察窗

8. 观察窗

空客 A320 飞机的观察窗见图 2.2.9。

（1）客舱观察窗高度与视线平行，每个窗口均装有非透明滑动遮阳板。

（2）由外、中、内三层玻璃构成，外层和中层承担客舱压差。

（3）在正常使用情况下，中层玻璃下方的通气小孔用来平衡内层玻璃片上的压力。

（三）旅客服务组件（PSU）

空客 A320 飞机旅客服务组件见图 2.2.10。

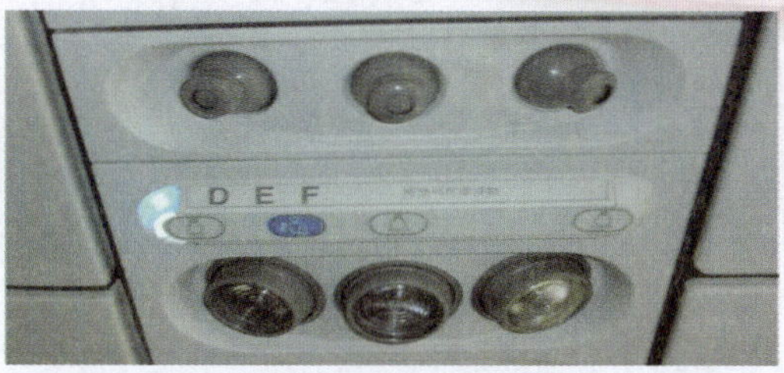

图 2.2.10　旅客服务组件

1. 呼唤铃

呼唤铃见图 2.2.11。

（1）呼唤铃显示灯同时也是座位指示灯；

（2）当某一舱门处于打开状态时，所有的座位排号灯亮，此时旅客按呼唤铃，仅有呼叫旅客的座位牌号灯闪亮；

（3）当所有舱门处于关闭状态时，座位牌号灯熄灭，此时呼叫旅客的座位牌号灯稳定亮；

（4）旅客呼叫时客舱和服务间能听到“咚”的单音；

（5）复位时再次按下呼唤铃。

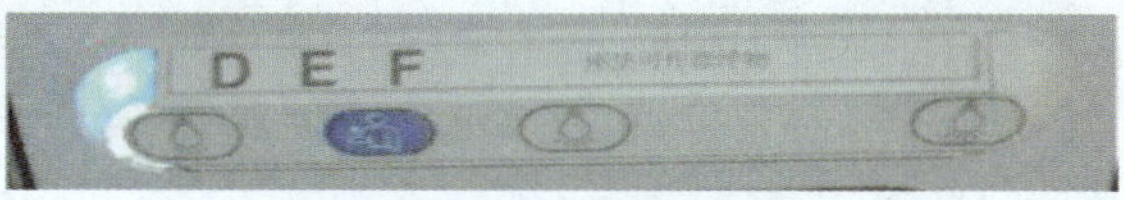

图 2.2.11　旅客呼唤铃

2. 阅读灯

阅读灯见图 2.2.12。

图 2.2.12　旅客阅读灯

3. 座位号

座位号见图 2.2.13。

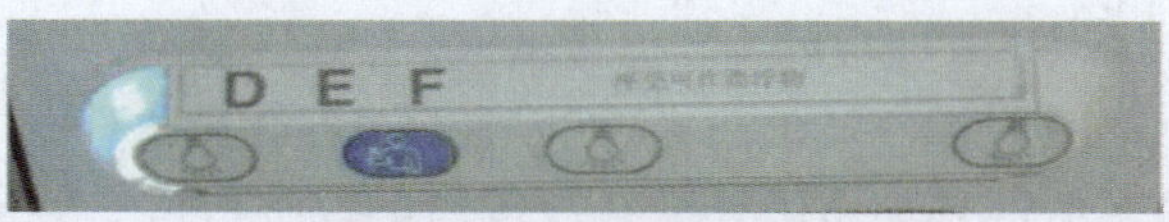

图 2.2.13　旅客座位号

4. 通风孔

通风孔见图 2.2.14。

图 2.2.14　旅客通风孔

5. 氧气面罩

氧气面罩见图 2.2.15。

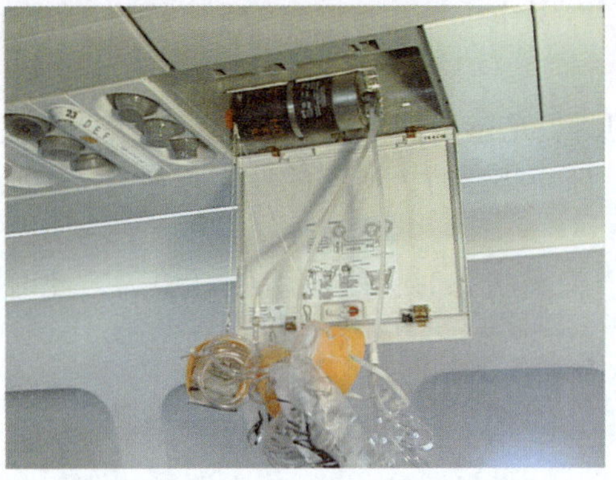

图 2.2.15　旅客氧气面罩

（四）旅客信息组件（PIU）

旅客信息组件包括扬声器，“禁烟”“系好安全带”标志。见图 2.2.16。

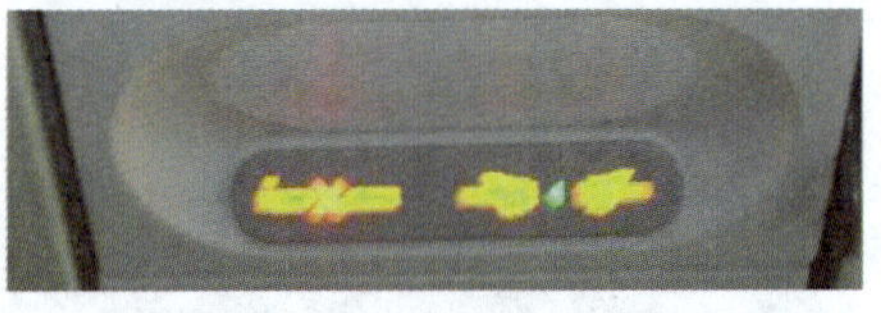

图 2.2.16　旅客信息组件

（五）乘务员服务组件

在每个乘务员座椅上方均设有一套服务系统，它包括工作灯、氧气面罩。

（六）乘务员工作区

乘务员座席有 6 个，L1 门 2 个、L2 门 1 个、R2 门 2 个、后右卫生间旁 1 个。

注意：乘务员座椅安全带必须正确存放在座位后的储存位内，以防座位回原位时夹坏和损坏安全带，同时也为应急脱出清理障碍。

【课后思考题】

1. 客舱壁板上的黑三角的作用是什么？
2. 空客飞机两门一组的行李架可承受多少千克的行李？
3. 哪些座位的座椅靠背不能调节？
4. 为什么空客系列飞机紧急出口座位供旅客使用的小桌板固定在旅客扶手里？
5. 当客舱中所有的座位牌号灯熄灭时，乘务员可判断此时舱门处于什么状态？
6. PIU 包括哪些设备？ PSU 包括哪些设备？

第三节　出口概述

一、出口分布

空客 A320 客舱出口分布如图 2.3.1 所示。

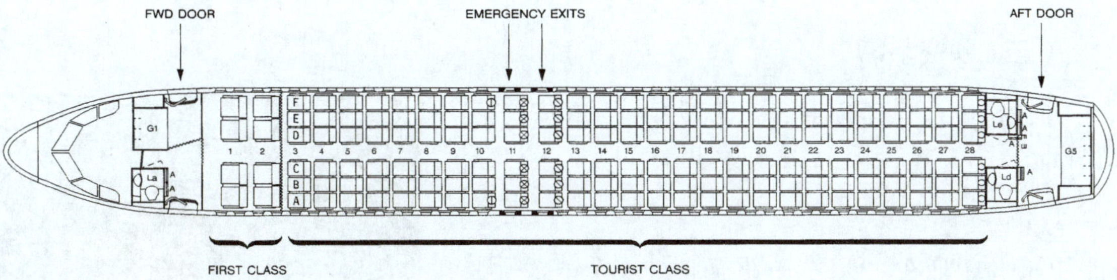

图 2.3.1　客舱及出口分布图

二、客舱出口

分类：“Ⅰ”型门：登机门（L1、L2）和食品门（R1、R2）；“Ⅲ”型门：翼上出口；
数量：“Ⅰ”型门 4 个，“Ⅲ”型门 4 个。
特点：

（1）均可从内、从外打开，撤离时所有的门都可作紧急出口；

（2）“Ⅰ”型门与客舱地板在同一个高度；“Ⅲ”型门不与地板同一高度，始终处于“预位”状态；

（3）“Ⅰ”型门有警告指示灯、辅助动力装置、门锁信号。

三、舱门

（一）门的结构

“Ⅰ”型门的结构见图 2.3.2，“Ⅲ”型门的结构见图 2.3.3。

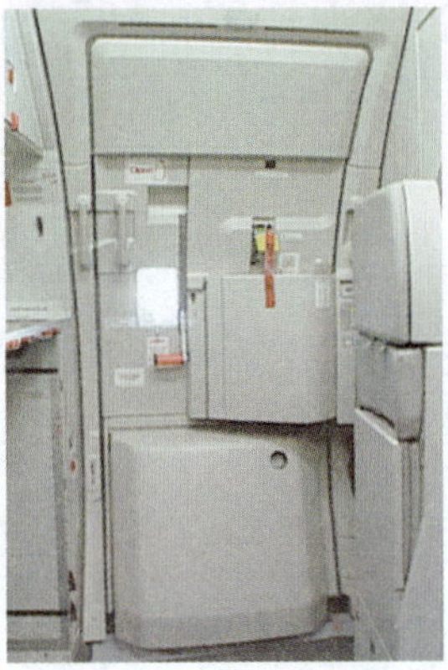

图 2.3.2　“I”型门的结构

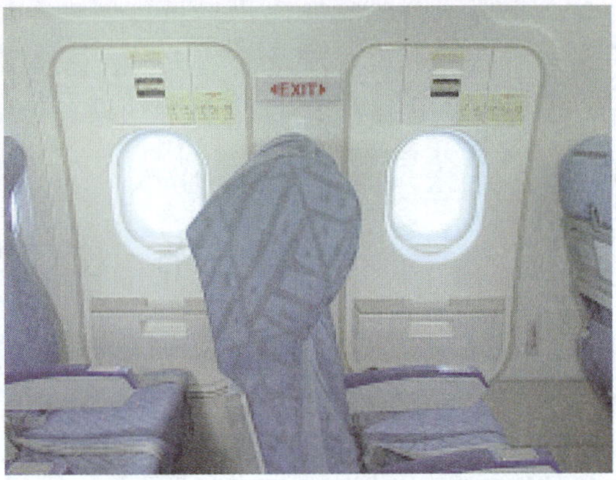

图 2.3.3　“Ⅲ”型门的结构

（二）预位系统

预位系统包含预位手柄（见图 2.3.4）和安全插销两部分。

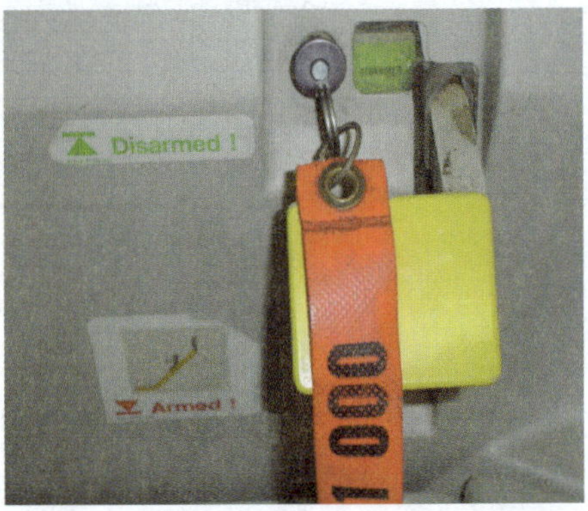

图 2.3.4　“I”型门的预位手柄

1. 预位的位置

当预位手柄在“预位”的位置时，安全销必须取出并存放在门支撑臂上专用的存放孔内，以便完成门的预位。

注意：预位手柄在预位的位置时，预位系统手柄把滑梯上的提带杆连接到客舱地板上。

2. 解除预位的位置

当预位手柄在“解除预位”的位置时，必须插上带有红色指示带的安全销，以便指示门在解除预位的位置，防止意外改变预位手柄的位置。

注意：预位手柄在解除预位时，预位系统手柄把滑梯上的提带杆连接到客舱门上。

（三）辅助动力装置

“Ⅰ”型门的输助动力装置见图 2.3.5。

（1）作用：在正常操作特别是在有风的情况下，减缓开门的速度；紧急情况时，可以充当辅助动力筒，自动把门打开。

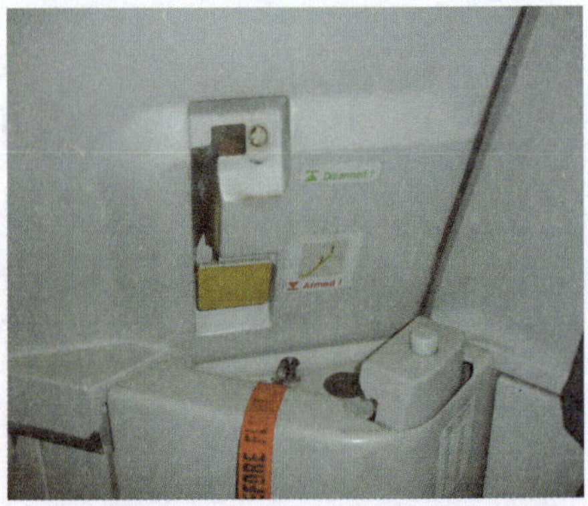

图 2.3.5　“I”型门的辅助动力装置

（2）检查：在门的阵风锁旁有一个压力表，可对照门上刻度表（温度与压力对比表）进行检查。

（3）注意：除驾驶舱紧急出口和翼上出口，其他所有门上都装有辅助的动力装置。

（四）警告系统

“Ⅰ”型门的警告系统见图2.3.6。

（1）“客舱压力”警告灯为红色频闪灯（当所有发动机全部关停，且预位系统在解除预位时，如外部压力小于客舱压力，在压差大于2.5百帕时，红灯闪亮）；

（2）“滑梯预位”指示灯为白色，稳定亮（在预位状态开门时灯亮）。

注意：这两个灯的状态也可以从外侧透过观察窗看到。

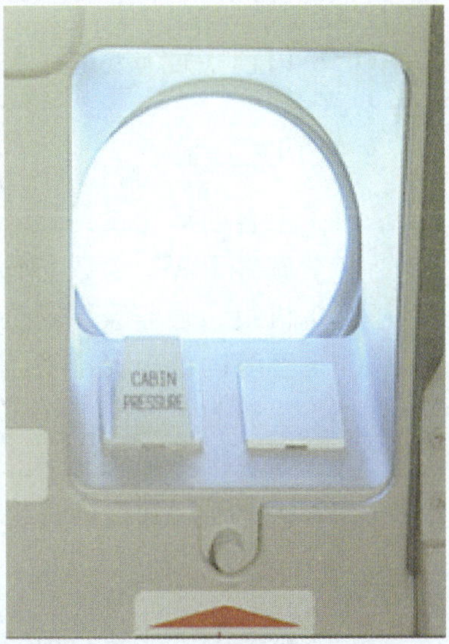

图 2.3.6　“I”型门的警告系统

（五）门的正常操作程序

1.“Ⅰ”型门的打开

（1）观察舱外情况；

（2）检查预位手柄在 DISARMED 的位置，安全销放好；

（3）观察红色客舱压力警告灯（如果红色客舱压力警告灯在观察窗附近闪烁，不要打开舱门，要马上报告机长）；

（4）抬起手柄，确认“SLIDE ARMED”灯不亮；

（5）打开舱门（抓住手柄向上抬，向外推门，直至门锁锁定在全开位）时，在未得到下机指令时应拉上门的安全带。

2.“Ⅰ”型门的关闭

（1）按下阵风锁，抓住左边的辅助手柄；

（2）抓住拉手，向后拉门；

（3）当门对正门框时，向内拉门并压下门操纵手柄；

（4）检查门锁指示器显示在绿色 LOCKED 位置。

3.“Ⅰ”型门从外开关

（1）开门：首先通过观察窗确认红色客舱压力警告灯没有闪烁；然后按下盖板，抓住手柄向上抬，直到与绿线平齐；最后把门向外拉再向机头方向推直到完全打开。

注意：如果滑梯预位手柄处在“ARMED”位置，从外侧开门，手柄将自动回到“DISARMED”的位置。

（2）关门：按下阵风锁，使舱门开锁；把舱门拉向门框再推入；把操作手柄按下，直到与舱门平齐时，门就锁好了。

4. “Ⅲ”型门的打开

（1）取下手柄盖（手柄灯和滑梯预位灯指示器亮）；
（2）下拉操纵手柄（见图 2.3.7），紧急出口门向内移动；
（3）抓住把手移开紧急出口；
（4）把紧急出口门扔出。

图 2.3.7 “Ⅲ”型门的操作手柄

（六）舱门操作规定

1. 关闭舱门前

（1）上客前清舱：无外来人员、物品。
（2）旅客上齐：人数与舱单相符，签字交接，文件齐备。
（3）机组、乘务组、安全员到位。
（4）客舱内行李安排妥当，行李架全部关闭。
（5）客舱内无地面工作人员。
（6）紧急出口确认完毕。
（7）关闭舱门前：征得机长同意，确认舱门外部状况良好，符合关门要求。

2. 舱门关闭后

（1）乘务长下达舱门预位指令。
（2）乘务员对照舱门预位检查单，进行舱门预位（先操作 L 门、后 R 门）。
（3）乘务员交叉检查后报告乘务长。
（4）乘务长报告机长。

3. 到达停机位开启舱门（飞机到达停机位，发动机关车后执行）

（1）乘务长下达舱门解除指令。
（2）乘务员对照舱门解除预位检查单，进行解除预位（先操作 L 门、后 R 门）。
（3）乘务员交叉检查后向乘务长报告。
（4）机长下达舱门已解除预位口令。
（5）乘务长下达“舱门可以打开！”
（6）打开舱门。

4. 再次开启舱门（如需要）

（1）如果有要求重新打开机门，乘务长报告机长，得到确认允许后，执行正常开启舱门程序。（务必确认舱门已解除预位。）

（2）其他舱门需要再次开启时，负责舱门的乘务员报告乘务长，乘务长报告机长得到确认允许后，执行正常开启舱门程序。（务必确认舱门已解除预位。）

【课后思考题】

1. 空客 A320 飞机上哪些门属于“Ⅰ”型门？哪些属于“Ⅲ”型门？

2. “Ⅰ”型门的特点有哪些？

3. 门的辅助动力装置（阻尼作动器组件）有什么作用？检查方法是什么？哪些门装有辅助动力装置？

4. “客舱压力”警告灯是什么颜色？在什么时候会亮？“滑梯预位”指示灯是什么颜色？舱门观察窗上的“SLIDE ARMED”灯亮时，表示什么意思？

5. 请简述打开“Ⅰ”型门的操作程序。

6. 当预位手柄在预位的位置时，预位系统手柄把滑梯上的提带杆连接到哪里？当预位手柄在解除预位时，预位系统手柄把滑梯上的提带杆连接到哪里？

7. “Ⅲ”型门上的滑梯预位指示器在什么时候会亮？

8. 乘务员应怎样预位和解除预位？

9. 当飞机完全停稳、发动机关闭、舱门解除预位后，按照舱门操作规定，后舱乘务员得到谁的指令后方可开门？

第四节　厨房、洗手间、供排水系统

一、厨房布局

空客 A320 飞机有两个厨房，分别位于前舱（G1）、后舱（G5）。见图 2.4.1。

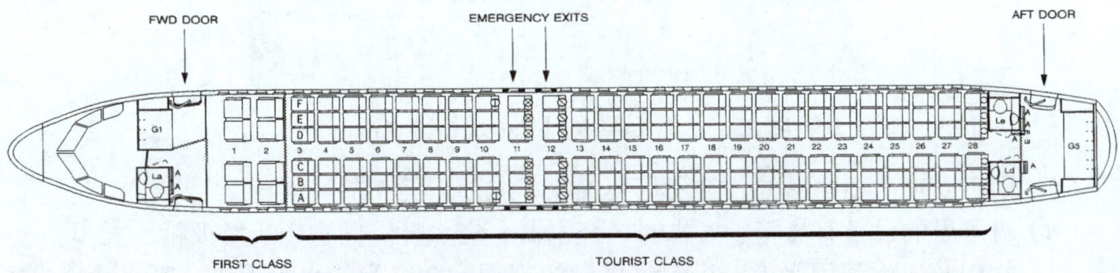

图 2.4.1　厨房分布图

（1）每个厨房都有电、水、废污和空气出口，每个厨房各有一个综合控制面板为厨房提供电源。

（2）厨房总电源位于驾驶舱，电源为 115 伏 /400 赫兹的交流电，由飞机发动机内的发电机或 APU 或地面电源供应。在飞行中，任何一台或以上发动机故障时厨房电源将会自动切断。

（3）综合控制面板上的断路器（保险电门，见图 2.4.2）用以切断电源，具体操作如下：

① 将黑色按钮拉出；

② 按下重新接通电源。

注意事项：

① 若断路器跳出，让它冷却 3 分钟再压入按钮重置开关。

② 在重置断路器前通知驾驶舱。

③ 一旦断路器重置好后，立刻通知所有飞行人员和乘务员。

④ 断路器只允许重置一次，不要按压断路器，否则会引起火灾。飞行中严禁重置断路器。

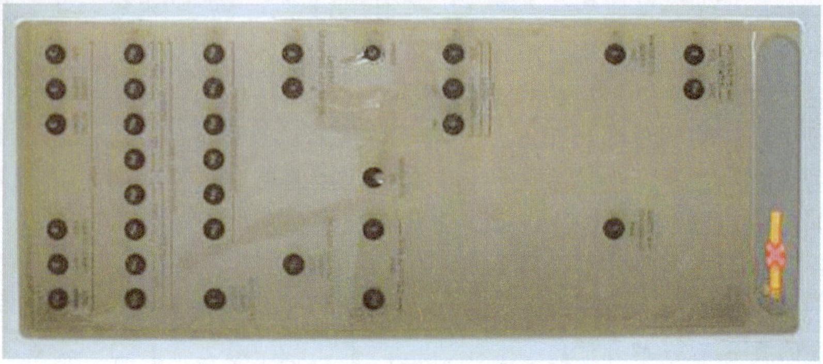

图 2.4.2　断路器——保险电门

（4）每个厨房都有一个控水阀门和超控排水活门，见图 2.4.3。

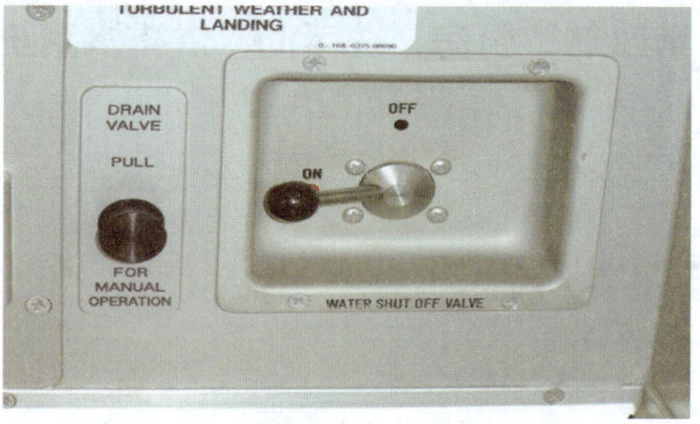

图 2.4.3　厨房控水阀门和超控排水活门

（5）用于固定滑动物品的各类锁定装置应养成随用随扣的习惯。

（6）厨房里的设备有烤箱、煮水器、烧水器、烧水杯、储物柜、垃圾箱、餐车。

（7）饮用及卫生间用水由一个引气供压的容积为 200 升的水箱提供，废水箱也可容纳 200 升废水；饮用水的容量在前乘务员面板上（FAP）显示，水和废污的量以水箱总量的百分比形式显示出来，空客 A320 飞机的水箱在飞机前部机身下。

二、厨房服务设备

（一）烤箱

每个烤箱存放 28 份热食（共 7 层，每层 4 份）。

注意事项：

（1）上机后检查烤箱能否正常工作，清理烤箱内的油渍；

（2）严禁空箱烤制 8 分钟以上，烤制食品前应该取出烤箱内的纸条和干冰；

（3）烤制食品时，烤箱门一定要关严扣好；

（4）起飞着陆前烤箱必须断电。

烤箱控制面板见图 2.4.4。

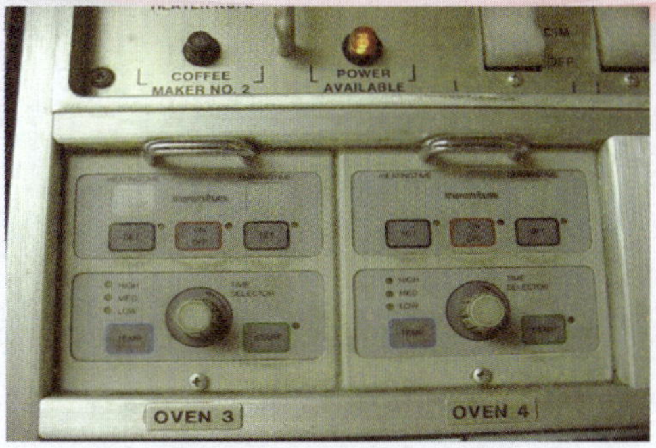

图 2.4.4　烤箱控制面板

（二）烧水器

空客 A320 飞机中的烧水器见图 2.4.5 左侧。

烧水器的水温经过加热后可达到 88℃。

烧水器使用方法：

（1）检查是否有水放出；

（2）将烧水器开关打到开位（ON 位）；

（3）READY 灯亮，表示水烧开。

（三）煮水器

空客 A320 飞机中的煮水器见图 2.4.5 右侧。

煮水器使用方法：

（1）把水壶放入煮水器，按下手柄；

（2）按下 ON/OFF 打开电源；

（3）按下 BREW 灯，待水烧开自动流出，水满自动停止；

（4）HOT PLATE ON 按下时加热；

（5）HOT WATER 按下灯亮时出开水、灯灭时出热水。

图 2.4.5　烧水器（左）、煮水器（右）

烧水器和煮水器的注意事项：

当 NO WATER 灯亮时，

（1）先关闭烧水器电源；

（2）检查水阀是否打开；

（3）检查水表（FAP）；

（4）通知驾驶舱。

（四）垃圾箱

用于存放飞机上垃圾的容器，每个厨房及卫生间均有配备。

（五）餐车

用于客舱服务用品、餐食、饮料补给、摆放使用的特制推车。

三、卫生间

（一）卫生间概述

为了旅客及机组的舒适和方便，客舱内设置了卫生间。每个卫生间都具备洗手间的功能，并备有冷、热、污水和空调空气的出口接头，并配备有排风扇。每个卫生间内都有烟雾探测器。

（二）卫生间数量

机上共有三个卫生间：前卫生间 La（1 个），后卫生间 Ld、Le（2 个），见图 2.4.6。La 和 Le 两个卫生间备有助残设备。

在 Ld 卫生间的后侧壁上，安装有一个专门为担架通过用的壁板，这里有足够的空间供载人的担架从后客舱进入客舱，在不使用时，该壁板可从卫生间内部固定。

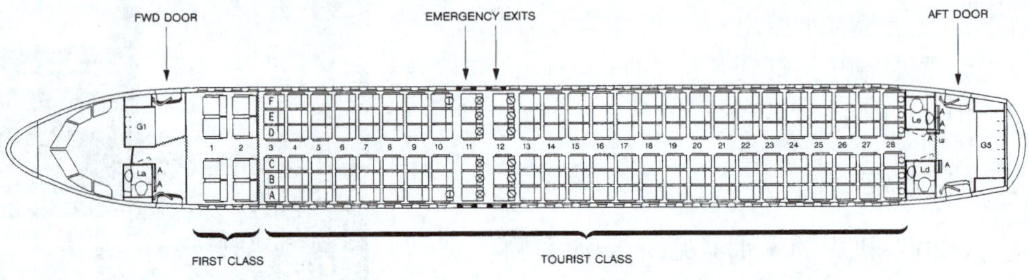

图 2.4.6　卫生间分布图

（三）卫生间服务组件（LSU）

卫生间服务组件见图 2.4.7，它包括：

图 2.4.7　卫生间服务组件

（1）返回座位指示灯（Return to Seat）：当“系好安全带”灯亮时，返回座位信号灯亮。

（2）呼叫按钮：当按下呼叫乘务员按钮时，门外上方琥珀色灯亮并发出声音，如需复位，只能再次按下卫生间内的呼叫按钮。

（3）电源插孔：115 伏 /400 赫兹的交流电。

（4）其他设施：扬声器、通风口、氧气面罩、顶灯、镜前灯、禁烟标志。

（四）卫生间服务设备

卫生间服务设备见图 2.4.8。

（五）真空抽水马桶

在客舱压差的作用下，马桶里的废污通过一个冲水活门从马桶进入地板下废污储存箱中。

使用时应注意：关闭卫生间门冲水，不得将牛奶、咖啡、果汁、坐垫纸、茶叶包、冰块、小毛巾丢入马桶内。

（六）助残设备

卫生间助残设备见图 2.4.9。

图 2.4.8　卫生间服务设备

图 2.4.9　卫生间助残设备

（七）婴儿服务用板

用于带婴儿的旅客护理婴儿，换尿布及衣物时使用。

（八）洗手盆下维护门内的装置

1. 控水阀门

每个卫生间都有一个人工关断活门（“L”形状的开关），以切断卫生间的供水。（当卫生间出现马桶溢流时可以关断此活门。）见图 2.4.10。

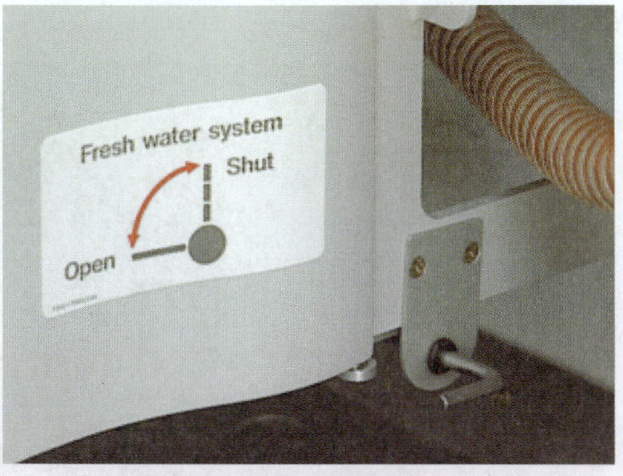

图 2.4.10　卫生间控水阀门

图 2.4.11　卫生间浮动活门

2. 浮动活门

洗手盆下方有一浮动活门，用于防止客舱压力通过排水管泄漏。如果洗手盆堵塞，通过拉起活门顶部的圆环，可以超控排水。见图 2.4.11。

3. 水加温器

每一个洗手盆下方有一水加温器，容量为 1.5 升，见图 2.4.12。它包括：控制开关、绿灯指示器、释压活门、温度调节器。温度调节器调节水温在 45~48 ℃（113~118 ℉）之间；当温度调节器失效时，如果水温达到 60℃（140 ℉），过热开关将切断电源。

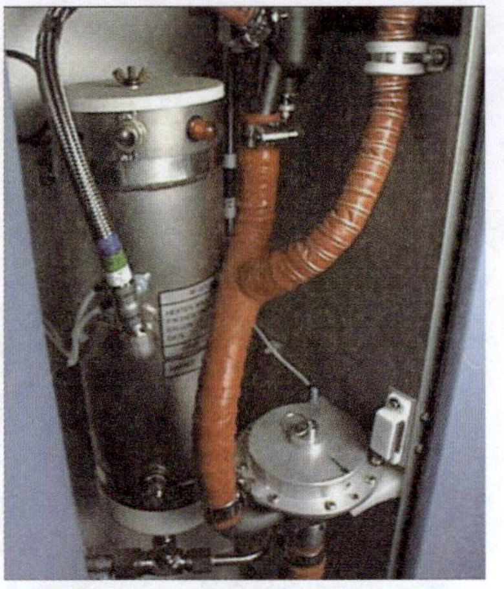

图 2.4.12　卫生间水加温装置

（九）自动灭火器

在每个卫生间的垃圾箱的位置都安装了灭火系统，它由灭火瓶、填充海伦 1301 的填充管和温度指示器三部分组成。当洗手间的温度达到一定数值时，灭火器将自动灭火。见图 2.4.13。

图 2.4.13　卫生间自动灭火装置

（十）烟雾探测器

所有卫生间内都装有集中式的烟雾探测系统。当烟雾进入探测器（见图 2.4.14）时，警告信号将传至 CIDS，表示烟雾出现的客舱中的音响和视觉警告将通过 CIDS 显示出来。客舱将会出现以下现象：

（1）每 30 秒重复 3 次低调的谐音；

（2）相应的 ACP 琥珀色灯闪亮；

（3）FAP 面板“SMOKE LAV”按钮灯闪亮（当烟雾扩散到低于烟雾探测器调定值时灯灭）；

（4）所有的 AIP 上的红灯闪亮且显示相应的卫生间；

图 2.4.14　卫生间烟雾探测器

（5）相应的卫生间外面的卫生间指示灯连续闪亮；

（6）按下 FAP、AAP 上的“RESET”可以复位视觉和音响效果。

四、供排水系统

饮用水控制和显示系统包括清水系统和污水系统，见图 2.4.15。

（一）清水系统

（1）厨房和卫生间的清水由位于前货舱右侧的清水箱提供；
（2）水箱的容量为 200 升；
（3）饮用水是由一个引气供压的水箱提供的。

（二）污水系统

（1）机上有一个污水箱（容量 200 升），位于后货舱内。
（2）卫生间洗手池及厨房里的废水通过两个防冰加热排水管排到机外。
（3）飞机卫生间系统采用真空抽水方式，马桶的污水储存在污水箱内，废水的排放在地面依靠重力，在空中依靠压差。
（4）前乘务员面板上的“SYSTEM INOP”指示灯亮时，表示真空系统不工作。应禁止使用所有卫生间，因为这将导致水箱里的水溢出时没有任何显示；当内藏指示灯亮，相应卫生间真空系统不工作。

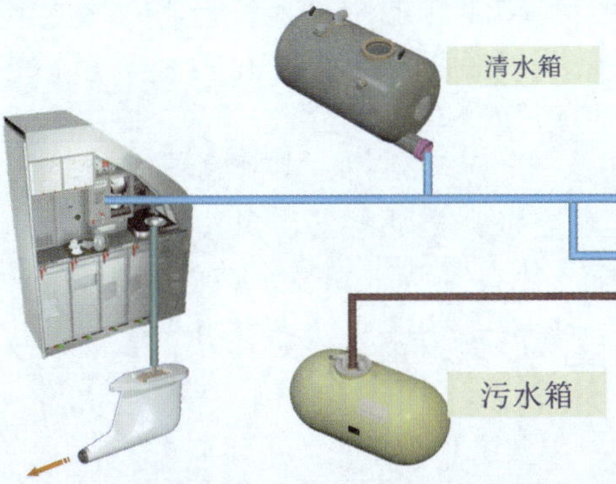

图 2.4.15　供排水系统

五、卫生间门锁装置

卫生间门的设置为从里向外开，所有卫生间的门都安装了无人（VACANT）/ 有人（OCCUPIED）的字样的门锁装置。

（一）正常的外侧开门

（1）如门上指示器显示红色有人字样时，卫生间有人，门已被锁上。
（2）如门上指示器显示绿色无人字样时，卫生间无人，门可以打开。

（二）正常的内侧使用

（1）关门：转动门手柄，拨动门锁装置锁门。

（2）开门：拨动门锁装置，转动手柄拉开门。

（三）应急开门锁装置

（1）紧急状态下，可以不用特殊工具从外侧将卫生间门打开。掀起“有人”显示牌上面的卫生间盖板，推动锁销直至“无人”字样出现。见图 2.4.16。

（2）Le 卫生间配有一个双折叠门。锁门时，将门的控制手柄向中心线方向移动至锁定位。

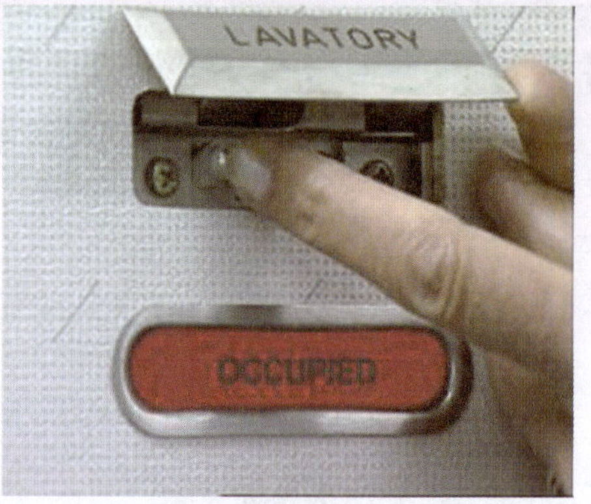

图 2.4.16　卫生间门锁装置

【课后思考题】

1. 烤箱的两种使用方法分别是什么？使用时的注意事项有哪些？

2. 煮水器上的自动漏水键是什么？

3. 当煮水器、烧水器上的 NO WATER 灯亮时，乘务员应该怎么做？

4. 卫生间水源关闭阀门的位置在哪里？

5. 当冰箱上的 FAULT 内藏灯亮时，表示什么意思？

6. 哪些卫生间备有助残设备？哪个卫生间的后侧壁板上，安装有一个专门为担架通过用的壁板？

7. 在哪里可复位旅客在卫生间的呼叫？

8. 每个卫生间洗手盆的下面有一个浮动活门，其作用是什么？

9. 当卫生间探测到烟雾时，客舱将会出现哪些现象？

10. 飞机上饮用水的工作原理是什么？清水和废水箱的容积为多少？

11. 空客 A320 飞机有两套排水系统，分别是怎样工作的？

第五节　客舱内话数据系统（CIDS）

一、概述

客舱内话数据系统（CIDS）是一个基础的微型信息处理系统，用于客舱系统功能控制、测试及监视；CIDS 将客舱的通话、呼叫和指示综合为一体。

它由以下六大部分组成：

（1）前乘务员面板（FORWARD ATTENDANT PANEL），1 个；

（2）后乘务员面板（AFTER ATTENDANT PANEL），1 个；

（3）乘务员指示面板（ATTENDANT INDICATION PANEL），3 个；

（4）区域呼叫面板（AREA CALL PANEL），2 组，共 4 个；

（5）程序及测试面板（PROCEDURE TEST PANEL），1 个；

（6）话机，3 部。

二、前乘务员面板（FAP）

前乘务员面板位于左前乘务员工作区，是客舱控制的主面板，集中了客舱系统的大部分控制和显示，见图 2.5.1。

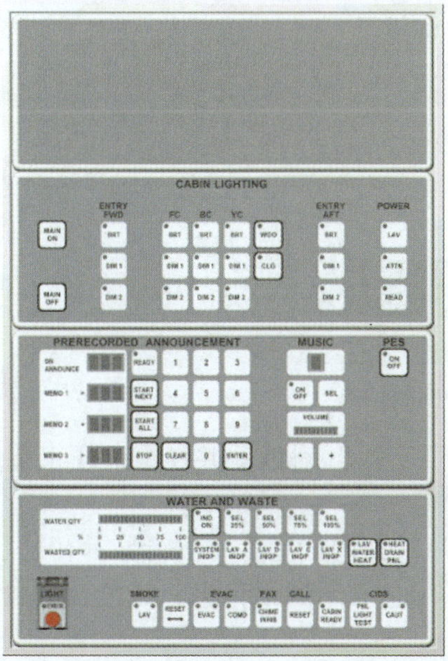

图 2.5.1　按压式 FAP 面板

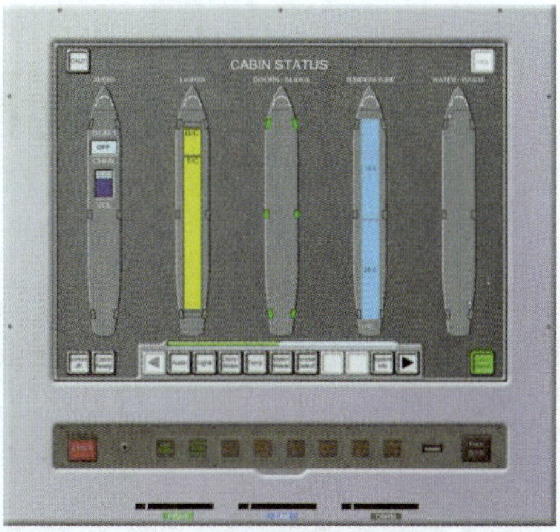

图 2.5.2　触摸式 FAP 面板

按压式 FAP 面板包括：灯光控制部分、声频控制部分（预录及登机音乐）、饮水和废污控制部分（水量表）、综合控制部分。

触摸式 FAP 面板（见图 2.5.2）包括：

（1）EMER：应急灯光系统；

（2）LIGHTS MAIN ON/OFF：主灯光 开 / 关（参考客舱灯光）；

（3）LAV MAIN：卫生间维护（在对卫生间维护时，将卫生间灯光设置到最亮）；

（4）SCREEN 30 SEC. LOCK（将触摸屏设置到 30 秒钟的锁定状态供清洁）；

（5）EVAC CMD：撤离指令（接通和关断撤离警告）；

（6）EVAC RESET：撤离重置（重置前舱的撤离警告声）；

（7）SMOKE RESET：烟雾重置（卫生间）。

三、后乘务员面板（AAP）

后乘务员面板（见图 2.5.3）位于左后旅客登机门处，是客舱的辅助控制系统，可以调节后入口和普通舱灯光，有撤离信号的显示，可复位烟雾报警信号和撤离信号。

注意：撤离信号发出后“EVAC”内藏灯闪亮，按下 RESET 复位其音响效果。

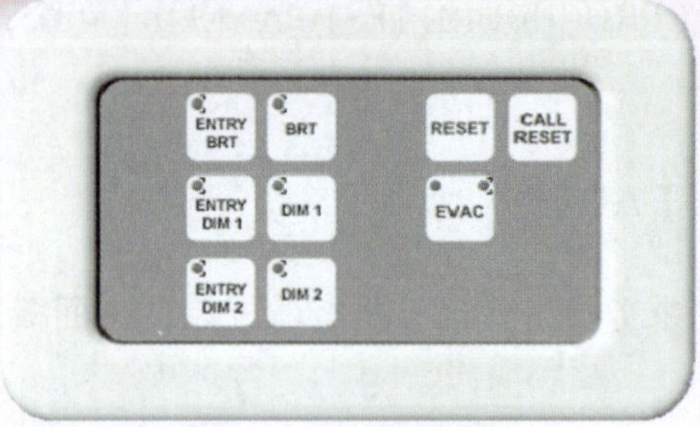

图 2.5.3　AAP 面板

四、乘务员指示面板（AIP）

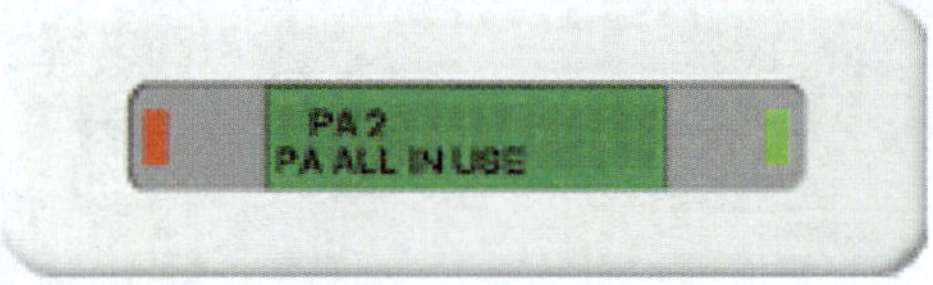

图 2.5.4　AIP 面板

乘务员指示面板（见图 2.5.4）位于每个乘务员工作区附近，共 3 个，便于乘务员获取信息，用来显示客舱通信信息和客舱系统信息。

两行各显示 16 个字母数字：上行显示通话信息，如内话通话；下行显示客舱系统信息，如对客舱广播。还有一个指示灯，用于引起注意：绿色表示通话信息，红色表示系统及紧急信息。

五、区域呼叫面板（ACP）

区域呼叫面板位于客舱顶板上，两组，共 4 个。通过指示灯及其颜色来传达信息，通知乘务员。ACP 有三种颜色区：琥珀色区、粉色区及蓝色区，如图 2.5.5 所示。具体指示如下：

（1）卫生间呼叫（琥珀色灯稳定亮）；

（2）卫生间烟雾（琥珀色灯闪亮）；

（3）乘务员呼叫（粉色灯稳定亮）；

（4）机组呼叫（粉色灯稳定亮或闪亮）；

（5）旅客呼叫（蓝色灯稳定亮）。

图 2.5.5　ACP 面板

六、程序和测试面板（PTP）

程序和测试面板（见图 2.5.6）位于 FAP 面板旁，有一保护装置（现大部分机型 FAP 面板已涵盖 PTP 功能），用于测试客舱系统使用（一般用于机务检测和维修）。任何与 CIDS 系统相连接的系统一旦出现故障，PTP 系统状态页面上将自动显示故障系统，同时，红色

CIDS 警告按钮灯亮用以指示 CIDS 系统发生故障。

一旦电源转换时 CIDS 失效，飞机在地面可以在系统测试方式时使用 PTP 上的重置功能对 CIDS 重置。

但要注意：

（1）乘务员在重置 CIDS 之前必须要征询飞行机组的意见；

（2）建议飞行中不要通过 PTP 重置 CIDS 系统，否则会影响客舱系统的正常工作。

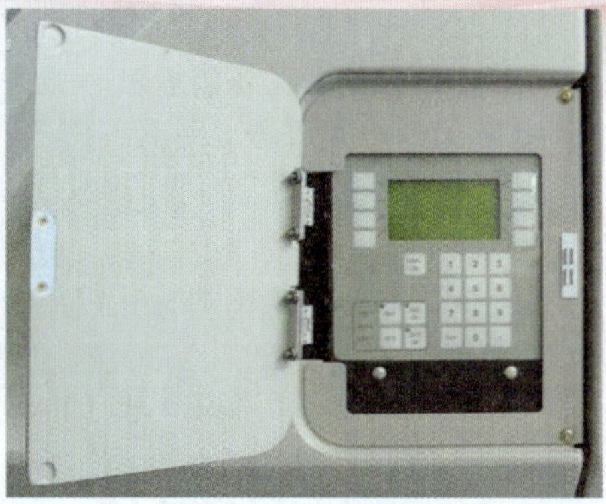

图 2.5.6 PTP 面板

七、乘务员话机

每个乘务员工作区都有一个用于旅客广播和内话呼叫的带有整体式按键的话机，包括耳机、键盘、PTT 开关和麦克风。见图 2.5.7。

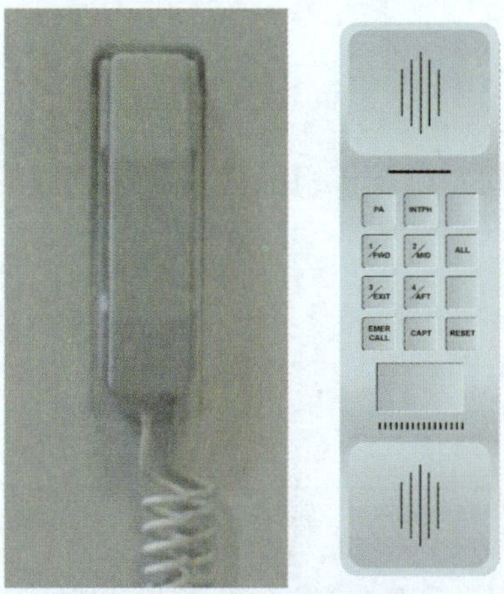

图 2.5.7 乘务员话机

【课后思考题】

1. 客舱内话数据系统（CIDS）由哪几大部分组成？
2. FAP 面板包括哪些控制部分？
3. FAP 面板在什么位置？一般由谁负责操作？
4. 空客系列飞机客舱应急灯光可通过 FAP 面板上哪个按键打开？
5. 如果旅客在座椅上呼叫乘务员，ACP 面板上的什么灯亮？
6. FAP 面板的什么按钮为客舱旅客阅读灯提供总电源？
7. FAP 面板的什么按钮可以使所有客舱正常灯光处于最亮状态？
8. 前乘务员面板上的“SYSTEM INOP”指示灯亮时，表示什么意思？
9. 检查 FAP 面板工作是否正常可按什么按钮？

10. 空客机型烟雾探测器报警时按压前或后乘务员控制面板上的什么键，AIP 和 ACP 上的可视警告灯熄灭？

11. 乘务员指示面板（AIP）位于哪里？在飞行中，AIP 面板上会显示什么来帮助乘务员获取信息？

12. ACP 面板上的粉色灯闪亮时表示什么？卫生间旅客呼叫时，ACP 面板上的什么灯亮？

13. 如果前乘务员面板（FAP）或客舱内话数据系统相连系统故障时，FAP 面板上的哪个按钮的内藏灯会亮？

14. 电源转换时一旦 CIDS 失效，在使用 PTP 上的重置功能时，应注意什么？

第六节　通信、娱乐系统

一、通信系统

通信系统用于机组人员之间，以及机组人员与旅客之间的良好交流，对于每次飞行都有很重要的意义。

二、旅客呼叫系统

旅客呼叫系统见图 2.6.1。

图 2.6.1　旅客呼叫系统

三、乘务广播内话系统

每个乘务员工作区都有一个用于旅客广播和内话呼叫的带有整体式按键的话机，包括耳机、键盘、PTT 开关和麦克风。

从功能上分为五个部分：广播功能、内话功能、勤务内话功能、紧急呼叫功能、系统复位功能。

（一）广播系统

旅客广播系统（见图 2.6.2）通过扬声器以适当的音量传达到每个旅客座位，每个卫生间和厨房区域都安装有一个扬声器。当发动机运转或客舱释压时，广播音量会自动提高。旅客广播分为两个区，可在选型时由客户自行定义。

（1）对全体旅客广播，按下 PA ALL+PTT：

① “PA ALL”在广播的乘务员指示面板（AIP）上显示。

② “PA ALL IN USE”在其他乘务员指示面板（AIP）上显示。

③ 如按下 PTT（按下送话）键，旅客广播通知可通过各个客舱扬声器进行传达。

（2）对头等舱（普通舱）旅客广播，按下 PA+1/FWD（2/MID）+PTT：

① “PA1 /PA2”在广播的乘务员指示面板 AIP 上显示。

② “PA1 /PA2 IN USE”在其他乘务员指示面板 AIP 上显示。

③ 只要 PTT 键是按下的，旅客广播通知可通过客舱和乘务员扬声器只发到 1 区 / 2 区。

④ 广播后按“RESET”完成复位或挂机。

（3）对旅客的广播分成六个优先顺序：

① 驾驶舱通过 AMU，第一优先；

② 驾驶舱通过话机，第二优先；

③ 乘务长（第一工作区）广播，第三优先；

④ 客舱乘务员（第二工作区）广播，第四优先；

⑤ 预录通知，第五优先；

⑥ 登机音乐，第六优先。

图 2.6.2　乘务广播内话系统

（二）客舱内话系统

用于乘务员之间和乘务员与驾驶舱之间的联系。这些功能是通过飞机上的内话系统按钮以及乘务员显示面板和区域呼叫面板来实现的。乘务员在每次通完话后可通过挂上相关的话机或按复位键来进行复位或挂机。

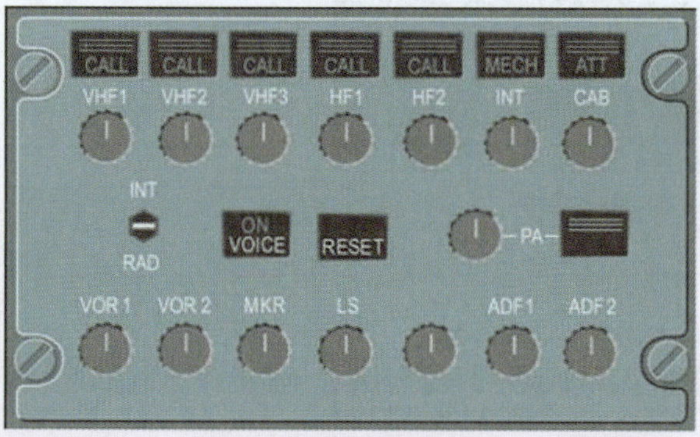

图 2.6.3　驾驶舱 ASP

1. 乘务员呼叫驾驶舱

（1）按压 CAPT 键：在驾驶舱，ASP（见图 2.6.3）的 ATTND 灯亮，一秒蜂鸣声；在客舱，发出呼叫的 AIP 上显示“CAPTAIN”。

（2）按下紧急呼叫键“EMERGENCY CALL”：在驾驶舱，顶板上的紧急呼叫灯和乘务员指示灯闪亮，听到蜂鸣器响三次；在客舱，发出呼叫的 AIP 上闪烁“EMERGENCY CALL”。

（3）挂机或按下“RESET”复位。

2. 驾驶舱呼叫乘务员

驾驶舱呼叫系统见图 2.6.4。

（1）按压 FWD 按钮：

① 相应区域呼叫面板（ACP）上的粉红色灯亮；

② 前乘务员工作区乘务员指示面板（AIP）上的绿灯亮；

③ 前乘务员指示面板上显示“CAPTAIN CALL”（机长呼叫信息）；

④ 扬声器同时伴有“叮咚”的谐音。

（2）按压 AFT 按钮：

后乘务员工作区的反应同上。

（3）按压 ALL 按钮：

① 所有 ACP 上的粉色灯亮；

② 所有 AIP 上的绿色灯亮；

③ 所有的 AIP 上显示“CONFERENCE CALL”（会议呼叫）；

④ 乘务员扬声器发出“叮咚”的谐音；

⑤ 乘务员挂上相应话机或按下“RESET”即完成复位。

（4）按压 EMER 按钮：

① 所有 ACP 上的粉色灯和所有 AIP 面板上的红灯闪亮；

② 信息“EMERGENCY CALL”在所有 AIP 上闪烁；

③ 在所有乘务员的扬声器上发出高三低三的谐音。

3. 呼叫全体乘务员

（1）按压“INTPH”+ALL/ALL ATTND 按钮：

① 驾驶舱：顶板上的 ATTND 灯亮，并伴有一秒蜂鸣声。

② 客舱：在发出呼叫的 AIP 上显示“ALL”；所有 ACP 上的粉红色灯亮；其他区域 AIP 上显示“CONFERENCE CALL”且绿色指示灯亮；所有乘务员的扬声器上发出“叮咚”的谐音。

（2）挂机或按下“RESET”复位。

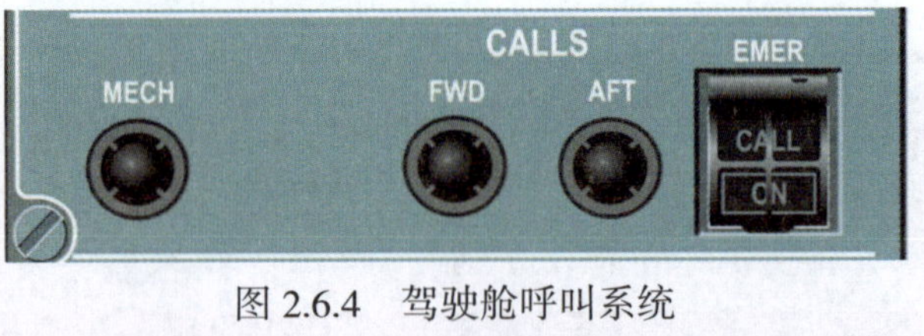

图 2.6.4　驾驶舱呼叫系统

（三）勤务内话

每架飞机有 8 个勤务内话插孔，它可以用于机组与机务、客舱与机务、各机务之间的通话。勤务内话只有在飞机落地后才能使用。

四、娱乐系统

为了使旅客轻松愉快地度过旅程，空客 A320 飞机为旅客提供了音乐和录像节目。该飞机的播放器在前舱乘务长对面（由乘务长操作）。

（一）登机音乐

登机音乐播放器见图 2.6.5。

（二）视频系统

视频系统见图 2.6.6。

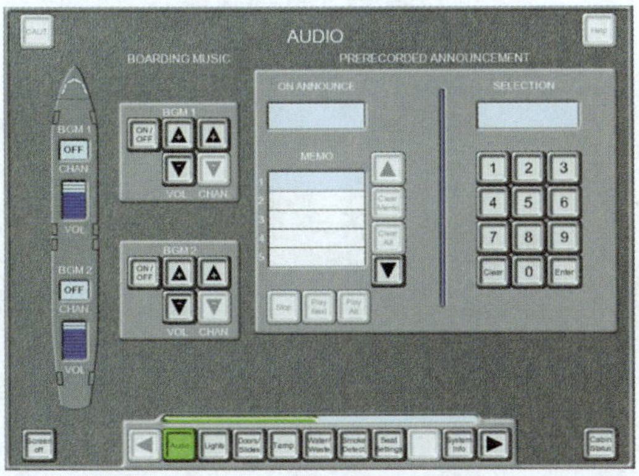

图 2.6.5　登机音乐播放器

图 2.6.6　视频系统

（三）播放器的使用

PA 广播优先于视频音响，在高空发生释压时，系统将自动断开，在高空不能对跳开的开关进行复位，只能在地面经机务同意后复位。

【课后思考题】

1. 话机从功能上可分为哪五个部分？

2. 当发动机运转或客舱释压时，旅客广播音量会自动提高还是降低？

3. 对全体旅客、头等舱旅客、普通舱旅客广播的方法是什么？旅客广播的六个优先顺序是怎样的？

4. 驾驶舱呼叫客舱全体乘务员，客舱中的反应有哪些？乘务员呼叫驾驶舱，驾驶舱和客舱中的反应分别是什么？

5. 驾驶舱紧急呼叫客舱，客舱中的反应有哪些？乘务员紧急呼叫驾驶舱，驾驶舱和客舱中的反应分别是什么？

6. 在出现紧急情况撤离时，从哪里可发出撤离信号？

第七节　灯光系统

一、灯光系统

灯光系统可分为一般照明和应急照明。

（一）一般照明

1. 客舱区照明

客舱区照明见图 2.7.1。

（1）客舱上部区域是由 4 排多个日光灯管照明的，为了方便控制被分为两组（顶灯和窗灯），可通过前乘务员面板上的灯光控制板控制客舱的灯光照明；

（2）系统的设计能够允许同时或分别选择顶灯和窗灯；

（3）灯光可以选择三个不同的亮度：100%、50%、10% 的亮度。

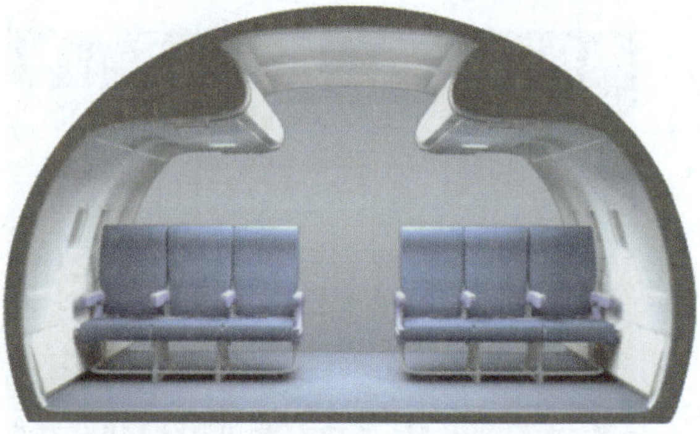

图 2.7.1　客舱区一般照明

2. 入口区照明

安装在顶板上的日光灯可为入口区提供照明，飞机左右侧每个入口区的顶板上均装有两个日光灯管，它的控制与客舱灯光控制相同。见图 2.7.2。

图 2.7.2　入口区一般照明

图 2.7.3　厨房区一般照明

3. 厨房区照明

厨房区照明由入口区的照明提供，见图 2.7.3。

4. 卫生间照明

（1）每个卫生间的门上方都有日光灯，卫生间门上的一个微动开关可以调节卫生间内的照明的亮度。

（2）当卫生间的门未上锁时，日光灯管以 50% 的亮度开启，射灯关闭。

（3）当卫生间的门上锁后，射灯开启，日光灯以 100% 的亮度开启。

5. 旅客阅读灯

旅客阅读灯见图 2.7.4。

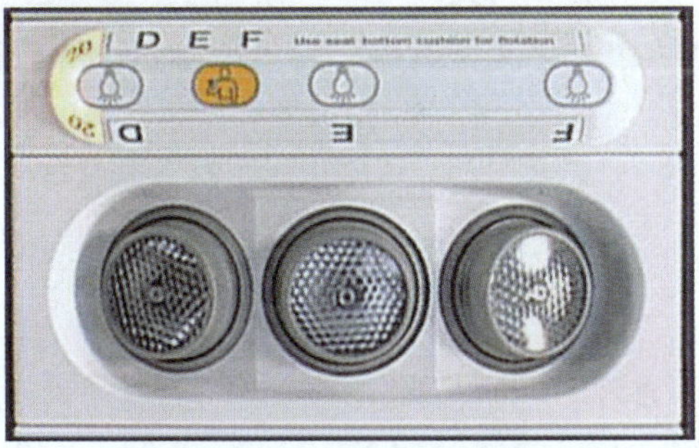

图 2.7.4　旅客阅读灯照明

图 2.7.5　卫生间信号灯

6. 卫生间信号灯

卫生间信号灯见图 2.7.5。

7. 驾驶舱控制系统

驾驶舱控制系统见图 2.7.6。

图 2.7.6　驾驶舱灯光信号控制系统

（二）应急照明

1. 出口灯

出口灯位于每个出口门框附近，见图 2.7.8。

图 2.7.8　出口灯

图 2.7.9　出口标志灯

2. 出口标志灯

出口标志灯位于出口区域顶部，见图 2.7.9。

3. 应急照明灯

应急照明灯分布在客舱内天花板上，见图 2.7.10。

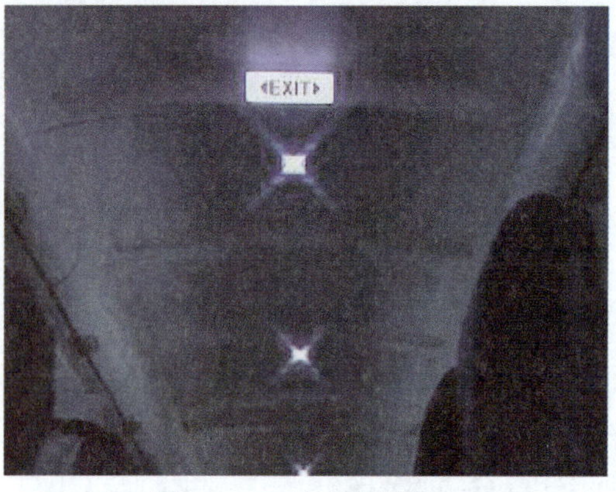

图 2.7.10　应急照明灯

图 2.7.11　应急撤离通道灯

4. 应急撤离通道灯

应急撤离通道灯贴于地板上，见图 2.7.11。

5. 作用

（1）在正常照明系统故障时提供客舱和出口区的照明；

（2）给每个旅客 / 机组门和紧急出口门的出口区域和出口标志提供照明；

（3）为紧急撤离通道提供照明；

（4）提供卫生间照明，为独立的卫生间照明系统；

（5）应急滑梯上装有自备的应急照明系统，见图 2.7.12、图 2.7.13、图 2.7.14。

图 2.7.12　自备应急照明系统 1

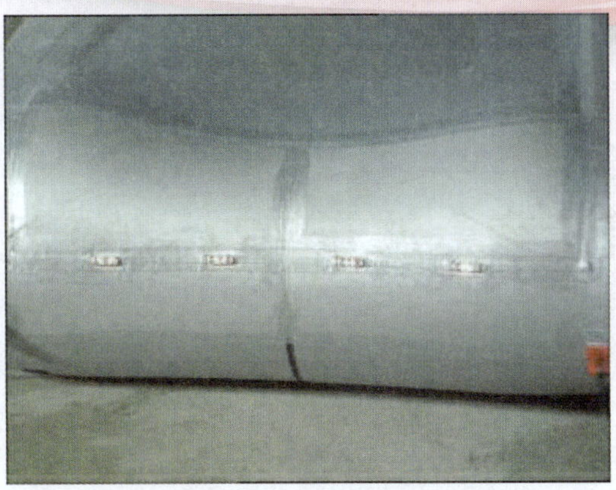

图 2.7.13　自备应急照明系统 2

图 2.7.14　自备应急照明系统 3

【课后思考题】

1. 客舱照明可分为哪几类？

2. 前乘务员面板上 LAV 按钮的指示灯亮，且洗手间的门未上锁的情况下，卫生间的照明情况是怎样的？

3. 在靠近紧急出口和舱门的地方，撤离通道指示灯为什么颜色？

4. 应急撤离通道灯的作用是什么？

5. 若发生客舱释压，客舱所有照明将自动转为多少亮度？

第三章 波音 737-700 机型客舱设备介绍

第一节 飞机概述

本节综合介绍飞机的概况，包括主要尺寸参数和客舱的配置。

一、飞机概况

（一）设计性能数据及尺寸

波音 737-700 飞机装有两台通用发动机公司（美国）产的 CFM56-7 型涡轮风扇发动机。飞机整体设计性能数据见表 3-1-1。设计尺寸见图 3.1.1。

表 3-1-1 波音 737-700 设计性能数据

最大飞行速度	980 千米 / 小时
最大飞行高度	12500 米
长度	33.6 米
翼展	34.4 米
高度	12.5 米

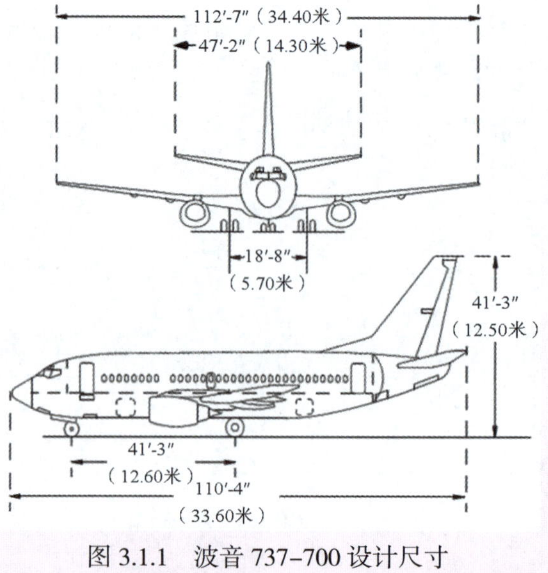

图 3.1.1 波音 737-700 设计尺寸

（二）旅客座位数

波音 737–700 可容纳经济舱座位 126 个、头等舱座位 8 个、机长 1 人、副驾驶 1 人、乘务员最多 6 人，见图 3.1.2。

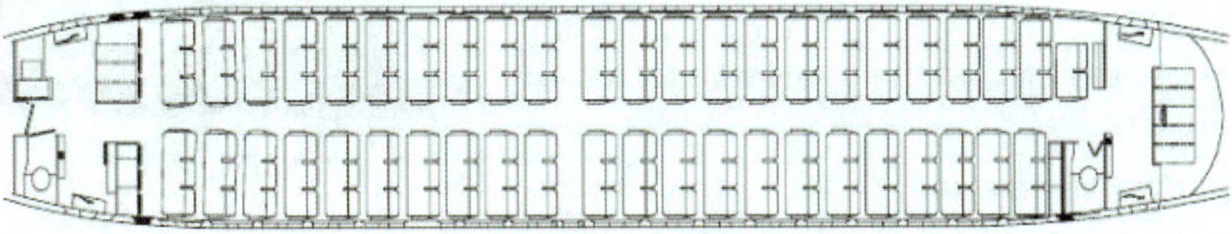

图 3.1.2　座位分布

二、辅助动力装置

辅助动力装置位于飞机尾部，由燃气涡轮发动机驱动，在空中和地面都可以使用。

在地面，如无外部服务设施，辅助动力装置可提供电源和引气；在空中，高度 5200 米或以下，辅助动力装置可提供空调引气。

电源：电源系统可以为飞机提供 115 伏交流电和 28 伏直流电电源。在地面，电源可以由辅助动力装置或者外部电源车提供。如一台发动机驱动的发电机或者一个交流条失去了电源，厨房的电源将被自动切断。

空调和增压：正常情况下，空调和增压都是由发动机提供引气，需要时辅助动力装置也可以提供引气。客舱温度由驾驶舱控制。驾驶舱的温度和客舱的温度为独立控制。

三、客舱内部

（一）客舱门

波音 737–700 的客舱有两个登机门，分别位于飞机左侧的前部和后部。登机门为推塞式，向内开启，然后向外旋转打开。前登机门设有弹簧助力，以方便开启。两个服务门分别位于飞机右侧的前部和后部。波音 737–700 的舱门见图 3.1.3。

图 3.1.3　舱门

（二）厨房

厨房用于储备饮料及食品等。可移动型储物柜用于储藏机供品、食品、饮料及垃圾的存放，储物柜可推进并锁定在厨房的侧壁内。厨房配有电源和供水系统。

（三）盥洗室

每个盥洗室安装有抽水马桶、洗漱池、镜子和废物箱以及其他必要的设施。有些盥洗室同时设计有可供照料婴儿的折板及残疾人使用的设施。盥洗室内有两个在机舱失压时会自动脱落的氧气面罩，每个盥洗室均设有通风设备，废气通过排气孔排出机外。

（四）客舱行李架

行李架纵贯整个客舱，可供放置枕头及手提行李，也可放置应急设备。每个行李架均设有最大的限载标识。见图 3.1.4。

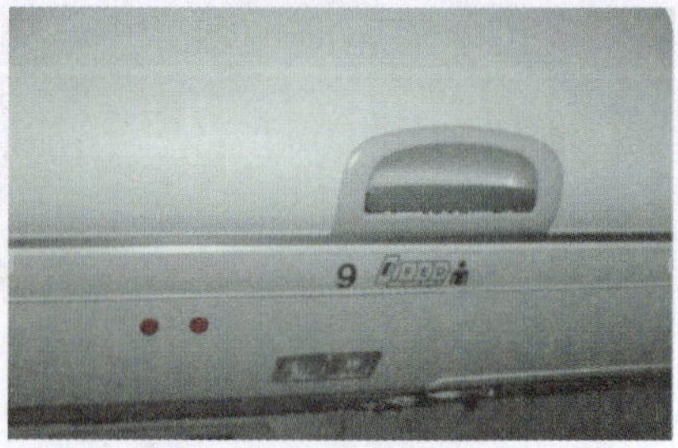

图 3.1.4　行李架

（五）壁橱和隔板

壁橱位于飞机的前半部。有些隔板设有放置书报的柜子。

四、旅客和乘务员座位

（一）旅客座位

波音 737–700 飞机配置有经济舱座位 126 个和头等舱座位 8 个。每个座位均设计有相应的阅读灯。阅读灯的控制电门位于旅客服务单元面板。该面板同时安装有一个乘务员呼叫电门和呼叫灯。

图 3.1.5　旅客座位

（二）乘务员座椅

乘务员座椅无人使用时，座椅可自动复位。座椅安装有一套组合式安全带 / 肩带和头垫。肩带充当惯性束缚装置，不使用时，将自动收回。肩带可通过单带扣调节松紧。将带扣的释放锁扣旋转 90°，可打开肩带和腰带。警告：当遇有颠簸，造成飞机运动姿态发生变化时，若乘务员未系紧安全带，未调节好肩带（若适用），可能会造成人身伤害。

乘务员工作区位于前后舱门，工作区包括有乘务员控制面板、乘务员工作灯、话机和座椅。

五、旅客服务组件和应急氧气设备

旅客服务组件位于顶部行李架下侧。每排组件都包括阅读灯、阅读灯开关、乘务员呼唤铃指示灯、“系好安全带”指示灯、“禁止吸烟”指示灯、扬声器、通风孔和座椅牌号标志。每侧旅客服务组件的贮存柜中都配备有 4 个氧气面罩。每个盥洗室配备有 2 个氧气面罩。座舱高度高于 14000 英尺（约 4267 米）时，系统自动开启。若氧气面罩无法脱落，可人工打开氧气面罩贮存柜。

飞机处于任何高度时，机组人员均可按下旅客氧气开关，人工激活氧气系统。氧气面罩脱落后，拉动面罩，氧气流出。拉动贮存柜中任一个氧气面罩，其他面罩都会流出氧气。

【课后思考题】

1. 波音 737-700 有几个发动机？
2. 波音 737-700 的乘务员座位有几个？
3. 辅助动力装置的作用是什么？
4. 波音 737-700 客舱一共有几个舱门？
5. 波音 737-700 的旅客服务组件由哪些部分构成？

第二节　控制面板

本节简要描述波音 737–700 客舱的控制面板。

一、前乘务员控制面板

位于前服务间的乘务员控制面板，可以控制顶灯、窗灯、前出口灯、工作灯，除此之外还可以控制娱乐系统。见图 3.2.1、图 3.2.2。

图 3.2.1　前乘务员控制面板

图 3.2.2　前乘务员控制面板

二、后乘务员控制面板

位于后服务间的乘务员控制面板，可控制后出口灯、工作灯和应急灯，除此之外还可以显示清污水水量。见图 3.2.3。

图 3.2.3　后乘务员控制面板

【课后思考题】

1. 前乘务员控制面板都能控制什么部件？
2. 后乘务员控制面板都能控制什么部件？

第三节　照明设备

本节主要介绍波音 737–700 的客舱照明、内部和外部应急照明。

一、客舱照明

白炽灯和荧光灯用于提供客舱照明。位于行李架上方及旅客服务组件和舷窗之间侧壁上的荧光灯为普通照明。白炽灯属于舱顶照明设备，也可用于夜间飞行的照明。客舱照明控制电门位于前乘务员面板。

客舱顶灯的控制电门位于前乘务员面板上。该电门有 5 个控制位，分别是：

（1）夜航灯（NIGHT）：打开行李架顶上的白炽灯，所提供的照明为最低照明度。

（2）关闭（OFF）：切断客舱顶灯的电源。

（3）暗亮（DIM）：打开所有客舱顶部荧光灯，亮度调至最低。

（4）中亮（MEDIUM）：打开所有客舱顶部荧光灯，亮度调至中亮。

（5）明亮（BRIGHT）：打开所有客舱顶部荧光灯，亮度调至明亮。

窗灯的控制电门位于前乘务员面板上，该电门有 3 个控制位，分别是：

（1）关闭（OFF）：关闭所有窗灯。

（2）暗亮（DIM）：打开所有窗灯，亮度调至暗亮。

（3）明亮（BRIGHT）：打开所有窗灯，亮度调至明亮。

入口灯用于提供前后舱门区域照明。入口灯的控制电门位于相应的乘务员面板。该电门设有 3 个控制位，分别是：

（1）关闭（OFF）：关闭所有入口灯。接通外部电源时，入口灯为暗亮。

（2）暗亮（DIM）：打开所有入口灯，亮度调至暗亮。

（3）明亮（BRIGHT）：打开所有入口灯，亮度调至明亮，同时打开门槛灯（前侧盥洗室侧壁上安装有门槛灯）。

阅读灯和其控制电门位于每排座位的 PSU 上。

荧光灯为盥洗室提供照明。在地面，地面电源车提供电源时，无论盥洗室门是否关闭，荧光灯保持常亮。在空中，盥洗室门打开，荧光灯亮度为暗亮，门锁定，荧光灯明亮。开门位置的电门可以人工打开，并将亮度调至明亮（盥洗室门打开时）。

每个乘务员工作区都设有一个工作灯。其控制电门位于对应的乘务员面板或旁边的乘务员工作区的 ACP 触摸屏上。

前厨房的照明控制电门有两个控制位：高和低。前厨房照明由前厨房区域的照明电门控制。后厨房照明由区域灯照明控制，其电门位于后乘务员面板。

二、应急照明系统

应急照明系统用于应急出口位置的引导，并提供飞机内、外部应急通道照明。见图 3.3.1。应急照明系统通常由驾驶舱电门控制，飞行前，应将电门置于 ARMED（预位）位。在该位置，若中断电源，所有内、外应急灯自动亮。机长将驾驶舱应急灯开关调至 ON 位，可在任何时间打开应急灯。安装于后乘务员面板的应急照明电门可超控于驾驶舱控制电门。电门接通即可提供应急照明。

（一）手电筒

手电筒位于乘务员座椅下方。将手电筒从储藏位置取下时，会自动发光。手电筒电量充足时，电量指示灯每隔 3~4 秒闪亮一次。将手电筒放回储藏位置时，手电筒熄灭。手电筒电池不能充电。

（二）内部应急照明

出口标识和应急区域灯用于标示所有客舱路线。内部应急灯包括舱门灯、过道灯、撤离路线指示灯、出口灯和荧光出口标志。荧光应急撤离路线指示灯安装在客舱左侧地板。若烟雾使所有客舱过道能见度低于 1.2 米时，撤离路线指示灯亮，提供撤离路线照明。同时，行李架应急灯也可提供过道照明。荧光条需要及时充电。充电时，客舱顶灯和壁灯需要打开，并调至明亮。充电时，不能挡住或遮盖住荧光条。

（三）外部应急照明

外部应急灯提供撤离滑梯照明。应急灯安装于每个舱门和服务门后部的机身两侧，用于提供撤离滑梯照明。滑梯展开后，应急

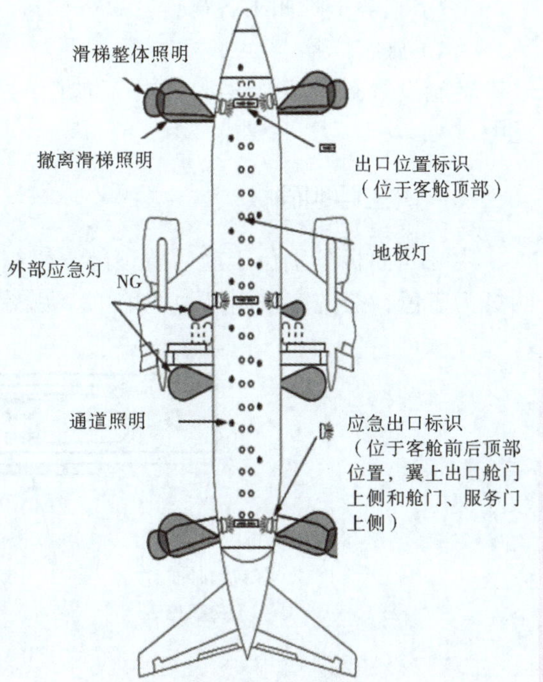

图 3.3.1　应急照明

灯自动打开。机身两侧的应急灯提供机翼撤离路线和接地区域照明。

【课后思考题】

1. 客舱顶灯的控制电门有几个挡位?
2. 窗灯的控制电门有几个挡位?
3. 入口灯的控制电门有几个挡位?
4. 阅读灯的控制电门在什么地方?
5. 应急灯的控制电门在什么地方?

第四节　通信设备

本节介绍波音 737-700 飞机上供乘务员使用的飞机通信系统。

一、客舱内话系统

客舱内话系统提供驾驶舱成员和乘务员之间的内话通信，具体可以提供下述呼叫：

（1）驾驶舱呼叫乘务员；

（2）乘务员呼叫驾驶舱；

（3）乘务员呼叫乘务员；

（4）旅客广播。

客舱设置有三部内话机：前、后舱门的乘务员工作区各安装一部。见图 3.4.1。

图 3.4.1　内话机

（一）主呼叫面板

主呼叫面板分别位于前后舱顶部，机组呼叫灯为粉红色，旅客呼叫灯为蓝色，盥洗室呼叫灯为琥珀色。见图 3.4.2。

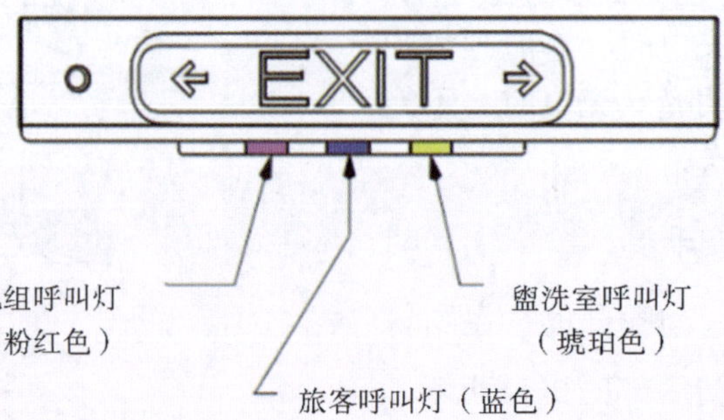

图 3.4.2　主呼叫面板

（二）客舱内话呼叫

使用内话机前，需要将话机从机座上取下，按下拨打的号码按键。使用话机呼叫时，不需要按压 Push-To-Talk 按钮。乘务员工作区被呼叫时，客舱各扬声器会发出一高一低的谐音，粉红色的机组内话呼叫指示灯亮。听筒从机座上取下或选择 RESET（复位）时，粉红色的机组呼叫指示灯灭。

拨打数字 2 为呼叫驾驶舱，拨打 5 为呼叫乘务员，拨打 222 为紧急情况下呼叫驾驶舱。

二、旅客广播系统

驾驶舱、客舱及预录通告通过旅客广播系统（PA）进行播放。娱乐节目录音和机上音乐也可通过该系统播放。客舱乘务员使用客舱内话机可进行 PA 广播。

PA 系统播放的预录广播和登机音乐由“预录广播 / 登机音乐系统”控制。客舱广播的优先顺序如下：

（1）驾驶舱广播；

（2）乘务员广播；

（3）预录广播；

（4）登机音乐。

进行客舱广播时，应该：

（1）从机座上取下话机；

（2）按下话机上的“8”号键；

（3）按压 Push-To-Talk 按钮；

（4）进行广播。

若正在播放优先级更高的广播，优先级低的广播系统会暂停（预录广播、登机音乐和机上娱乐声频 / 视频）或被覆盖。

三、旅客呼叫系统

按压旅客服务组件（PSU）（见图 3.4.3）上的“呼叫乘务员”电门呼叫乘务员。

按压“乘务员呼叫”电门时：

（1）PSU 上乘务员呼唤铃指示灯亮；

（2）对应的前或后乘务员工作区的蓝色呼叫灯亮；

（3）相应的乘务员工作区响一声高谐音；

（4）再次按下 PSU 的乘务员呼叫电门，呼叫灯灭。

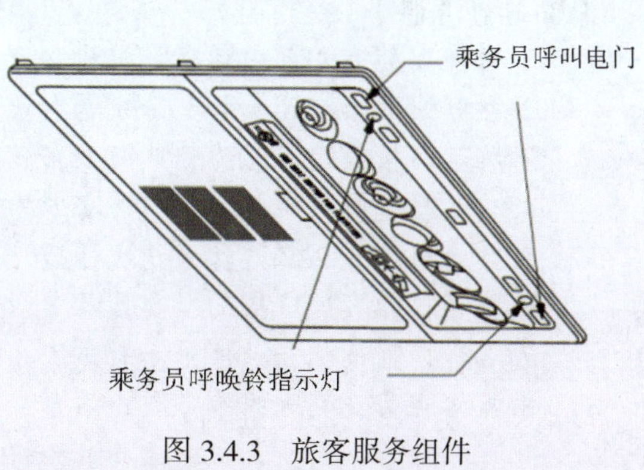

图 3.4.3　旅客服务组件

四、盥洗室呼叫系统

按压盥洗室洗手盆上方的“呼叫乘务员”电门（见图 3.4.4），即可在盥洗室呼叫乘务员。按压“呼叫乘务员”电门时：

（1）相应的盥洗室外壁的呼叫 / 服务指示灯亮；

（2）相应的前或后乘务员工作区的琥珀色盥洗室呼叫灯亮；

（3）相应的乘务员工作区响一声高谐音；

（4）再次按压盥洗室外侧的呼叫 / 复位电门，琥珀色呼叫灯灭。

五、旅客通知

客舱内旅客服务组件（PSU）均设有“禁止吸烟”和“系好安全带”标志灯，所有旅客均可见。

每个盥洗室内安装有“返回座位”标志灯，只有在标志灯亮时显示。这些标志灯由驾驶舱人工或自动控制。见图 3.4.5。

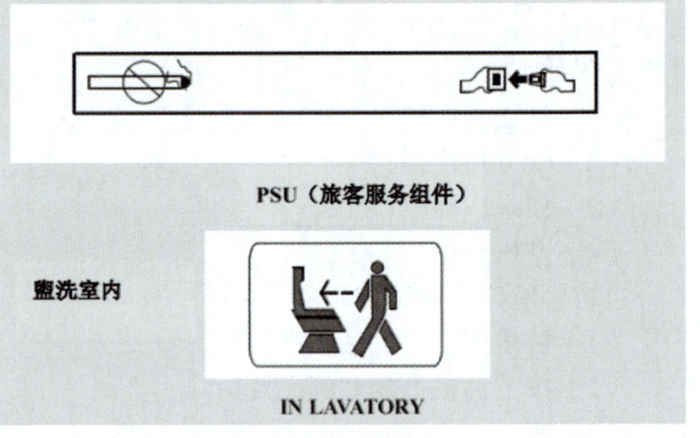

图 3.4.5　禁止吸烟指示、系好安全带指示、返回座位指示

若机长选择 Auto 位，起落架放下时，所有标志灯自动接通。

（1）起飞后，起落架收上时，“禁止吸烟”标志灯灭。

（2）襟翼收起后，“系好安全带”/“返回座位”指示灯关闭。

（3）着陆期间，襟翼放出或起落架放下时，“系好安全带”/“返回座位”指示灯亮。

（4）起落架放出时，“禁止吸烟”指示灯亮。指示灯亮灭时都伴随有一声低谐音。

【课后思考题】

1. 客舱安装有几部内话机？分别位于客舱什么位置？
2. 主呼叫面板有几个灯？分别为什么颜色？
3. 内话机拨打数字几为呼叫驾驶舱？
4. 内话机拨打数字几为呼叫乘务员？
5. 内话机拨打 222 是什么情况下呼叫驾驶舱？
6. 内话机为客舱广播的操作步骤是什么？
7. 客舱广播的优先顺序是怎样的？
8. 旅客在盥洗室呼叫乘务员，客舱会有什么反应？

第五节　盥洗室

本节包括盥洗室的描述、盥洗室位置、供水和排污系统、盥洗室烟雾探测和废物箱灭火装置等内容。

一、盥洗室位置

波音 737-700 设有三个盥洗室，分别位于前舱门、后舱门和后服务门。见图 3.5.1。

（1）前舱门盥洗室：LA 含残疾人使用设备。

（2）后舱门盥洗室：LD 含残疾人使用设备和婴儿护理区。

（3）后服务门盥洗室：LE。

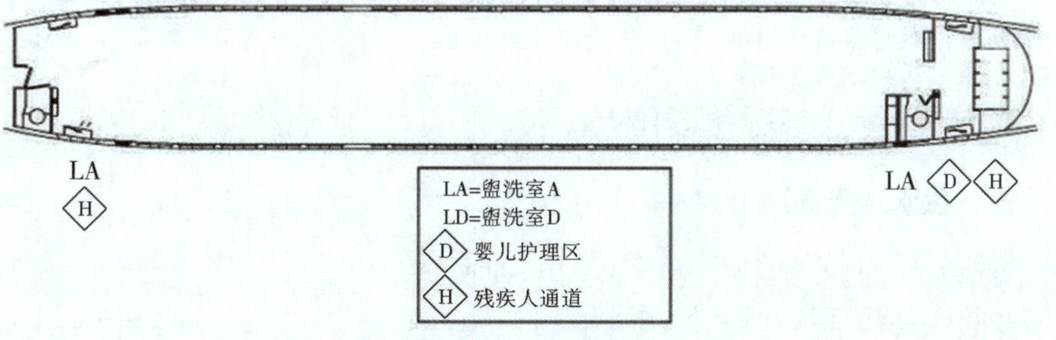

图 3.5.1　波音 737-700 盥洗室分布

二、盥洗室描述

每个盥洗室都配备有一个抽水马桶、洗手盆、镜子、废物箱和必要的梳妆设施。同时，还配备有“乘务员呼叫”电门、客舱广播扬声器、“返回座位”指示灯、烟雾探测 / 报警器、废物箱灭火系统，盥洗室门和储藏有两个氧气面罩的顶部隔舱。

关闭、锁定盥洗室门后，镜灯和盥洗室“有人”指示灯亮。

盥洗室门可在外部锁定或打开：打开“有人 / 无人”指示灯上侧的盖板，将门插向左或向右滑动即可。

三、盥洗室布局

盥洗室布局见图 3.5.2。

四、盥洗室供水系统

波音 737-700 飞机上的净水是由客舱地板下方的水箱提供的。净水可供应到盥洗室、厨房和马桶冲水系统。

一般情况下，水箱由飞机引气系统提供增压。若飞机引气系统增压失败，则自动连通电动空气压缩机，为其提供增压。

维修水箱时，水系统中止供水。

盥洗室提供有热水和冷水。水加热器位于盥洗室洗手池下侧，有三个可供选择的温度：

（1）低（大约 105 ℉）；

（2）中（大约 115 ℉）；

（3）高（大约 125 ℉）。

水加热器接通电源，正在加热，水加热器上方的琥珀色指示灯亮。ON/OFF 控制开关位于琥珀色灯旁。

水箱中的水量可在后乘务员面板上显示。

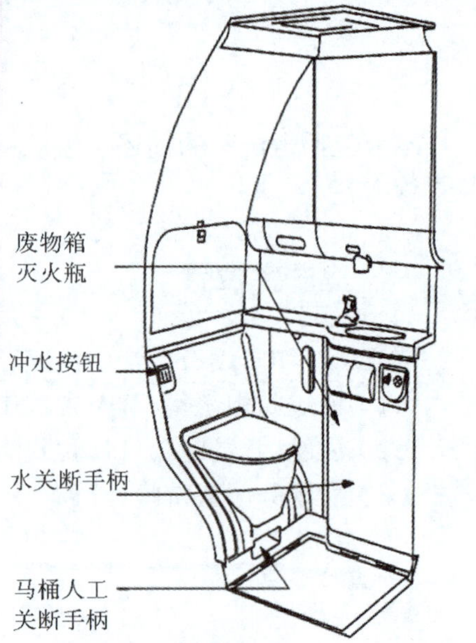

图 3.5.2　盥洗室布局

五、供水选择阀

每个盥洗室均安装有一个供水选择阀（见图 3.5.3），该选择阀位于洗手池下方，并设有四个挡位：

（1）供水：正常操作位。水系统减压时，除盥洗室 A 外，其他盥洗室将进行排水。盥洗室 A 的排水阀必须打开，以供盥洗室排水。

（2）仅供水龙头：仅供水龙头用水。

（3）仅供马桶：仅供马桶用水。

（4）关断：不供应盥洗室用水。

选择阀处于 OPEN 位时，所有前侧盥洗室和厨房可从排水系统排水；处于 CLOSED 位时，可对盥洗室和厨房组件供水。

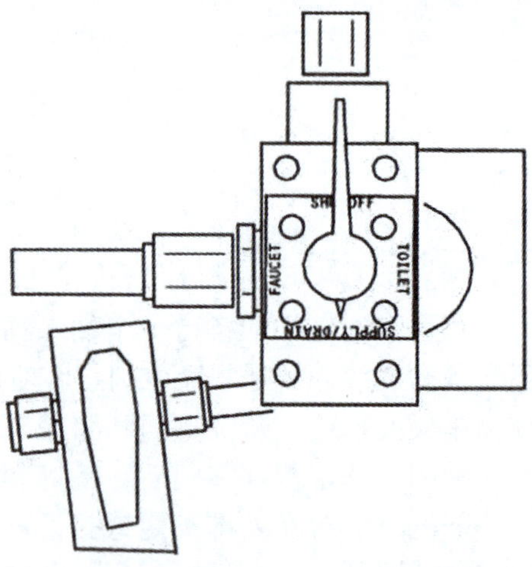

图 3.5.3　盥洗室供水选择阀

六、盥洗室排污系统

盥洗室洗手池的废水通过加温排水管排出机外。抽水马桶的废水会流入货舱地板下方的废水箱。飞行高度低于 16000 英尺（约 4876 米）时，排污系统利用真空将废物收集至污水箱中；高于 16000 英尺（约 4876 米）时，客舱内部和机外压差使得废物进入污水箱。

按压马桶上的冲水按钮，启动冲水循环系统。冲水循环使用净水，冲水时间大约 7 秒。按下冲水按钮，直到系统复位，进行下一轮冲水，两者之间的时间间隔设定为 15 秒。这样可以节约用水，防止连续冲水。

污水箱上侧设有两个感应器。若两个感应器探测到污水箱已满，则两个感应器均发出信号，冲水按钮失效。若一个感应器失效，另一个感应器发出信号，也可表明污水箱已满。每根污水箱排水管上连接有一个感应器，用来监测排污系统，后乘务员面板 WASTE SYSTEM 显示污水箱的水量。

后乘务员控制面板可查看污水箱的当前状态。当污水箱已满时，LAVS INOP 灯亮，此时，所有盥洗室均不可使用。若感应器失效或发生故障，CLEAN CHECK SENSOR 指示灯亮，表明需要维修，此时，污水系统仍然保持运行。

七、盥洗室烟雾探测器

每个盥洗室的天花板上都设有一个烟雾探测器。探测到有烟雾时，烟雾探测器的红色警告指示灯亮，并伴随有鸣笛声。烟雾散去后，红色警告灯灭，鸣笛声停止，继续检测烟雾状况。见图 3.5.4。

（一）中断电门（嵌入）

按压并保持：静音。

（二）电源指示灯（绿）

亮：正常工作。

（三）警告指示灯（红）

亮：监测到有烟雾。

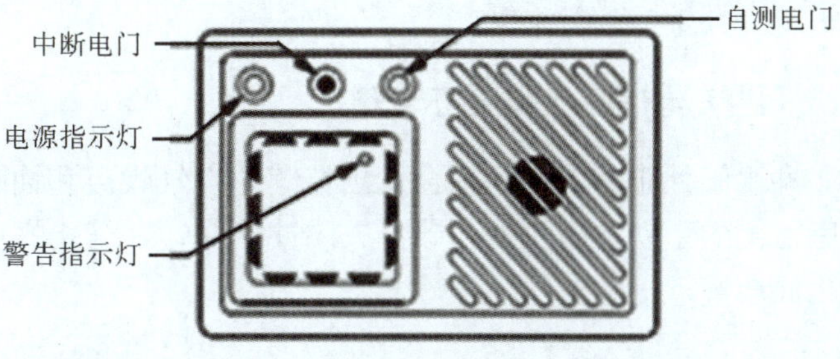

图 3.5.4　盥洗室烟雾探测器

八、盥洗室消防系统

每个盥洗室洗手池下侧都安装有自动灭火装置。灭火器从一个或两个热敏喷口向废物箱释放海伦灭火剂。

温度指示器位于洗手池下方的废物箱内。遇到高温时，标牌的灰色点变为黑色，这表示灭火器可能已喷射灭火剂。

九、盥洗室温度指示器

盥洗室温度指示器一共有四个白色的圆点，指示温度从左到右分别为：180 ℉、200 ℉、230 ℉、250 ℉。见图 3.5.5。

每上升到一个指示温度，盥洗室温度指示器对应的圆点将变为黑色。

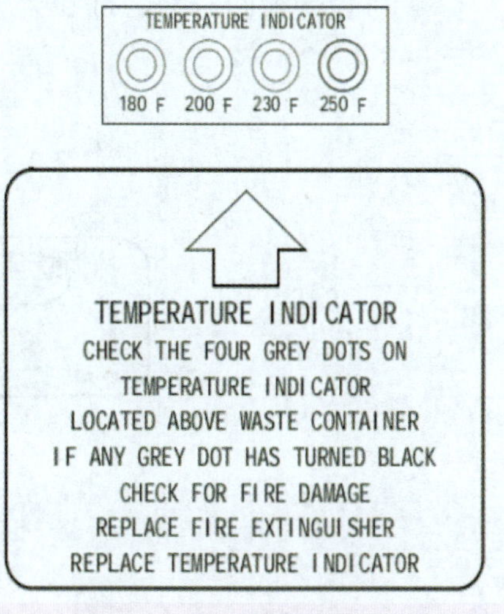

图 3.5.5　盥洗室温度指示器

十、盥洗室非正常情况

（一）盥洗室洗手池水龙头失效

洗手池水龙头按钮无法关闭水流时，必须关闭洗手池的水供应。旋转位于洗手池下方的水供应选择阀至 TOILET（盥洗室）或 SHUT OFF（关闭）位。

（二）马桶溢水

若由于冲水后阀水滞留在“开位”导致马桶溢水，请立即再冲水循环，排放马桶内的存水。若仍有水流出，应关闭马桶的水供应，将供水选择阀旋转至 FAUCET（水龙头）或者 SHUT OFF（关闭）位。

（三）马桶冲水系统堵塞

若将大块物件冲入马桶，则会导致马桶堵塞。通常，下列物品会导致马桶堵塞：尿布、擦手巾、杯子、大量手纸。

（四）马桶冲水阀复位失效

冲水阀处于开位，马桶会发出持续的空气噪声和抽吸噪声。关闭马桶盖，拉动位于马桶底座下侧的手动关断手柄，即可关闭冲水阀，并终止噪声。随后盥洗室门外挂牌提示该马桶停止使用。

十一、盥洗室门锁定 / 解锁

盥洗室门可从外部锁定或打开：

（1）抬起“有人 / 无人”指示牌上侧的金属盖板；

（2）将锁插滑向右侧，锁定盥洗室门；

（3）将锁插滑向左侧，打开盥洗室门，见图 3.5.6。

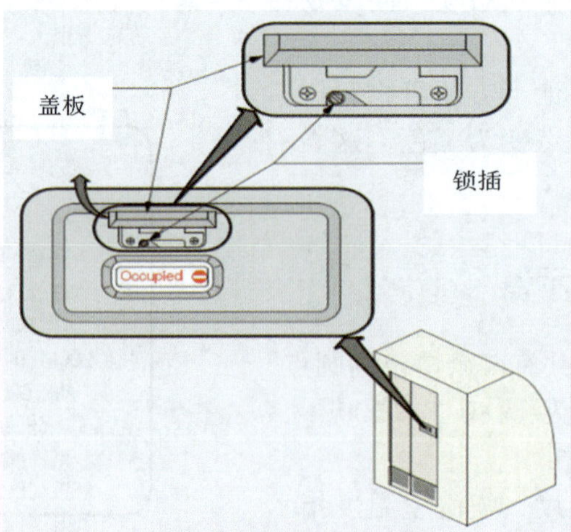

图 3.5.6　盥洗室门锁

十二、单叶门

通常情况下，单叶门盥洗室中配备有残疾人使用的设施。门锁失效时，执行下列操作可打开盥洗室门：

（1）滑动门锁下方的盖板状装置；

（2）向前、向外撬开门锁合页；

（3）抬起门锁盖板的同时，拉动门把手，见图 3.5.7。

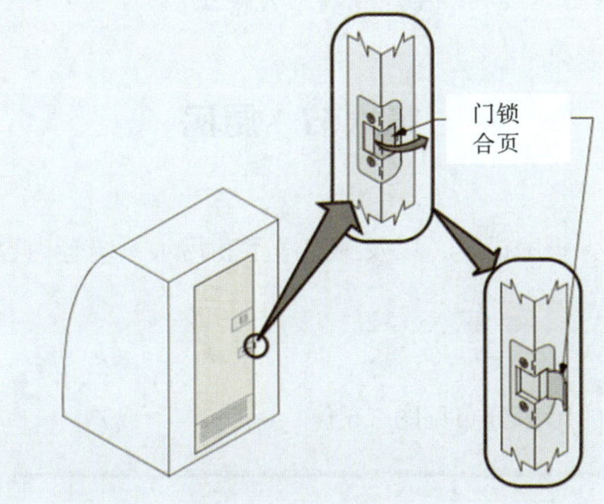

图 3.5.7　盥洗室单叶门门锁失效打开方法

十三、折叠门

有时可能由于储存柜中的物品掉落到地板上或残疾旅客跌倒在地板上，盥洗室门从里面被卡住。执行下列操作可将盥洗室门移除，以便客舱人员进入盥洗室：

（1）解锁盥洗室门；

（2）释放盥洗室门上、下侧的中轴；

（3）向下拉动上侧中轴，移除；

（4）向上抬起下侧中轴，移除，见图 3.5.8。

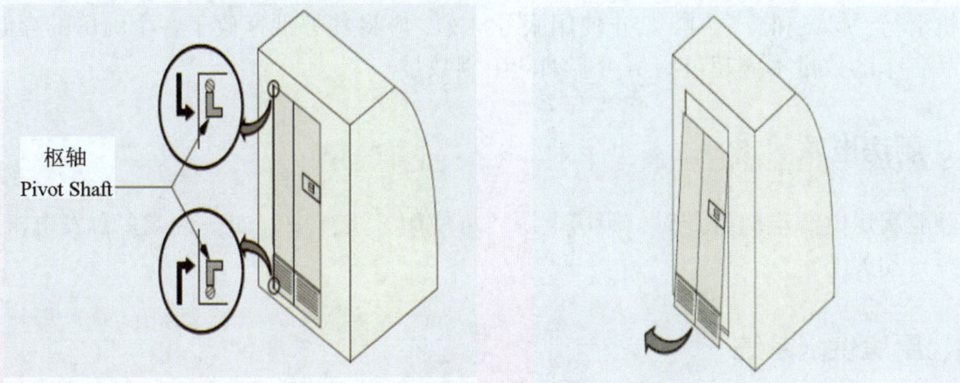

图 3.5.8　盥洗室折叠门门锁失效打开方法

【课后思考题】

1. 波音 737-700 一共有几个盥洗室？分别位于客舱什么位置？
2. 盥洗室的水加热系统可以选择的温度有几个？分别为多少华氏度？
3. 清污水的指示在什么地方可以看得到？
4. 盥洗室的供水选择阀有几个挡位？分别是什么？
5. 当盥洗室的温度上升，盥洗室温度指示器对应的圆点将变为什么颜色？
6. 如果马桶冲水系统出现故障，应该怎么办？

第六节　厨房

本节包括厨房位置、厨房描述，以及厨房净水和污水系统等内容。

一、厨房位置

波音 737–700 飞机的厨房分布见图 3.6.1。

图 3.6.1　厨房分布

二、厨房描述

独立厨房可能配备有烤箱、废物箱、咖啡机、冷藏箱、储存 / 服务用小推车、水槽，及可供准备和分发食品的储藏设备。厨房安装有供电和供水系统。照明控制电门位于厨房的配电板上。厨房的通风系统可给厨房内提供新鲜空气。

飞机滑行、起飞和着陆时，禁止使用服务推车，应将其分别存放于各个厨房的存储位置。

食品餐车的数量不应超过厨房可容纳的限制数量。

三、厨房电源

驾驶舱厨房电源电门打开时，厨房电源才可使用。飞行中，如一台或多台发电机失效，厨房电源自动关闭。

四、厨房供水系统

厨房供水来自飞机引气系统增压的水箱。若飞机引气系统增压失败，则自动连通电动空气压缩机，为其提供增压。水箱维修时，供水中断。

每个供水的厨房都配备有水关断阀。将关断阀调至 OFF 位，厨房供水中断。

五、厨房污水系统

厨房水池废水通过加温排水管排出机外。请将固体废弃材料（咖啡渣、茶叶包、水果核等）扔进废物箱，不要扔进水池。

六、厨房非正常情况

（一）厨房水池排水管堵塞

将固体废弃物扔进废物箱，不要扔进水池，防止水池排水管堵塞。不要移去水池过滤网。若排水管已出现堵塞情况或排水缓慢，请不要再倒入废水，将废水倒入其他水池。

（二）厨房水关断失效

若厨房的供水装置无法关闭，如水池水龙头、咖啡机、热水器等，需要将水关断阀调整到 OFF 位。

【课后思考题】

1. 波音 737-700 的厨房位于客舱的什么位置？
2. 厨房的废水流向哪里？

第七节　舱门、滑梯和紧急出口

本节介绍波音 737-700 的舱门、应急出口和撤离滑梯，包括飞行前、正常和非正常情况下的内部和外部舱门操作程序。

一、舱门概述

（一）舱门

机上安装有 4 个操作方式相同的舱门，用于旅客、机组人员上下飞机，同时也可作为应急出口。通常情况下，左侧舱门可用于旅客上下飞机，右侧舱门是厨房和服务用通道。所有舱门可从机内或机外人工打开或关闭。舱门均为由内向外打开的推塞式舱门。开门时，舱门首先向内移动，然后向外、前推动。前左侧舱门设有助力弹簧，舱门操作较容易。每个舱门均由上部铰链的固定锁锁定在开位。通过每个舱门的观察窗，可观察飞机的外部情况。每个

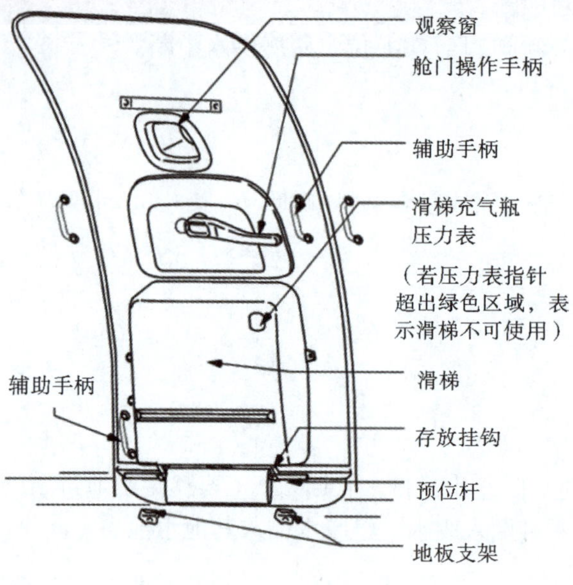

图 3.7.1　舱门

舱门的内侧下方安装有单滑道滑梯。见图 3.7.1。

（二）红色警示带

红色警示带位于每个舱门的观察窗附近。当处于警告位置时，从机外可通过观察窗清楚地看见红色警示带。该标志为标志性警告，用以通告机外人员预位杆仍然连在地板上，滑梯处于预位状态，打开舱门，滑梯会自动放出。见图 3.7.2。

非紧急情况发生时，滑梯预位，从内部或外部打开舱门，滑梯会自动释放，充气可造成机外人员伤亡。

图 3.7.2　红色警示带

二、舱门正常操作（内部）

（一）关闭舱门

（1）按压舱门阵风锁，解除锁定。

（2）一手握住舱门门框上的辅助手柄，一手握住舱门上的手柄。

（3）向内拉动舱门，舱门抬起，然后将舱门移近客舱。（警告：前侧舱门打开时，速度和力度较大。）

（4）机舱门至关闭位时，握住舱门操作手柄，继续转动手柄 180° 直至舱门锁定。

（5）根据规定，红色警示带交叉过窗口，滑梯杆固定在地板支架上，舱门处于预位状态。

（二）打开舱门

正常开启舱门的过程见图 3.7.3。

（1）确认滑梯杆从地板支架上取下，固定在滑梯包支架上（舱门解除预位）。

（2）取下红色警示带。

（3）按箭头方向（至 OPEN 位）180° 转动舱门操作手柄，将舱门移近客舱。

（4）一手握住舱门门框上的辅助手柄，一手握住舱门上的辅助手柄。

（5）将舱门推至全开位。

（6）确认阵风锁将舱门固定于打开位。

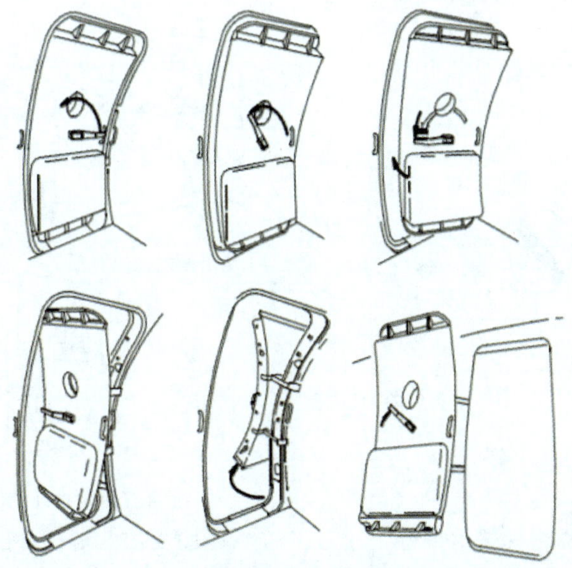

图 3.7.3　舱门正常开启方式

三、舱门正常操作（外部）

（一）关闭舱门

（1）按压舱门阵风锁，解除锁定。

（2）握住手柄，拉动舱门，舱门开始旋转。

（3）舱门会抬起，然后舱门将移近客舱。

（4）舱门达到全关位时，握住外部手柄，将其从卡槽内拉出。

（5）旋转手柄，直至舱门完全锁定。

警告：

（1）关舱门时，不要将手指放在舱门卡槽处，以免夹伤。

（2）舱门外部手柄为助力弹簧手柄，可自动恢复至卡槽内。释放手柄时，请注意，以免夹伤手指。

（3）外部舱门手柄旋转时，内部手柄同时转动。慢慢转动外部手柄，禁止快速或突然旋转内部手柄，防止造成机内人员伤害。

（二）打开舱门

（1）透过观察窗，检查红色警示带的位置，见图 3.7.4。

（2）若无警示带，旋转舱门手柄（完全旋转手柄，解锁舱门），舱门完全打开 。

（3）松开手柄，并放置好手柄。

（4）拉动舱门，将舱门打开至全开位（阵风锁锁定）。如图 3.7.5 所示。

警告：外侧舱门手柄旋转时，内侧手柄同时转动。慢慢转动外部手柄，禁止快速或突然旋转内部手柄，防止造成机内人员伤害。

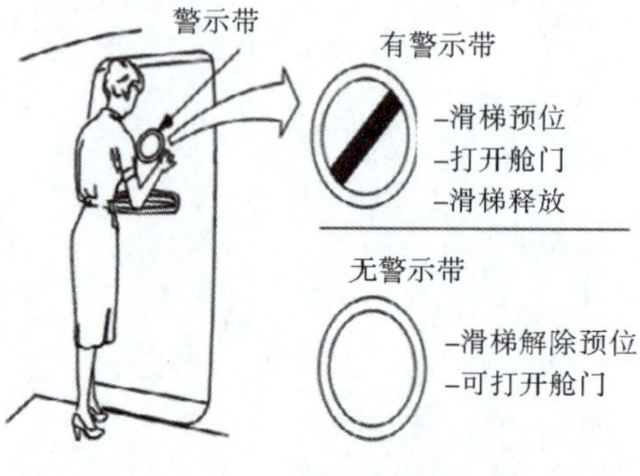

图 3.7.4　观察滑梯警示带

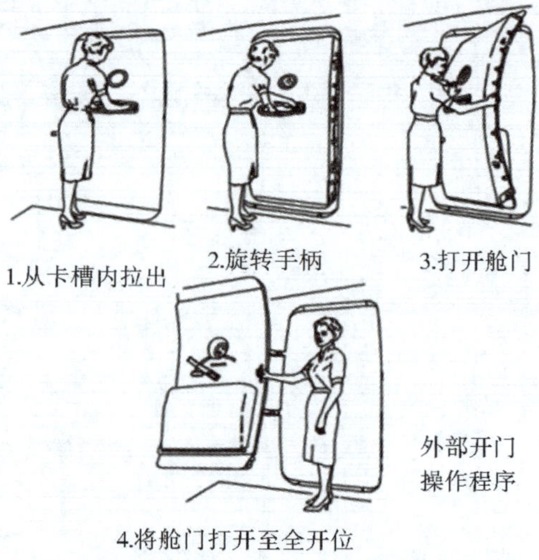

图 3.7.5　舱门外部正常开启方式

四、舱门非正常操作（内部）

按照指示方向旋转舱门手柄（至 OPEN 位），打开舱门，滑梯杆自动释放，滑梯充气。若机身姿态不正造成舱门开启困难，可指派两名身体健壮的旅客帮助推开舱门，至全开位。

（一）打开舱门，释放滑梯

（1）评估撤离路线的状况。

（2）观察客舱内部和机体外部状况，确认可使用的应急出口。

（3）确保飞机已停稳，发动机已关车。

（4）确保滑梯杆连接在地板支架上。

（5）旋转舱门手柄，打开舱门。

（二）若滑梯未充气

拉动滑梯右侧的人工充气手柄。若滑梯无法自动充气，且拉动人工充气手柄后滑梯仍然无法充气，则不要使用该应急出口，引导旅客至其他应急出口。

（三）若滑梯漏气

该滑梯可用作软梯。

（1）指派两名身体强壮的旅客将软梯用作绳索滑下滑梯。

（2）由该两名旅客拉紧软梯下端两侧，机上旅客一次一人可从滑梯上滑下，撤离飞机。

五、应急撤离

波音 737–700 应急撤离时，4 个舱门 / 服务门和 2 个翼上出口均可充当撤离出口。见图 3.7.6。

（一）驾驶舱应急出口

飞行机组可通过驾驶舱的滑动窗逃离飞机。驾驶舱应急出口需要用作紧急撤离时，应按如下步骤操作：

（1）打开滑动窗；

（2）打开逃离绳储藏柜（滑动窗后侧上方）；

（3）取出逃离绳（见图 3.7.7），确保逃离绳已经连接好；

（4）将逃离绳扔出窗外；

（5）身体上半部分在外侧，爬出窗外；

（6）按照指示撤离。

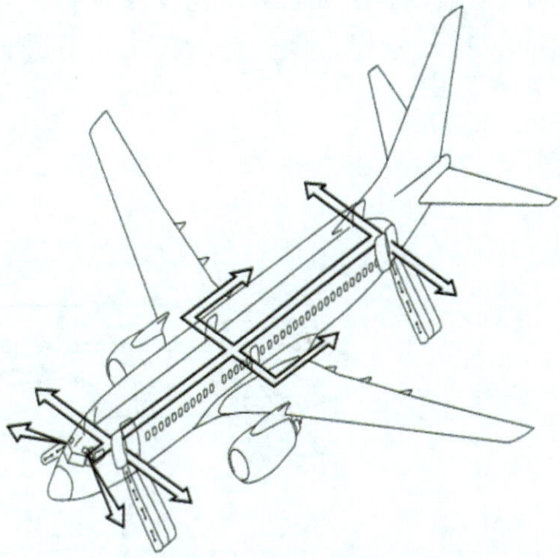

图 3.7.6　应急撤离路线

警告：确保逃离绳系紧在机体上。使用该撤离技巧存在难度时，除必须外，飞行机组成员可选择其他方法。

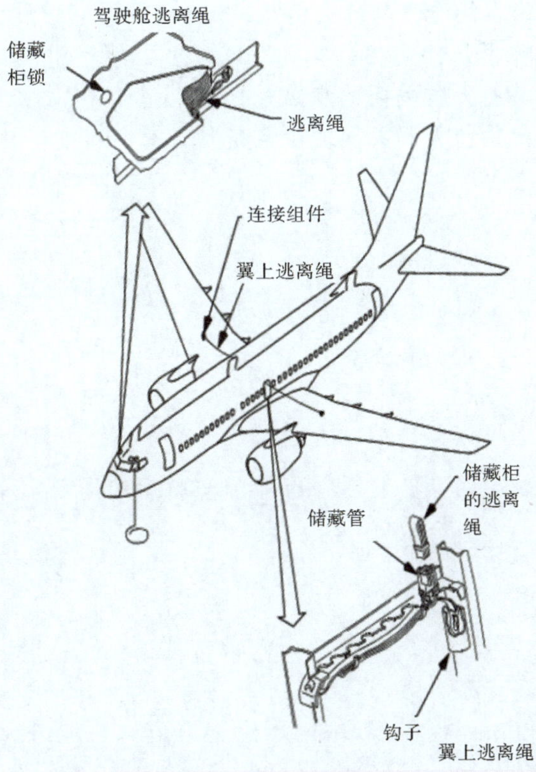

图 3.7.7　逃离绳

（二）撤离滑梯

每个舱门均安装有紧急使用的撤离滑梯。见图 3.7.8。通常情况下，滑梯的预位杆连接在舱门底部的存放挂钩上。飞机滑行前，从挂钩上取下预位杆，连接在地板结构支架上。飞行中，预位杆应与地板结构支架保持连接，直到飞机达到停机位。预位杆与地板结构支架连接时，打开舱门，预位杆的拉力将导致储存柜插锁脱落，滑梯自动放出。

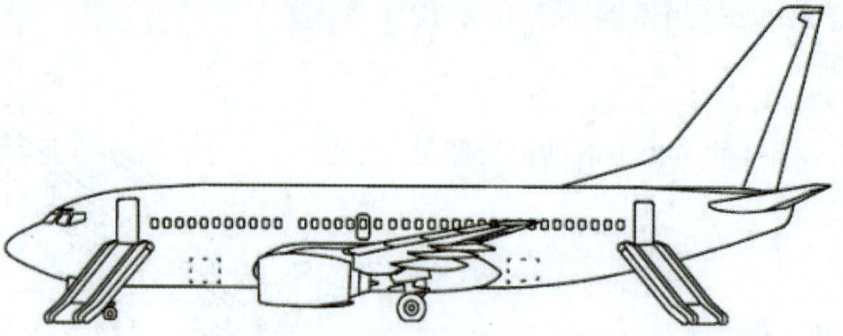

图 3.7.8　撤离滑梯

【课后思考题】

1. 波音 737-700 的左侧舱门是什么门？
2. 波音 737-700 的右侧舱门是什么门？
3. 红色警示带的作用是什么？
4. 舱门正常情况的打开和关闭的步骤是什么？
5. 舱门非正常情况的打开和关闭的步骤是什么？

第四章　空客飞机通用客舱应急设备介绍

第一节　符号说明

空客飞机机上应急设备标志及名称见图 4.1.1。

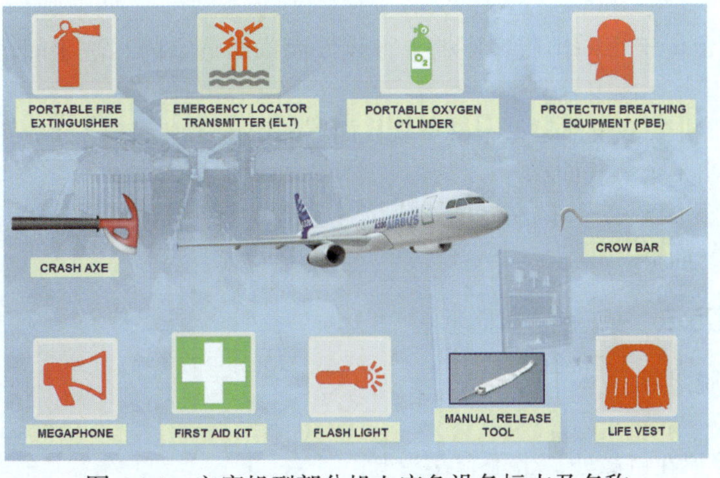

图 4.1.1　空客机型部分机上应急设备标志及名称

portable fire extinguisher：灭火瓶
emergency locator transmitter (ELT)：应急定位发射器
portable oxygen cylinder：便携式氧气瓶
protective breathing equipment (PBE)：呼吸保护装置
crash axe：应急斧
megaphone：麦克风
first aid kit：急救箱
flash light：手电筒
manual release tool：人工释放工具
life vest：救生衣
教材中具体应急设备不限于图 4.1.1 所示内容。

第二节　氧气设备及使用方法

当座舱高度达到 14000 英尺（4200 米）时，客舱释压，氧气面罩自动脱落。

一、氧气面罩

氧气面罩是旅客用于吸氧的工具，当座舱高度达到 14000 英尺（4200 米）时，氧气面罩会自动脱落。

（一）位置

旅客氧气面罩位于每一排旅客座椅上方氧气面罩储藏室内和洗手间马桶上方以及客舱乘务员座椅上方。

空客 A320 飞机从第四排起每一横排氧气面罩的数量比座位多 1 个，第一、二、三排左右两边座位各多出 1 个氧气面罩。

空客 A319 飞机第一、二排左右两边座位各多出 2 个氧气面罩，从第三排起左右两边座位各多出 1 个氧气面罩。

（二）使用方法

当氧气面罩脱落后：

（1）用力拉下面罩；

（2）将面罩罩在口鼻处，带子套在头上；

（3）正常呼吸。

（三）注意事项

（1）必须用力向下拉动面罩，面罩方能开始工作；

（2）氧气发生器一旦启动就不能停止；

（3）氧气发生器正常工作时可能伴随有烧焦气味；

（4）用氧开始后，禁止吸烟；

（5）氧气面罩不能做防烟面罩使用。

（四）氧气流动时间

空客 A320/ 空客 A321 飞机及空客 A319–132 系列飞机为氯酸盐化学氧气发生器，供氧时间均为 15 分钟。

空客 A319–133 系列飞机氧气系统为纯氧，供氧时间随飞行高度而变化，当飞机飞行高度保持在 24000 英尺（7300 米）时，供氧时间将增至 55 分钟。

（五）供氧方式

当客舱出现释压状态后，氧气系统开始工作。客舱氧气系统在每个旅客座位、卫生间和每个乘务员工作区的上方都装有一个供氧装置组件。

1. 自动方式

如果客舱失压，供氧系统组件中氧气面罩自动脱落。

2. 电动方式

当自动方式失效时，任何高度层上，可以通过按压驾驶舱面板上的“MAN ON”电门放出面罩。

3. 人工方式打开装置门

当自动和电动方式失效时，也可由人工方式使用尖细物品，如人工释放工具、笔尖、别针等，打开供氧装置门，使氧气面罩脱落。

二、手提氧气瓶

手提式氧气瓶主要用于飞行中的一般性治疗和乘务员紧急情况下使用。见图 4.2.1。

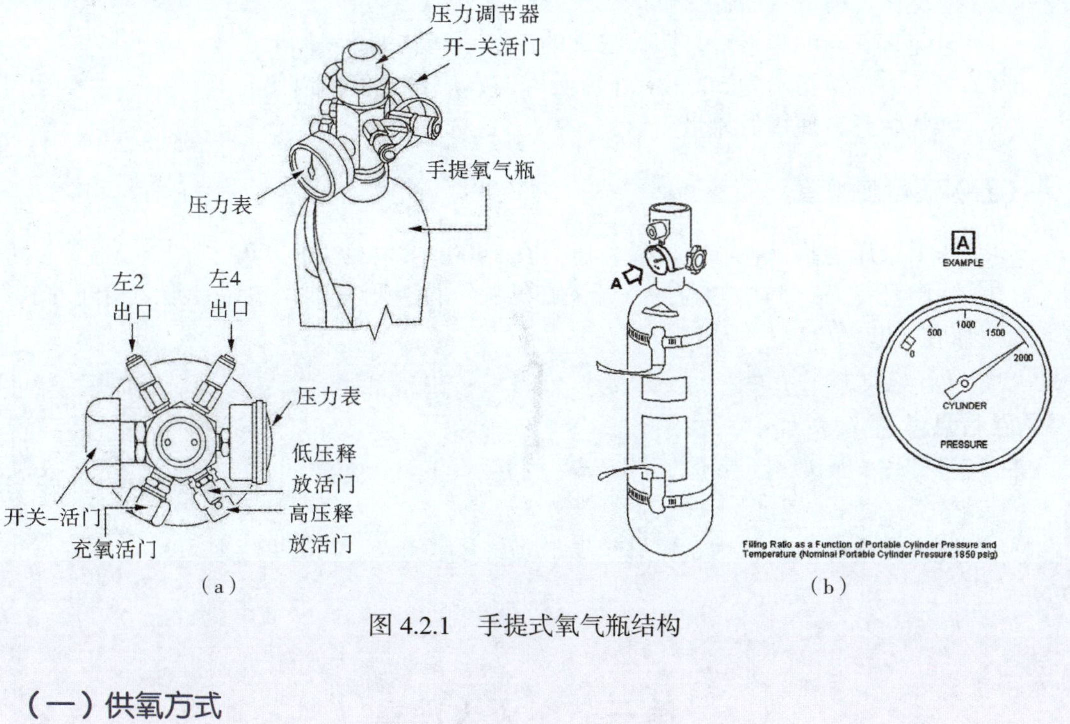

图 4.2.1　手提式氧气瓶结构

（一）供氧方式

（1）由两个氧气出口向氧气面罩内输送氧气，见图 4.2.1 (a)。

（2）由一个氧气出口向氧气面罩内输送氧气，见图 4.2.1 (b)。

（二）输出氧气的流量

（1）空客机型的氧气面罩有两个氧气出口，分别为高流量出口和低流量出口。氧气面罩接好后，逆时针打开（带箭头的）开关，氧气放出。高流量（4 升 / 分钟）用于严重缺氧、呼吸困难、心脏病等，低流量（2 升 / 分钟）为一般性缺氧及乘务员在客舱失密时使用。

（2）高流量出口每分钟流出 4 升氧气，可使用 77 分钟。

（3）低流量出口每分钟流出 2 升氧气，可使用 155 分钟。

（三）使用方法

（1）取出手提式氧气瓶；

（2）打开其中一个防尘帽（根据需要）；

（3）插上氧气面罩；

（4）打开开关活门；

（5）检查氧气袋是否充满；

（6）戴上氧气面罩。

（四）使用的注意事项（适用于各种机型）

（1）用氧周围 3 米之内不能吸烟，且禁止火源；

（2）避免摔、撞氧气瓶；

（3）避免氧气与油脂接触，擦掉浓重的口红、润肤油；

（4）当压力指针指示为 500 磅 / 平方英寸时，应停止使用以便充氧；

（5）肺气肿患者使用低流量出口。

（五）飞行前检查

（1）压力：压力指针在红色区域，压力在 1500~1800 磅 / 平方英寸。

（2）保险丝完好，防尘帽盖好，开关在“关”位，附有独立包装且与之相配的氧气面罩与氧气瓶在一起。

【课后思考题】

1. 请简述手提式氧气瓶的使用方法。
2. 请简述手提式氧气瓶的航前检查方法。
3. 请简述手提式氧气瓶在使用过程中的注意事项。

第三节　灭火设备

灭火瓶的型号与数量适合于驾驶舱、客舱、厨房、卫生间各部位可能发生的火警类型，见表 4–3–1。

表 4-3-1　手提灭火瓶的常规配备

座位数	灭火瓶数量
6~30	1
31~60	2
61~200	3
201~300	4
301~400	5
401~500	6
501~600	7
601 以上	8

乘务员应在直接准备阶段检查灭火瓶的数量及状态。

一、介绍

目前飞机上使用的灭火瓶为海伦灭火瓶及水灭火瓶，见图 4.3.1、图 4.3.2，其使用方法见表 4-3-2。

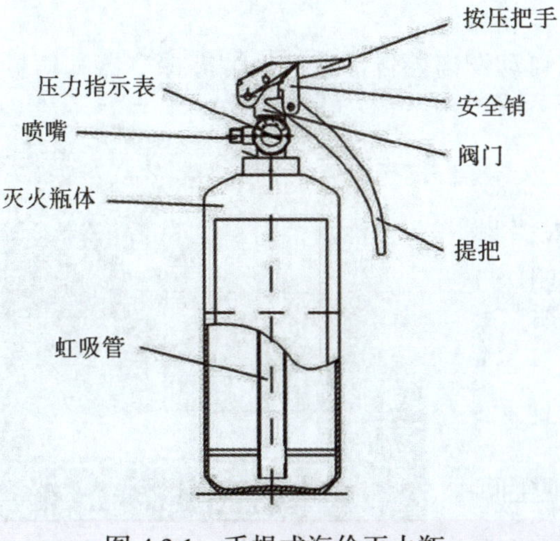

图 4.3.1　手提式海伦灭火瓶

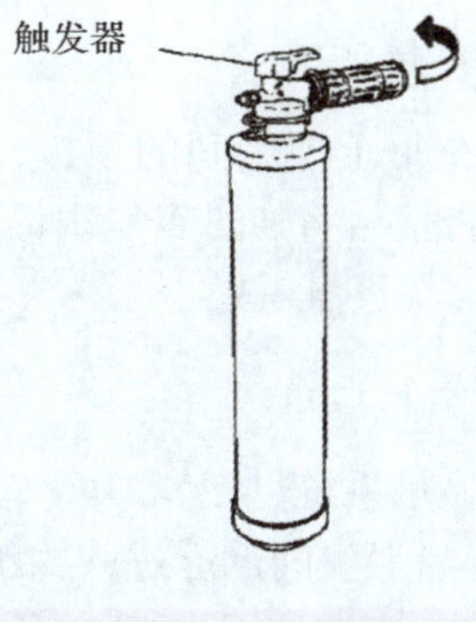

图 4.3.2　水灭火瓶

表 4-3-2　海伦灭火瓶及水灭火瓶的使用方法

种类	适应物	操纵要领	注意事项
海伦灭火瓶	各种火灾，最适用于油类、电器失火	（1）快速取下安全销； （2）垂直握住瓶体； （3）握住手柄和触发器，喷嘴对准电源底部边缘； （4）移动灭火瓶直喷向火的底部边缘； （5）离火源 2~3 米（使用时间是 7~10 秒）	（1）海伦灭火剂喷出的是雾，但很快被气化，而这种气化物是一种惰性气体，它可以隔绝空气，使火扑灭，表层的火很快被扑灭后，里层仍有余火，所以随后应将火区用水浸透； （2）瓶体不要横握或倒握； （3）不能用于人身，以免窒息
水灭火瓶	熄灭灰烬类（A 类）起火	（1）将提把按顺时针方向完全转到底，听到“咝”地一声表示二氧化碳筒心刺穿； （2）压下触发器； （3）对准火焰底部喷射； （4）工作范围 2~2.5 米； （5）每按压一次，灭火剂可持续喷射 20~25 秒，可反复按压多次，直至用完	水中加有防冰化合物，因此不能饮用

二、卫生间的灭火系统

卫生间的灭火系统包括报警系统和自动灭火系统两部分。

（一）烟雾报警系统

烟雾报警系统可以及早发现突发情况并自动发出警告，它包括烟雾探测器和信号显示系统。

1. 烟雾探测器

安装在每个卫生间的顶板，当烟雾进入探测器时，警告信号将通过客舱内话数据系统（CIDS）显示出来。见图 4.3.3。

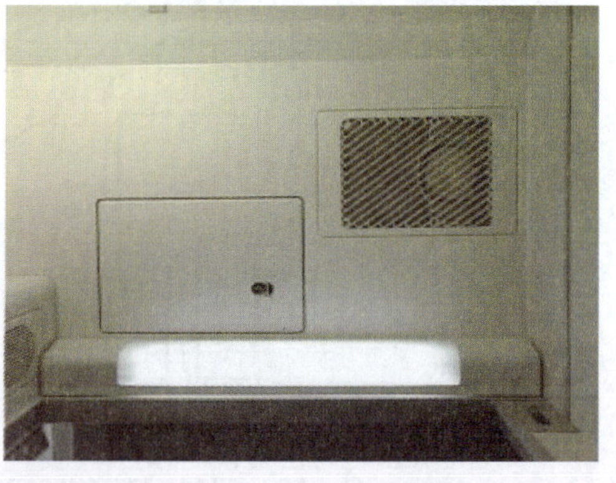

图 4.3.3　烟雾探测器

2. 信号显示系统

信号显示系统见图 4.3.4。

（1）当卫生间烟雾进入探测器时，与卫生间对应的区域呼叫面板上的琥珀色灯闪亮。

（2）客舱和所有乘务员扬声器里，每 30 秒钟重复低调的三声谐音。

（3）所有乘务员指示面板上红灯闪亮并显示具体位置。

（4）前舱乘务员面板上红色的“SMOKELAV”按钮灯闪亮。

（5）关闭视觉和音响警告，须按下前乘务员面板上的“RESET”按钮，也可按后乘务员面板上的“RESET”按钮。

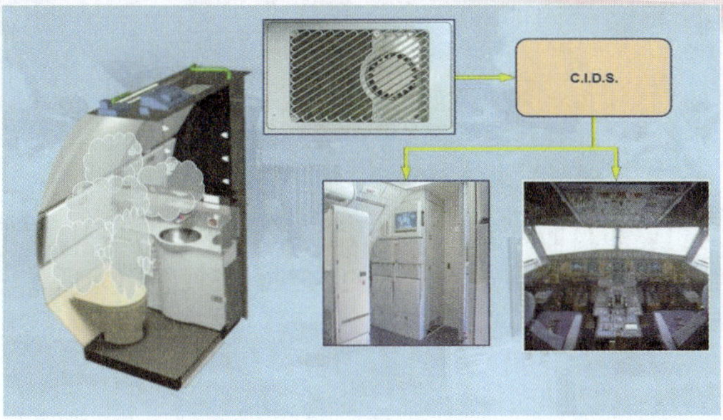

图 4.3.4　信号显示系统

（二）卫生间的自动灭火装置

（1）位置：在每个卫生间垃圾箱的位置都安装了灭火系统，它由一个海伦灭火瓶、一个装在垃圾箱上方深处的喷射管组成。见图 4.3.5。

（2）贴在每个垃圾箱附近的温度指示器可以指示垃圾箱附近的超温状况，当温度接近 71℃时，指示口上的灰色感应点变为黑色，当温度接近 79℃时，灭火瓶喷射口处可熔性物质熔化，灭火剂将在 3~15 秒内完全喷出。

（3）飞行前检查：灭火瓶的指示器应为绿色区域，如果未在绿色区域要向机长或地面机务人员报告。

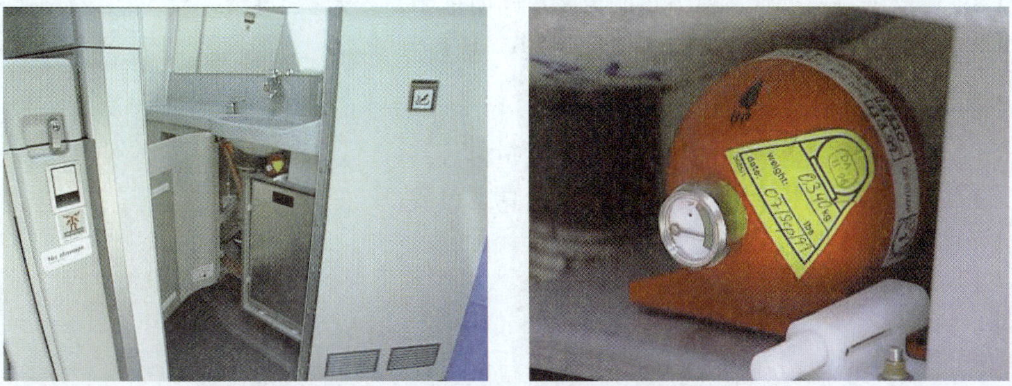

图 4.3.5　卫生间自动灭火装置

三、防烟面罩（PBE）

防烟面罩是供乘务员和机组人员在客舱封闭区域失火和有浓烟时使用的，它可以保护灭火者的眼睛，防止吸入有毒气体。

（一）氧气的提供

氧气是靠防烟面罩上的化学氧气发生器提供的，当拉动触发拉绳后使发生器中发生化学反应并释放出氧气。

（二）使用时间

可使用 15 分钟。

（三）特点

（1）戴上面罩后可以通过面罩前部的送话器与外界联系；

（2）当氧气充满面罩时，面罩应为饱满的状态，当氧气用完后，由于内部压力减小，面罩开始内吸，应学会辨别这种状况。

（四）使用方法

1. A 型 PBE

（1）打开 PBE 储存盒，从盒内取出包装撕去袋口封条；

（2）从包装内取出 PBE；

（3）掌心相对伸入橡胶护颈内用力向两边撑开，使 PBE 的观察窗面向地面，将 PBE 从头部套下；

（4）将长头发或辫子放在头套内，将带子扣好；

（5）向下拉氧气发生器，使 PBE 开始工作；

（6）移动送话器使面罩与口鼻完全吻合；

（7）在远离火焰和烟雾的安全处取 PBE；

（8）用双手将靠近观察窗下角的金属片向前推动，松开调节袋；

（9）双手由颈下插入面部，向上拉起 PBE 取下。

2. B 型 PBE

（1）拉塑料盒盖上的红色调节带，去除塑料盖；

（2）用力撕掉包装上的红色标签，打开真空包装；

（3）双手放入橡胶护颈，用力向两边撑开；

（4）头向前倾，将 PBE 的护颈经头顶套入，用双手保护两侧脸颊及眼镜，使之完全遮挡脸部；

（5）双手向前，向外用力拉动调节袋，并使装置启动；

（6）双手抓住调节带，用力向后拉动，确保里面的面罩罩在口鼻处，且面颊被覆盖；

（7）如需调整眼镜，可隔着外罩进行，不要将手伸入罩内调节；

（8）确定衣领没有被夹在护颈内，头发已完全在护颈里面，放下 PBE 的后颈盖布，使它盖住衣领，并处于肩上部。

注意事项：当拉动调节带后若无氧气流出，再用力重复一次，否则取下面罩。

3. C 型 PBE

（1）抓住手柄，快速地从容器中拉出包装；

（2）将装置袋紧紧固定在两膝间，从手柄处将包装分开，除下覆盖物；

（3）快速、猛烈地折断圆柱形氧气发生装置，面罩开始供氧，绿色指示灯开始闪亮；

（4）掌心相对，将颈部密封圈尽量撑开；

（5）将面罩套进头内，将所有头发收于面罩内，避免氧气流出。

注意事项：如红色灯亮，应停止使用，在非烟区取下面罩。

（五）使用注意事项

（1）在非烟区穿好；

（2）头发必须全部进入面罩，衣领在密封圈外；

（3）呼吸困难时，可能是氧气用完或穿戴不当；

（4）当头部有热感，或面罩内吸，说明供氧结束，应离开火源，到达安全区取下面罩；

（5）当观察窗上有水汽和雾气时，应立即到安全区取下面罩；

（6）如果戴着眼镜使用，戴好后，需在面罩外面整理眼镜位置；

（7）取下面罩后，因头发内残留有氧气，不要靠近有明火或有火焰的地方，要充分抖散头发。

（六）飞行前检查

（1）确认防烟面罩在固定位置；

（2）确认包装盒未被开启；

（3）确认数量完整。

四、石棉手套

石棉手套位于驾驶舱，用于驾驶舱失火时，保证飞行员能够操作飞机，有防火隔热作用。见图 4.3.6。

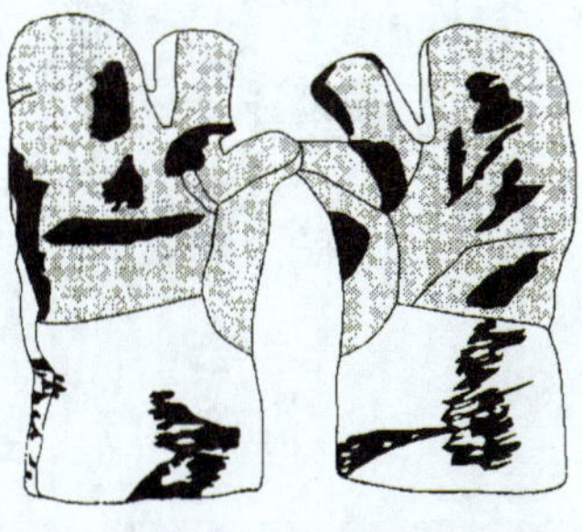

图 4.3.6　石棉手套

五、防烟眼镜

用于驾驶舱内机组人员，在驾驶舱充满烟雾时保护眼睛不受伤害，保证飞行员继续飞行。使用方法：眼镜边缘紧贴脸部，用橡胶带套在脑后和氧气面罩一起扣在脸上。

【课后思考题】

1. 请简述海伦灭火瓶的使用方法及使用注意事项。
2. 请简述三种类型的呼吸保护装置的使用方法及注意事项。

第四节　紧急出口设备及使用方法

一、紧急出口及滑梯

紧急出口是用于机上人员在飞机遇险撤离时使用的出口。

空客 A320 飞机有 8 个紧急出口，均可作滑梯使用，机翼上共有 4 个紧急出口。1 号、2 号门为“Ⅰ”型门，翼上出口为“Ⅲ”型门。

（一）“Ⅰ”型门及操作方法

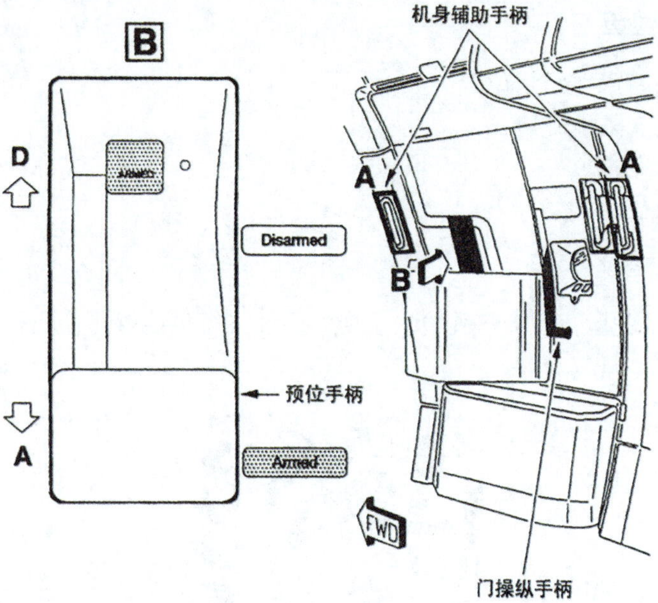

图 4.4.1　Ⅰ型舱门

1.“Ⅰ”型舱门的开启（正常操作）

（1）滑梯的预位手柄必须在 DISARMED（解除预位）的位置且已安装安全销；

（2）若观察窗旁边的 RED CABIN PRESSURE（红色客舱压力）警告灯闪亮，不要开门并报告驾驶机组；

（3）抓住一个辅助手柄“A”（见图 4.4.1）；

（4）完全提起门操纵手柄（两个上部的锁脱开，门开锁）；

（5）抓住拉手“B”向外推门，然后前推，直至门锁锁定在全开位（整体阻尼器会限制门的打开速度）。

2. 应急开门时

（1）检查撤离系统在预位位置；

（2）握住机身上的拉手 A；

（3）将门操纵手柄用力迅速向上松开；

（4）门自动打开并锁定在开位（气动助力开门失效时，人工推开客舱门）。

（二）“Ⅲ”型门及操作方法

机翼上的紧急出口（“Ⅲ”型门）始终处于预位状态，打开时：

（1）取下手柄盖①。

（2）手柄灯②和滑梯预位指示器③亮。

（3）下拉操纵手柄④，紧急出口门向内移动。

（4）抓住把手⑤移开紧急出口门。

（5）把紧急出口门扔出。见图 4.4.2。

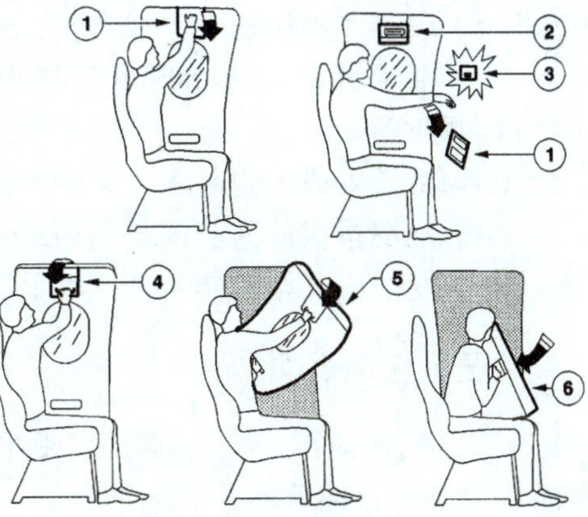

图 4.4.2　Ⅲ型舱门

【课后思考题】

1. 请简述“Ⅰ”型门的正常开启及关闭的操作程序。

2. 请简述“Ⅲ”型门应急情况下的打开操作步骤。

第五节　应急发报机

在飞机遇险后，向外界发出救生信号时使用应急发报机，它采用 121.5 兆赫兹、243 兆赫兹和 406.025 兆赫兹三个频率的电台自动发射信号，此信号为国际民航组织通用的遇难求救信号。

一、应急发报机使用方法

A 型应急发报机见图 4.5.1。

（一）水中

（1）取下发报机的套子；

（2）将尼龙绳的末端系在救生船上，然后将发报机扔入水中，并使发报机与船之间的距离和尼龙绳的长度保持一致；

（3）天线自动竖起后，开始发报。

（二）陆地

（1）取下发报机的套子或袋子；

（2）从天线固定夹上脱开天线以使天线自动竖直；

（3）将袋内或套内装入一半的水；

（4）把发报机放入套内或袋内；

（5）发报机开始工作。

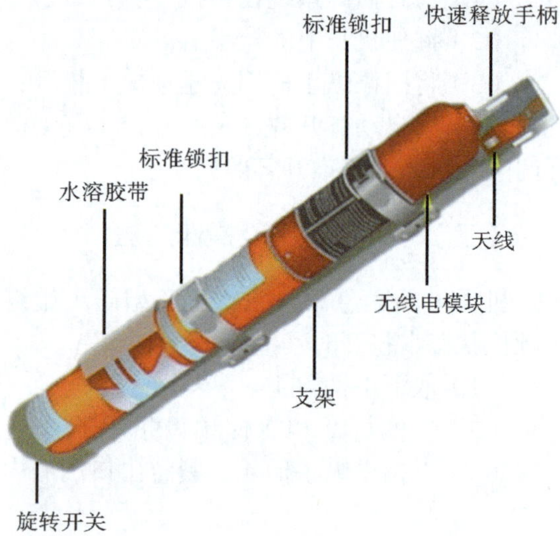

图 4.5.1　A 型应急发报机

（三）注意事项

（1）在海水中，5 秒钟后即可发报，在淡水中要 5 分钟后才发报。

（2）袋内或套内，只能放水、咖啡、果汁或尿，不能放入油性物质。

（3）陆地使用时，周围不能有障碍物，不要倒放或躺放。

（4）每次只使用 1 个。

（5）存放在舱内的发报机没有塑料套子，只有一个塑料袋存放在发报机的尼龙绳下面。

（6）关闭时，将发报机从水中取出，天线折回，躺倒放在地上。

（7）可使用 48 小时。

二、新型便携式应急定位器（ELT）

新型便携式 ELT 见图 4.5.2。

（一）使用方法

（1）拉断保险索；

（2）将紧固绑带从保险栓上脱开；

（3）取出便携式 ELT；

（4）将便携式 ELT 天线伸展、拉出；

（5）激活便携式 ELT：用力拉便携式 ELT 接通绳索接通 ELT，或手动将便携式 ELT 接通滑块置于 ON 位；

（6）语音通信（看见或听见营救人员、营救飞机后使用）：按压“PRESS TO TALK”按钮，对准麦克风（扬声器）进行语音通信，并可通过 VOLUME 开关调整通话时的音量，HI 为高音挡，LO 为低音挡。

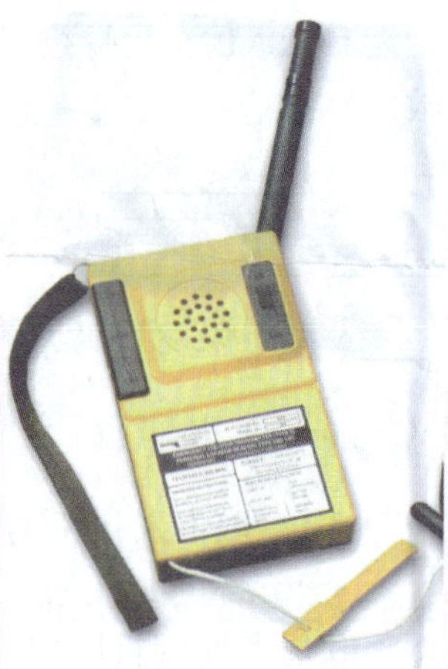

图 4.5.2　新型便携式 ELT

（二）使用时间

（1）环境温度 −20~55℃时为 48 小时；

（2）环境温度低于 −30℃时为 6 小时。

（三）使用注意事项

（1）水深 10 米以上不可用；
（2）使用频率为 121.5 兆赫兹、243 兆赫兹和 406.025 兆赫兹。

（四）航前检查

检查 ELT 是否在固定位置，数量是否正常。

三、固定式发报机

固定式发报机见图 4.5.3。

（一）使用方法

（1）自动："AUTO"位时，当飞机遭受大于 5G 的重力加速度（撞击）时，自动激活（航前检查应放在"AUTO"位）。使用频率为 121.5 兆赫兹、243 兆赫兹和 406.025 兆赫兹。

（2）人工：将开关转到 ON 位即可。

图 4.5.3　固定式发报机

（二）注意事项

此类发报机为固定式发报机，不能卸下，撤离时不需带走。

（三）航前检查

（1）检查固定式发报机在"AUTO"位；
（2）确保发报机外观正常。

【课后思考题】

1. 请简述应急发报机的三个发射频率。
2. 请简述新型便携式 ELT 的使用方法及注意事项。

第六节　其他辅助设备

一、安全带

安全带是安装在座椅上的一套安全设备。在飞机滑行、起飞、颠簸、着陆的过程中，以及"系好安全带"灯亮时，所有人员都应将安全带系好。

（一）成年人安全带

成年人安全带供正常的成年人使用。见图 4.6.1。

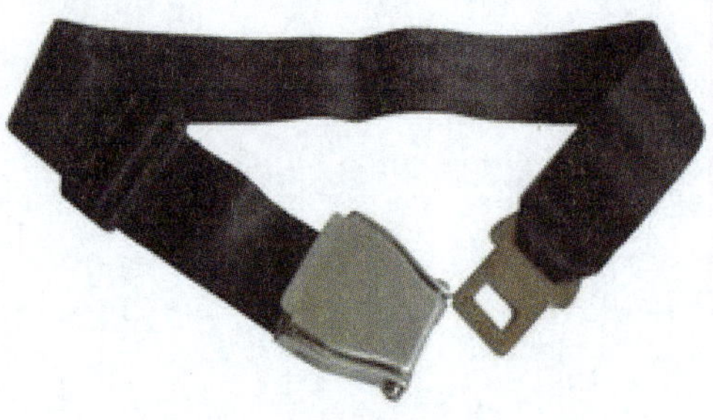

图 4.6.1　成人安全带

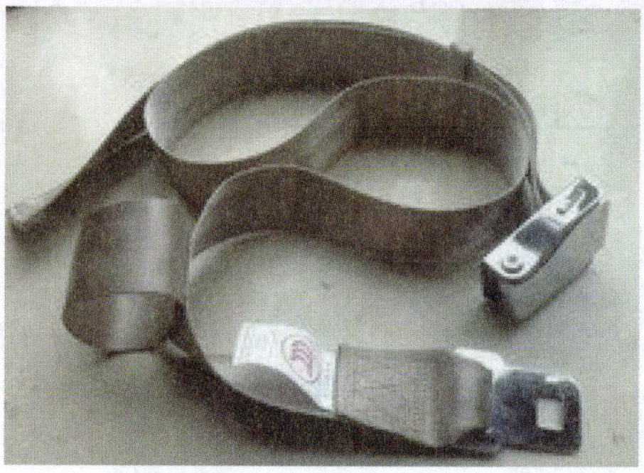

图 4.6.2　婴儿安全带

（二）未成年人安全带

未成年人安全带可用成人安全带替代。婴儿有专用安全带，见图 4.6.2。

（三）乘务员安全带

乘务员安全带由安全带和肩带组成。当飞机在起飞、滑行、落地及“系好安全带”指示灯亮时，都应系好安全带和肩带。见图 4.6.3。

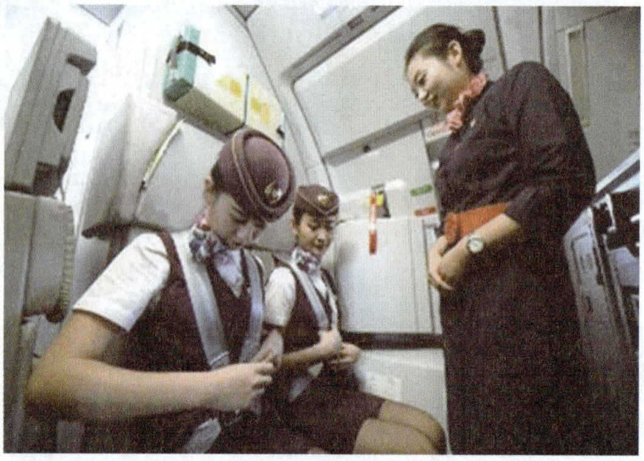

图 4.6.3　乘务员安全带

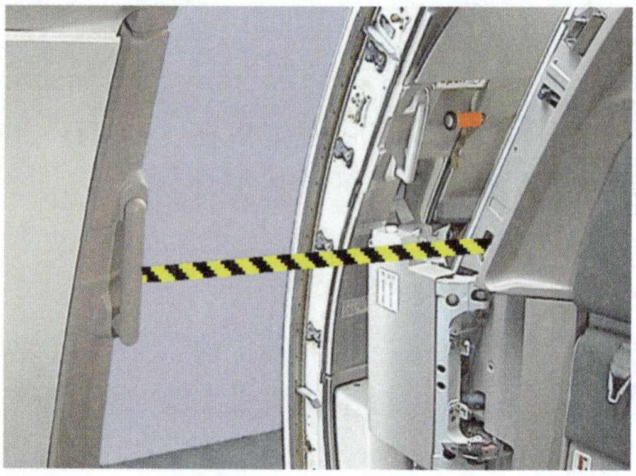

图 4.6.4　舱门安全带

（四）加长型安全带

加长安全带是为了延长安全带长度而接在原来的安全带上，供给标准安全带长度不够用的旅客。

注意：孕妇在安全带和腹部之间垫上枕头或毛毯。

（五）舱门安全带

在每个登机 / 服务门框部安装有黄色的舱门安全带，不用时收回在固定位。

登机 / 服务门在打开状态，门外廊桥、客梯、勤务车没有停靠或没有停靠稳妥时，系好舱门安全带。见图 4.6.4。

二、麦克风

属于在紧急情况下指挥旅客的广播系统，可以在舱内和舱外使用。见图 4.6.5。

（一）使用

（1）按下讲话开关；
（2）将麦克风靠近嘴部讲话；
（3）根据声音调节音量。

图 4.6.5　麦克风

（二）注意事项

不要用麦克风对着机身讲话（因为会出现回音），避免音量过大。

三、救生斧

紧急情况下，清理障碍物及灭火时使用救生斧，应急斧头手柄包着橡胶绝缘材料，可耐 2400 伏的电压。刀口有一个护套，以防不使用时伤人。见图 4.6.6。

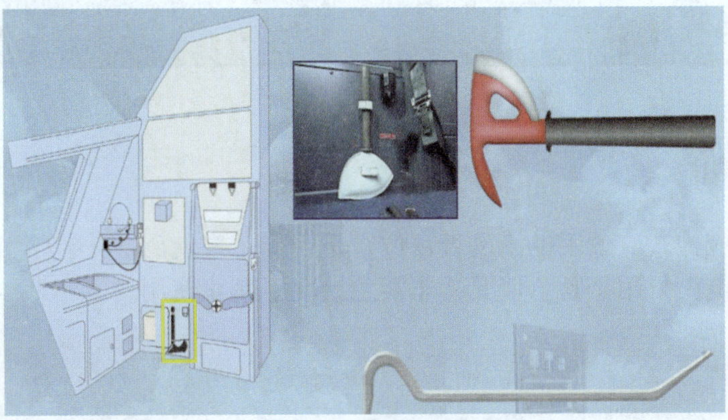

图 4.6.6　救生斧

四、安全表演用具包

包内有：
（1）氧气面罩；
（2）安全带；
（3）安全须知卡；
（4）示范用救生衣。
飞行前应检查安全演示用具包是否在指定位置，并且包内物品是否齐全。

五、应急手电筒

飞行机组和乘务组都配备有应急手电筒，用于紧急情况下临时照明和发射求救信号。见图 4.6.7。

（一）使用

（1）握住筒身；
（2）从架上拉下；
（3）按开关按钮直接接通，电筒燃亮；
（4）再按按钮使灯光熄灭；
（5）将电筒筒身牢牢地推入支架。
电筒可用于提供连续灯光和断续灯光。
注意：SOS 信号为三次短信号（表示 S）、三次长信号（表示 O）、三次短信号（表示 S）。

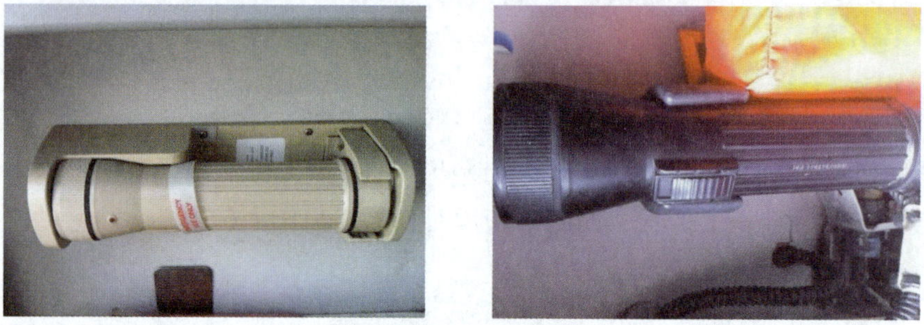

图 4.6.7　应急手电筒

（二）注意事项

（1）飞行前应检查应急手电筒是否在位，是否能正常使用。
（2）应急手电筒只用于紧急情况，非紧急情况下禁止使用。

【课后思考题】

1. 请简述应急手电筒的使用方法。
2. 请简述如何使用应急手电筒发射求救信号。

第七节　用于水上撤离的应急设备

一、救生衣

救生衣用于水上撤离，乘务员的救生衣是红色的，旅客的救生衣是黄色的，存放在各自的位置上。见图 4.7.1。

（一）使用方法

1. 成人救生衣

（1）取出救生衣，经头部穿好；

（2）将带子扣好系紧；

（3）在离开飞机前拉下红色充气阀门使气囊充气；

（4）充气不足时，拉出人工充气管，用嘴向里吹气。

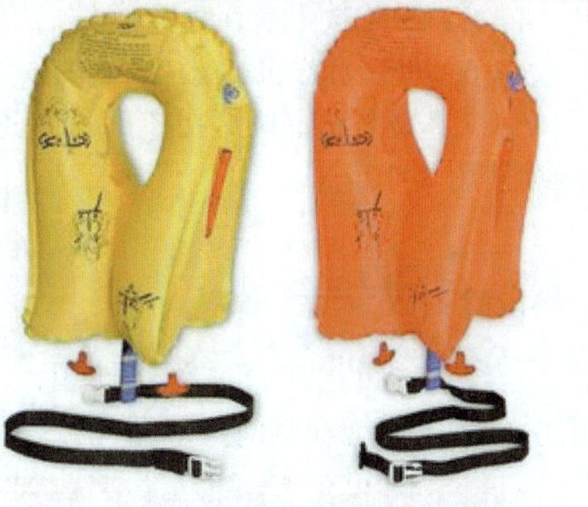

图 4.7.1　充气状态下的旅客和机组救生衣

2. 儿童使用成人救生衣

（1）取出救生衣，将救生衣经头部穿好；

（2）把调节带放在两腿之间；

（3）将调节带在大腿缠绕两圈后系紧扣好；

（4）打开红色充气阀门；

（5）充气不足时，拉出人工充气管，用嘴向里吹气。

3. 婴儿救生衣

婴儿救生衣有两个气囊，背部有三个对扣的扣子。救生衣上有一个水激电池提供电源的定位灯和供成人拉住婴儿的短绳。见图 4.7.2。

（1）取出救生衣，由前向后穿好；

（2）将后背上三个扣子扣好系紧；

（3）调节上部的两个扣子（下部的扣子不能调节），使救生衣适合婴儿身体；

（4）在离开座位时，成人拉救生衣下部的充气阀门；

（5）充气不足时，拉出人工充气管，用嘴向里吹气。

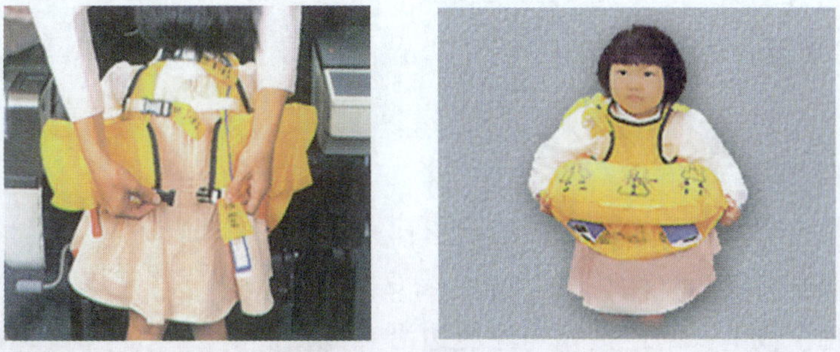

图 4.7.2　婴儿救生衣

（二）注意事项

（1）当用手按住人工充气管的顶部时，气会从内放出；

（2）不能自理及上肢残废的旅客，穿好后立即充一半气，上艇前再充满；

（3）儿童在离开座位时充一半的气，上艇前再充满；

（4）其他旅客的救生衣在离开飞机后，上艇前充气；

（5）婴儿救生衣在离开座位后完全充气；

（6）母亲和婴儿的救生衣扣在一起；

（7）救生衣定位灯在夜间水上迫降使用，定位灯电池浸水后，几秒钟内自动发光，可持续使用 8~10 小时。

二、漂浮坐垫

空客飞机的坐垫可作浮垫使用，飞机在水上撤离时，从座椅上拆下坐垫，双手穿过坐垫下两条带子，抱在胸前，如图 4.7.3 所示。

图 4.7.3　漂浮坐垫

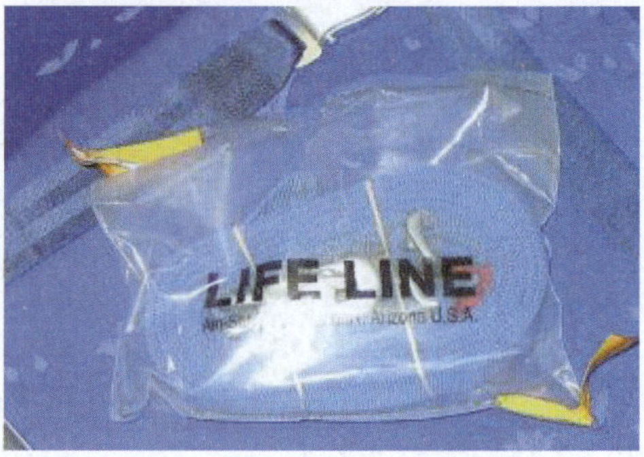

图 4.7.4　翼上逃离绳

三、翼上逃离绳

翼上逃离绳供陆地、水上撤离时使用，见图 4.7.4。

操作方法：将逃离绳拉出，扣在机翼上的挂环上。

四、滑梯 / 浮艇

（一）使用方法

水上迫降时，当人员从飞机内撤离完后，应快速拉动分离手柄使滑梯与机体分离，滑梯作为浮艇使用，使用时，救生衣的连接绳与浮艇边沿连接在一起，浮艇中仅限少量旅客乘坐（老、弱、妇、幼）。见图 4.7.5。

图 4.7.5　滑梯 / 浮艇

（二）操作时的注意事项

（1）滑梯只能用于陆地撤离，不能当船使用。

（2）水上撤离时，当滑梯与机体分离后，

在水中翻转后将其作为浮艇使用。

五、滑梯筏、补充救生筏及辅助设备

滑梯筏、补充救生筏及辅助设备见图 4.7.6、图 4.7.7。

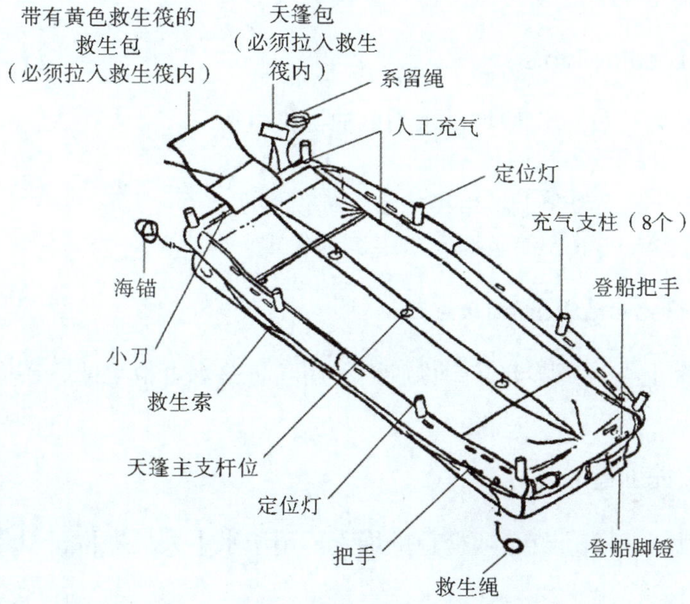

图 4.7.6　滑梯筏及辅助设备

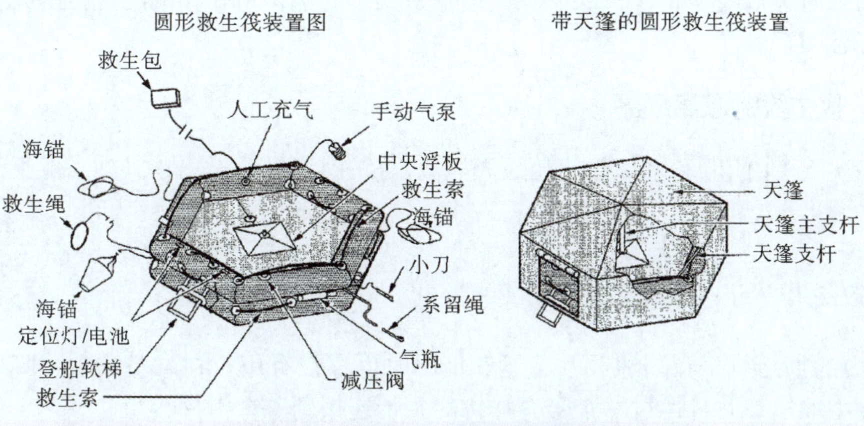

图 4.7.7　补充救生筏及辅助设备

（一）小刀（Safety knife）

安装在系留绳旁，用来割断系留绳将救生筏与飞机脱离开。这项工作必须在飞机撤离完成后尽可能早地进行，以防止接触到尖锐的金属残片或溅出的燃油。

（二）海锚（Sea anchor）

伞状尼龙织物，系在救生筏的外沿，在救生筏上标示有其位置。对于一些救生筏，它是自动抛放的，另外一些救生筏则必须把它从袋中取出然后人工抛出。

其作用在于减少救生筏漂移，使救生筏保持在飞机水上迫降的现场附近，便于营救；稳定救生筏，减少倾覆的危险。海锚将保持在救生筏的风上侧。

（三）定位灯（Locator lights）

与救生衣上的指示灯一样，定位灯由水激电池提供电源。

作用：

（1）位于登筏处附近，为爬上救生筏的人员提供照明。

（2）在夜晚和恶劣天气下，使救援人员更容易发现。

（四）牵引绳（Heaving/trailing line）

牵引绳系在救生筏上，端部连着一个橡胶圈，用于将落水者拉上船，还作为连接救生筏的连系绳。

（五）救生绳（Life line）

救生绳是连在救生筏两侧，红色或橙色的绳索。用于水中人员抓握，以免沉入水中或漂离救生筏。

（六）救生筏的平衡方式

坐在船上时应双腿伸直，背靠船舷，一个紧挨着一个；需要移动时应提醒其他人，注意并保持低姿态爬行。

（七）救生筏的撤离顺序

一般情况下 L1 门船和尾部舱门船最先撤离；R1 门船最后撤离；其他各船上满人后即可撤离。

六、救生包 /SK 包

SK 包内的物品对于在陆地和水上紧急情况时生存很有用。在准备水上迫降期间，将套件从包装袋中取出，并且通过一个带有挂钩的条带连接到各个滑梯筏上。

空客 A320 系列飞机 SK 包见图 4.7.8。

可以在一个标准的救生套件中找到下列物品：

（1）套件 1（急救包 1）：

——脱水海绵；

——捞水桶；

——哨子；

——海水染色剂；

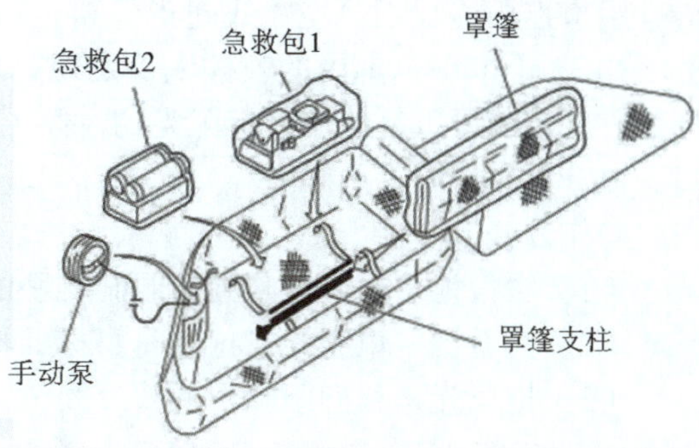

图 4.7.8　空客 A320 系列飞机救生包

——信号镜；
——饮用水袋；
——刀具袋；
——海水触发的灯光袋；
——急救设备。
（2）套件 2（急救包 2）：
——烧伤油膏；
——抗菌药；
——净水药片；
——救生筏维修套件；
——阿莫尼亚吸入剂；
——晕船药；
——夜晚和白昼的照明弹；
——救生手册。
（3）手动泵。
（4）罩篷支柱。
（5）救生筏罩（罩篷）。

（一）顶篷和支杆（Canopy，support rods and masts）

顶篷用来防止暴晒，并以其明亮 / 反射性的色彩发出信号，还能用来搜集雨水以供饮用。

（二）急救药品（First aid supplies）

见 SK 包“套件 2”说明。

（三）生存手册（Survival manual）

包括救生筏的维护方法及其设备和详尽的生存资讯。

（四）净水药片（Water purification tablets）

这不是去盐的药片，因此它不可能将海水 / 盐水变为饮用水。它只能用来净化收集的雨水或淡水，1 瓶 50 片。

1. 使用（净化一升水）

（1）正常雨水或淡水：1 片，净化 10 分钟；
（2）很凉或很脏的水：2 片，净化 20 分钟。

2. 注意事项

水净化药片不能直接吞服。

（五）反光镜（Signal mirror）

图 4.7.9　反光镜

用来把阳光反射到空中飞过的飞机上或海面的轮船上。反光镜反射的光线可以被 20 英里（约 32 千米）范围内的救援人员发现。如有可能，把反光镜擦亮，并小心保护不受海水侵袭。反光镜可重复使用，有阳光的时候，经常使用。把反光镜在救生筏的乘员中传递。见图 4.7.9。

操作方法：

（1）缓慢地将反光镜拿到与眼睛相平的位置，透过观察孔观察；

（2）当看到一束亮光，这就是目标的指示方位；

（3）把反光镜移向眼睛，调整反光镜，直到亮光照在目标上。

（六）日 / 夜烟火信号筒（Day/night flare）

是两端发射 / 单筒体的呼救信号发射器。日用端摸上去感觉平滑。烟火信号筒发出鲜艳的橙色烟雾，在晴朗无风的白天，约 12 千米内可以看见，并将持续 20 秒。夜用端是以其突出的圆点而识别的。烟火信号筒发出明亮的红色烟火，在晴朗无风的夜晚，约 5 千米内可以看见，并将持续大约 20 秒。只有在确实看见或听见有飞机或船只经过或正接近时，才释放烟火信号筒。见图 4.7.10。

图 4.7.10　烟火信号筒

操作方法：

（1）确认准备要使用的一端；

（2）把烟火信号筒高举到救生筏的下风侧的水面上，这样可以防止烟火烧坏救生筏，并熏伤救生筏上乘员；

（3）把烟火信号筒的盖子打开，并拉出拉环点燃烟火信号筒；

（4）用完之后，把用过的一端浸入水中。冷却后，把烟火信号筒中未使用的部分放回 SK 包，以备将来使用。

（七）空中信号筒（Aerial flare）

是单端发射 / 单筒体的呼救信号发射器。发出高达 150 米的红光，在约 45 千米的范围内可以看见，持续时间为 10 秒钟。在白天或黑夜用作求救信号，只能使用一次。只有在确实看见或听见有飞机或船只经过或正接近时，才释放信号筒。

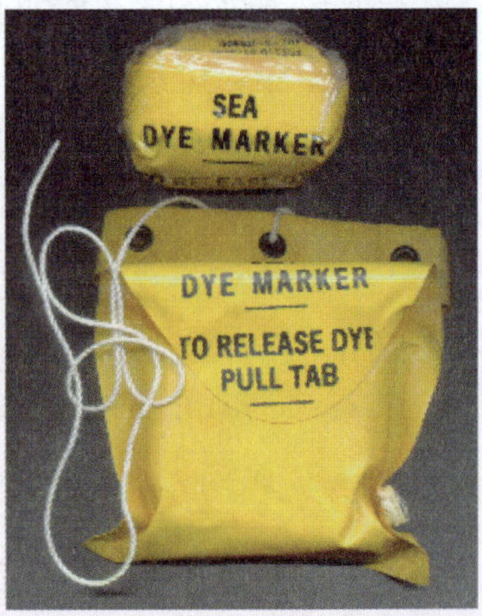

图 4.7.11　海水染色剂

操作方法：

（1）把盖子压下去，信号筒将掉下来；

（2）往下拉下部，锁住发射管；

（3）把后盖拧开，取出链子；

（4）把信号筒高举到救生筏的下风侧的水面上；

（5）把信号筒朝上，拉链子发射；

（6）用完之后，把信号筒完全浸入水中，直至冷却。

信号筒用完之后将十分炙热。

注意：该信号筒是设计用于空中点燃，但强风或较低的发射角度将影响发射效果。不要水平发射或对着强风或某人发射。

（八）海水染色剂（Sea dye marker）

只有在已经看见搜寻与救援小组并且海面相对平静的情况下使用。能使救生筏周围约300米的海水染成绿色荧光，有防鲨、求救的作用。持续时间为45分钟，在波浪汹涌的海面，持续时间将短一些。在天气晴朗的白天且海面状况一般的情况下，很容易看见。见图4.7.11。

操作方法：

（1）把短绳系在救生筏的上风向；

（2）拉开拉环释放染料；

（3）把染色剂扔入水中。

（九）海绵（Sponge）

用来收集水或清除船内积水。

图4.7.12　补漏夹

（十）补漏夹（Repair clamps）

用于修补救生筏上的任何破损。见图4.7.12。

操作方法：

（1）小心撕开或用小刀割开小的磨损口，将补漏夹下部的垫片穿入磨损口；

（2）面向内层将垫片放平，然后将上方的盖片压下，盖好封严；

（3）放下翼形螺帽，将补漏夹的两部分垫片拧在一起；

（4）便于携带而在补漏夹上拴的长绳必须在手上系好，以防掉出船外。

（十一）小刀（Utility knife）

安装在系留绳旁，用来割断系留绳将救生筏与飞机脱离开。这项工作必须在飞机撤离完成后尽可能早地进行，以防止接触到尖锐的金属残片或溅出的燃油。

（十二）哨子（Whistle）

在雾天或夜晚用来确定附近的生还者和其他救生筏的位置，或者吸引附近海面上其他船只的注意。

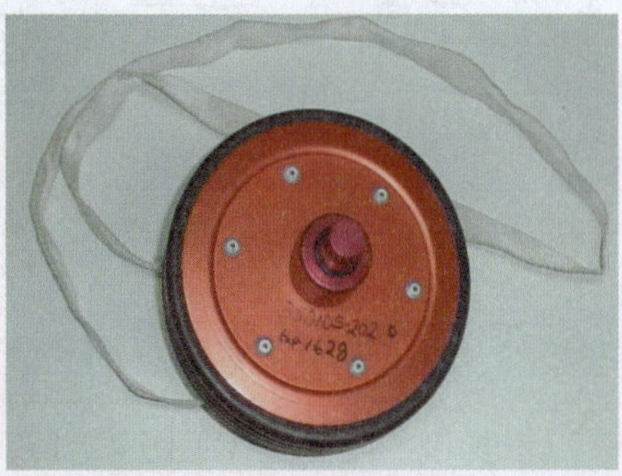

图4.7.13　手动气泵

（十三）水激电筒（Flash light）

按下开关按钮或浸没水中启动，在开阔的海面上，在约13千米的范围内可以看见电筒的灯光。

（十四）手动气泵（Hand pump）

用于往救生筏的气囊内充气。见图4.7.13。插入或拧入充气阀门（有明显标识），如果是拧入的，在充气时，阀门必须转到打开位置，在拆下气泵时阀门应在关闭位置。关闭时应逆时针旋转。

七、滑梯筏（Slide raft）的转移

水上迫降时，某些出口的滑梯筏可能不能被展开使用。如需要，可将这些出口的滑梯筏移到其他可用的出口，展开使用。操作见图 4.7.14。

（1）按压包装箱下的连接器（GIRT BAR）松开键；
（2）拉动红色三角手柄，使包装箱与机门脱开；
（3）向内翻转包装箱，使软包面向上；
（4）将连接器（GIRT BAR）放在软包上；
（5）将滑梯包搬至可用的机门处；
（6）将滑梯包放在机门前，软包面向机门外；
（7）按连接器（GIRT BAR）松开键，取下原门上的连接器（GIRT BAR）；
（8）在固定槽内插入新的连接器（GIRT BAR）；
（9）将滑梯包翻到机门外，滑梯筏自动充气，同时拉动人工充气手柄。

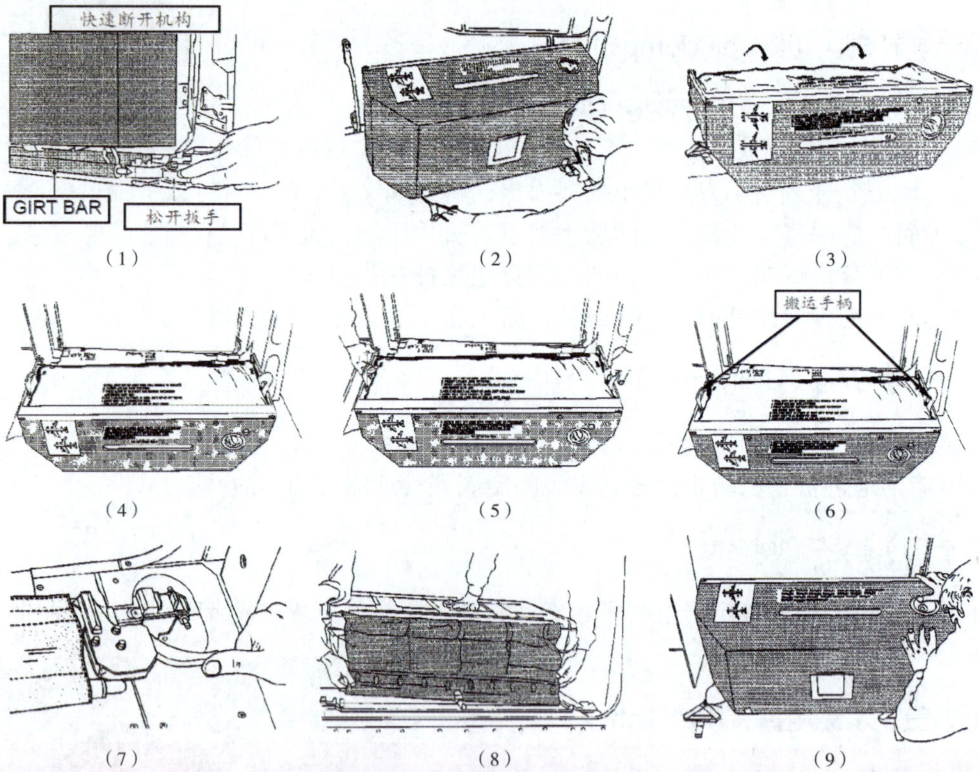

图 4.7.14 滑梯筏的转移步骤

八、滑梯筏的脱开方法

滑梯筏的脱开操作见图 4.7.15。

（1）撕开粘布；

（2）释放手柄（RELEASE HANDLE）；

（3）脱开；

（4）割断系留绳。

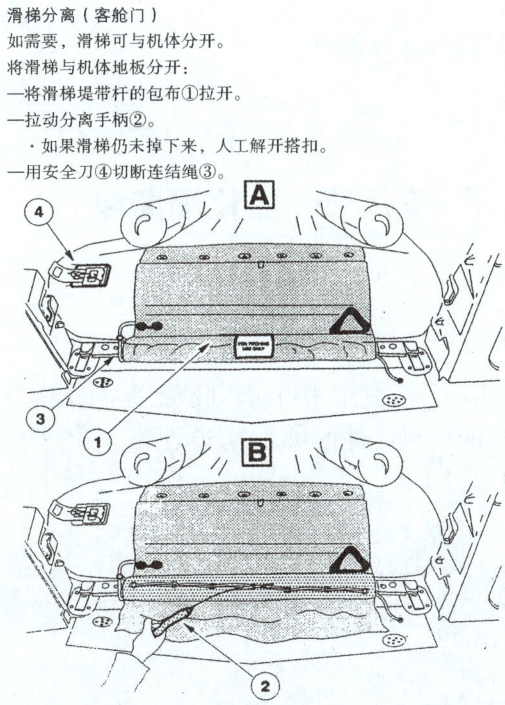

图 4.7.15　滑梯筏脱开

九、救生筏的使用方法

（1）从储存处取出救生筏；

（2）将救生筏的系留绳连接到飞机的一个固定部件上（如舱门辅助手柄、旅客座椅等）；

（3）将救生筏抬至打开的出口并且向外扔出；

（4）救生筏自动充气，见图 4.7.16；

（5）如果救生筏没有自动充气，必须拉出系留绳以便开始充气。

图 4.7.16　救生筏展开

【课后思考题】

1. 请简述滑梯筏与机体分离的方法。
2. 请简述滑梯筏转移的操作步骤。
3. 请简述 SK 包中应急设备的使用方法及注意事项。

第八节　生化隔离包

一、概况

生化隔离包为一次性使用装置，其结构由防毒胶布、密封拉链等组成，具有密封、耐腐蚀、阻燃、防静电、抗扯断力强的特点。外形尺寸为 50 厘米 ×45 厘米 ×28 厘米，可容纳于允许旅客携带的手提行李箱（包）内。

二、数量

每架客机配备“生化隔离包”一套。

三、使用

在航空器飞行过程中，发现可疑物品后，由机组人员负责处置，当可疑物品装入生化隔离包后，航空器应就近降落或待飞行结束后移交地面有关机构处理。

四、功能

生化隔离包的功能为：可以对芥子气、氢氰酸、氯化氰、细菌粉末等气体、液体、固体状态的有毒化学品、微生物进行密封保存，防止其渗漏、扩散；对航空器飞行过程中发现的有毒化学品、微生物或不明物品进行隔离保存。

【课后思考题】

1. 请简述生化隔离包的使用方法。
2. 请简述生化隔离包适用的范围。

第五章　机上烟雾 / 火灾

第一节　机上烟雾

一、烟雾的危害

飞机内部由人造化工原料制成，在热源导入、熏烧的情况下可生成大量的毒烟，并会遇热上升；烟雾具有快速扩散的能力，其有毒化学成分能够迅速破坏人的判断力与表现力，并且能在较短的时间内导致死亡。

二、烟雾产生的位置

机上较容易出现烟雾的地方是卫生间、厨房、货舱及客舱壁板处，在执行航班时应多注意观察这些地方。

机上电子设备，如锂电池、水加温器、电视屏幕、烤箱、座椅控制等发生故障时产生的烟雾，通常可以直接观察到。但有时可能看不到烟雾，只能闻到特殊气味，客舱乘务员应该同样警觉，要努力找到气味源或烟雾源的准确位置。

第二节　机上火灾特点

一、火势发展速度快

飞机本身携带大量的航空汽油、航空煤油以及润滑油，只要存有火源，就会形成机上火灾。地面建筑物发生火灾需要 5~6 分钟时间才能形成熊熊大火，而飞机上火灾发生后仅仅需要 1~2 分钟就会形成较大的火势。

火灾会引燃飞机上大量的可燃物，如客舱内旅客携带的行李、服务用品、氧气瓶、锂电池等。机身是燃点较低的钛合金和镁合金等金属合金结构，具有良好的导热性能，局部起火就会把热量迅速传导到机身的各个部位，形成温度极高的热辐射。

二、疏散困难

（1）通常飞机只有 6~8 个机舱门和紧急出口，飞机一旦发生火灾后，旅客情绪慌乱，依靠逃生本能涌向安全区域，客舱出现秩序混乱，造成通道堵塞，给乘务员灭火带来极大的困难；

（2）飞机在空中发生火灾，人员基本无法逃生，飞机从空中到降落机场至少需要 20~30 分钟，因此机上人员也难以迅速疏散到机外。

三、火灾扑救困难

飞机上的灭火设备配备有限，通常配备灭火瓶 3~8 个，每个使用时间 7~10 秒。正确使用灭火设备是成功灭火的关键，在紧张的情况下，乘务员要能够正确使用灭火瓶和防烟面罩（PBE）。客舱发生火灾后舱内秩序的维持也是成功灭火的关键点之一，只有将旅客有效转移、安抚情绪，这样乘务员才能在狭窄的客舱内组织有效的灭火。

四、舱内烟雾弥散迅速

客舱发生火灾时，机上的可燃物燃烧时产生的烟雾会直接威胁人的生命安全，燃烧时主要产生大量的一氧化碳等有毒气体，对机上人员会造成恶劣影响。另外，客舱内部的装饰材料（舱壁、座椅、坐垫等）虽然都使用了阻燃材料，但是一旦燃烧会生成大量的剧毒气体，造成机舱里的人员窒息甚至中毒身亡，通常产生的有毒烟雾有一氧化碳、一氧化硫、氰化氢和氯化氢等。

五、烟雾成分及对人体的生理影响

（一）一氧化碳

一氧化碳对血红蛋白的亲和力是氧气的 250 倍。其毒性在于和人体血红蛋白亲和，生成一氧化碳血红蛋白，它能阻碍人体血液中氧气的输送，引起头痛、虚脱、神志不清等症状和肌肉调节障碍等，致人死亡。空气中的一氧化碳含量为 0.1% 时，1 小时内可引起头痛、恶心，当达到 1% 时，成年人吸入仅一分钟即可致死。

（二）氰化氢

氰化氢毒性很强，空气中氰化氢含量 0.1% 时，吸入或渗入 1 小时可致死，当含量达到 0.28% 时，人会立即死亡。

（三）氯化氢

高度毒性，空气中氯化氢含量 0.13%~0.2% 时，会强烈刺激人的黏膜和咽喉，使人无法呼吸，数分钟内可致死亡。

【案例】

1980年8月19日，沙特阿拉伯航空163号航班由巴基斯坦卡拉奇经沙特阿拉伯首都利雅德前往吉达，载着287名旅客及14名机员。起飞后6分钟，机组接到机上警报，显示下层货舱后段有烟雾。其后两位机长及飞航工程师花了4分钟时间去确认这警告，并尝试参考飞行手册了解警告程序。机长这时决定折返利雅德机场，因这时方向舵下方的二号引擎被透过飞机的操作钢索蔓延过来的大火烧着而失灵，这引擎在飞机后来着陆后停止运作。在客机返抵利雅德前，大火及浓烟已蔓延至机舱，旅客因大火而惊慌失措，纷纷挤至机舱前方争取逃生出路，部分旅客甚至因此大打出手。

飞机于利雅德机场安全着陆，但飞机着陆后并没有立即刹停，反而继续在跑道滑行，最后于着陆后2分40秒停在滑行道上。可是，机长并没有立即展开紧急逃生程序，反而要求乘务员遵从以往所接受的训练指示——暂时不要撤离。在其后的3分15秒内，机上剩余的两个引擎都没有被关掉，因此严重阻碍了救援人员前往救援。

最后，待引擎关掉后，救援人员又花了23分钟才进入机舱内，但旅客已没有生命迹象。所有死者都是吸入浓烟致死，大火当时快速地蔓延至驾驶舱，所有死者被发现时都是位于机舱前半段，可是他们都没有办法打开舱门逃生。

第三节　机上烟雾 / 火灾的处置

一、烟雾 / 火灾的主要隐患

鉴于航空器的设计特点及运行特性，机上发生烟雾 / 火灾的主要隐患有以下几点：

（1）电器设备操作和使用不当：如飞机上烤炉油污太多，乘务员没有及时清理，咖啡壶、烧水杯、煮水器等电器在远途航线中，处于长期工作状态，乘务员使用方法不当和违规操作，造成安全隐患。

（2）旅客携带移动锂电池电源：由于锂金属及锂离子的活跃性，其电子设备在高空气压环境下，在使用充电或被挤压时，都有可能起火及爆炸，造成安全隐患。见图5.3.1。

（3）烤箱内存有异物或加热时间过长：在航班中，乘务员违章将服务用品如小毛巾、干冰、空气清新剂等存放在烤箱内，使用烤箱前没有按程序进行检查，烘烤餐食时加热时间过长也会引起火灾，造成安全隐患。见图5.3.2。

（4）旅客吸氧时：当机上出现紧急医疗事件时，需要机上氧气瓶为旅客提供氧气吸氧，用氧周围3米内不能有烟火，如果不进行防范，也会引起客舱火灾，造成安全隐患。

（5）旅客携带易燃物品、易爆物、腐蚀品和危险品，如汽油、煤油、酒精、烟花、爆竹。见图5.3.3。

图 5.3.1　旅客电子设备（锂电池失火）

图 5.3.2　烤箱内存有异物或加热时间过长

图 5.3.3　易燃物品、易爆物、腐蚀品和危险品

（6）卫生间内抽水马达故障，属于电器设备失火，通常会产生烟雾后再出现明火。见图 5.3.4。

图 5.3.4　抽水马达故障

图 5.3.5　旅客卫生间吸烟

图 5.3.6　机内货舱装有易燃货物

（7）卫生间内吸烟：旅客在飞行途中，不遵守民航法规和机上“禁止吸烟”信号灯，躲在卫生间或其他隔间吸烟，将烟头放入垃圾箱，也会造成起火隐患。见图 5.3.5。

（8）主货舱内装有易燃的货物。见图 5.3.6。

二、烟雾 / 火灾的种类

A 类：可燃烧的物质，如织物、纸、木、塑料、橡胶等，烟雾颜色通常是灰色、褐色，烟雾较浓重，适用水灭火瓶和海伦灭火瓶。见图 5.3.7。

图 5.3.7　A 类

B 类：易燃的液体、油脂等，通常烟雾颜色是黑色，非常浓重。具有汽油、润滑油味道，适用灭火瓶为海伦灭火瓶。见图 5.3.8。

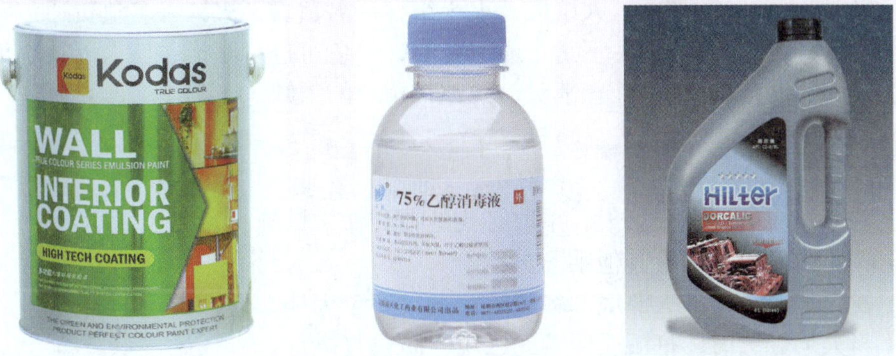

图 5.3.8　B 类

C 类：电器设备失火，通常烟雾颜色是淡灰色、微蓝色，非常细微，可迅速散开。具有明显的酸性气味，适用灭火瓶为海伦灭火瓶。见图 5.3.9。

图 5.3.9　C 类

D 类：易燃的固体，如镁、钛、钠，适用灭火瓶为水灭火瓶和海伦灭火瓶。

三、驾驶舱对烟雾和起火的处置

（一）在空中

当已通知驾驶舱在客舱内有烟雾或起火时，飞行员应立即完成以下工作：

（1）戴上氧气面罩；

（2）开始降低飞行高度，实施排烟程序；

（3）前往最近的适当的机场实施备降。

（二）在地面

如果对紧急情况的评估已被证实的话，就开始进行紧急撤离。

四、烟雾 / 火灾处置程序

在扑灭任何火灾时，都由三人组成灭火小组，一名负责灭火，一名负责通信联络，一名负责援助。三人灭火小组成员并不是一成不变的，角色可进行互换，三人灭火小组及其他客舱机组成员均应随时观察灭火处置情况，并弥补角色的空缺。

（一）灭烟 / 灭火者的职责

（1）取用相应的灭火瓶灭火，采取必要的自我保护措施；
（2）呼叫或发出信号给其他乘务员；
（3）找到火源，对准火源底部释放灭火剂，直至火焰熄灭；
（4）当火焰熄灭时，打湿受影响的区域，防止复燃。

（二）通信联络员的职责

（1）使用"EMERGENCY/ PRIOCAPT"及时向飞行机组通报火情：
① 冒烟 / 失火位置及物品；
② 火势的大小（烟的浓度 / 颜色 / 气味）；
③ 灭火进展情况及客舱情况；
④ 使用灭火瓶数量；
⑤ 将飞机机组的指示告知客舱机组成员。
（2）与驾驶舱保持联系。
（3）准备好辅助灭火设备，做好再次灭火准备。

（三）援助者的职责

（1）收集其余的灭火瓶；
（2）戴上防烟面罩，做好接替灭火者工作的准备；
（3）移开火源区域的可燃物品；
（4）负责监视余火，保证其无复燃的可能。

（四）其他客舱机组成员的职责

（1）为灭火工作提供协助，如控制客舱秩序、指导旅客做好自我保护、重新安置旅客座位、实施急救等；

（2）当发生任何失火或冒烟情况时，如可能，应有一个机组成员负责监控受影响区域，并及时向乘务长报告。

（五）一般灭火程序

（1）寻找火源，确定火的性质；
（2）切断电源；
（3）取用相应的灭火瓶灭火，并戴好防烟面罩；
（4）向机长报告；

（5）收集所有的灭火设备到火场；
（6）监视情况，保证余火灭尽；
（7）灭火后，应将使用过的灭火瓶统一存放在一个密闭的空间；
（8）填写客舱记录本。

五、客舱机组的自身保护

（1）封闭区域（如卫生间、行李架、箱柜和机组休息区）灭火时，如条件允许，应采取低姿态，如蹲下或利用门、隔板作为保护；

（2）烤箱灭火时，如打开烤箱门，应使用门作为隔板保护自身，避开开门方向，以避免火苗灼伤；

（3）在客舱中指导旅客时，应采取低姿态，用手或其他布类罩住口鼻呼吸。

六、旅客的保护

（1）调整火源区旅客座位。

（2）指挥旅客放低身体。用手或其他布类罩住口鼻呼吸（衣服、小毛巾、头片等，最好打湿），避免吸入有毒的气体。

（3）穿上长袖衣服，防止皮肤暴露。

（4）控制客舱秩序，阻止旅客大面积移动。

（5）根据机组指示，做好应急撤离的准备。

七、灭火要点

（1）最重要的是实施灭火和控制客舱秩序、阻止旅客大面积移动；
（2）保持驾驶舱门的关闭；
（3）搬走火源区的易燃 / 易爆物品（氧气瓶等）；
（4）始终保持与驾驶舱的联系；
（5）不要使用氧气设备；
（6）灭火时应将喷嘴对准火焰底部来回扫动喷射；
（7）灭火者戴上防烟面罩，必要时穿上防火衣（如有配备）；
（8）封闭区域失火，应多次用手背测试温度（如需要）以判断火情；
（9）随时准备撤离旅客；
（10）停止通风工作，控制火情。

【课后思考题】

1. 火灾的种类中 A、B、C 类指的是什么？
2. 灭火小组成员的角色是否是固定的？
3. 火灾分为几类？分别适用什么灭火瓶？
4. 灭火的基本方法是什么？

5. 灭火小组中灭火者的职责是什么？通信员的职责是什么？援助者的职责是什么？

6. 客舱出现烟雾时，是否应放下旅客氧气面罩提供氧气？为什么？

7. 客舱出现火灾或烟雾时，通风器应怎样调节？

8. 客舱处置火灾或烟雾时，驾驶舱门是打开还是关闭的？

9. 第一灭火者在火势较大时是直接先灭火等待接替者还是先穿上 PBE 灭火？

10. 处置失火时可使用哪些口令？

第四节　典型烟雾 / 火灾的处置

特殊火灾的处理是在完成一般的灭火程序的基础上，针对特殊火灾的处理方法。

一、卫生间冒烟 / 失火

卫生间失火在飞机上火灾中占的比例是较大的，约 45% 的火灾都发生在卫生间（见图 5.4.1）。如果烟雾探测器发出警告声，表明卫生间存在烟雾或卫生间有起火的现象。应检查是否有人用卫生间或用手背感觉门的温度，见图 5.4.2。

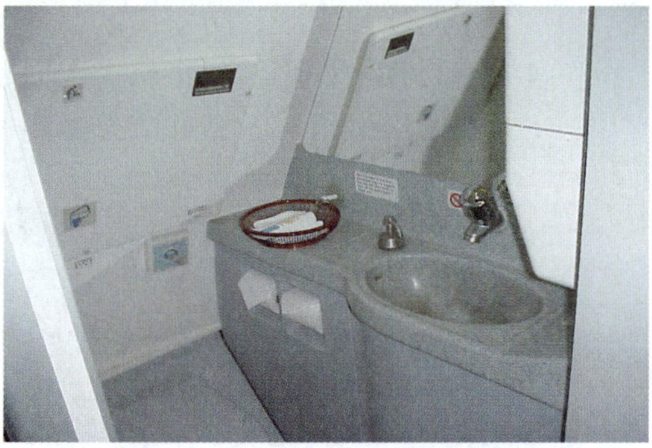

图 5.4.1　卫生间

如果有人在用卫生间，则试着与用卫生间者联系，如果是香烟的烟雾造成烟雾探测器发出报警，则让旅客熄灭香烟，打开门让烟雾从卫生间内清除掉，则报警解除，应向吸烟者明确地指出其行为不当，并且通知机组。

（一）如果门是凉的

（1）取出就近的灭火瓶；

（2）小心地打开卫生间，观察火的位置；

（3）为了压住火焰，可以使用潮湿的毛毯或用海伦灭火瓶对准火源的根部灭火；

（4）当成功灭火后，通知机长并锁住卫生间。

（二）如果门是热的

（1）保持门的关闭状态；

（2）取出灭火瓶和斧头；

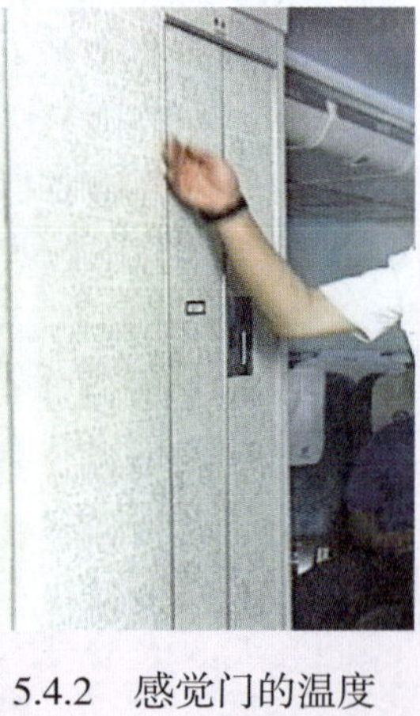

图 5.4.2　感觉门的温度

（3）用斧头在门的上方凿个洞将灭火剂从洞口喷入，直至喷完；
（4）集中其他灭火瓶喷射，直到火被扑灭；
（5）当灭火成功后，通知机长并锁闭卫生间。

（三）要点

（1）卫生间失火最好使用海伦灭火瓶；
（2）门上的洞口与喷嘴大小相同，喷完后应封住洞口；
（3）打开卫生间门时要小心，防止氧气突然进入，加重火情；
（4）当烟雾从门四周溢出时，应用毛毯堵住。

【案例一】

2014 年 8 月 31 日凌晨，乘坐某航空公司的航班从成都飞往北京的旅客反映，飞机在飞行途中，先是有旅客在客机厕所内吸烟被发现，后在航班经停太原时，又发现有旅客在机舱外舷梯上吸烟，后被制止。吸烟事件引起了其他旅客的不满，认为机组人员处置不力，于是在航班降落北京南苑机场后，有数十位旅客滞留机场，向航空公司讨要说法，其间一度发生言语冲突。当日下午，航空公司赔偿现场的 23 名旅客每人 1800 元误工费，并赠送一张国内往返机票。航空自媒体“FATIII”认为，“无论客舱吸烟还是机坪吸烟都是严重违反航空安全法规的。”中国政法大学航空与空间法研究中心主任宣增益教授认为：“在飞机上吸烟，这在世界各国都是明令禁止的。”早在 1988 年，中国民航局就规定，民用飞机上都必须禁烟，并要在明显的位置悬挂提示标志。1992 年，国际民航组织 153 个成员代表开会决定，各国航空公司须在 1996 年 7 月 1 日前禁止旅客在国际航班上吸烟。在此次事件中，吸烟旅客使用的是火柴取火，有舆论质疑：火柴是怎么带上飞机的？在我国，打火机、火柴都是禁止带上飞机的，而国外有些航空公司则允许每名旅客带一个打火机上飞机，但这并不意味着可以在机上吸烟。

【案例二】

2017 年 1 月 9 日，徐州市公安局观音机场警方对一名私藏火柴登机并在飞机上吸烟的违法嫌疑人处以 3000 元人民币罚款，并取消其登机资格。1 月 8 日上午 10 时许，观音机场公安分局候机楼派出所接到报警，某航班机组工作人员发现了一起旅客飞机上吸烟的情况。值班民警迅速赶到现场后，依法将违法嫌疑人带到候机楼派出所进行询问、审查。经了解，嫌疑人蒋某 1 月 8 日上午 6 时许在成都乘坐飞机准备前往目的地大连。上午 9 时许，飞机暂停在徐州观音机场。蒋某在观音机场短暂等待中，用随身携带的火柴在机场吸烟室内吸烟。谁知，蒋某还没抽上两口，机场提示音要求前往大连旅客登机。烟瘾难耐的蒋某，上了飞机后，径直钻进了机上卫生间，继续吞云吐雾，没想到很快被机组工作人员发现。据了解，我国民航安全保卫规则规定，目前所有飞机航班全部禁烟，包括起飞与着陆的整个飞行过程均不能吸烟，甚至整个停机坪包括跑道范围内都是严禁烟火的。

案例分析：飞行安全无小事，必须防微杜渐。飞行安全不能依靠侥幸，必须重视每一个细节，排除每一个安全隐患。对于旅客在飞机上吸烟一事，对吸烟者，一定要严加惩罚，让他们从思想深处意识到自己的错误，并为自己的行为付出代价。乘务员不但应以身作则，而且也要严格抓好安全的各个环节。切实保护好机上所有人员的安全。在飞行安全面前，我们必须遵循海恩法则，就是每一次严重的事故背后，必然有29次轻微事故和300次未遂先兆及1000起事故隐患。每起事故都不是偶然，只有以预防为主，从小隐患排除，才能保证我们每一班的飞行平安落地。

二、衣帽间冒烟／失火

（一）有帘子的衣帽间

有帘子的衣帽间见图5.4.3。

（1）立即取用灭火瓶；

（2）搬开未烧着的衣物和其他物品；

（3）检查火是否被扑灭；

（4）监视衣帽间的物品，保证余火灭尽。

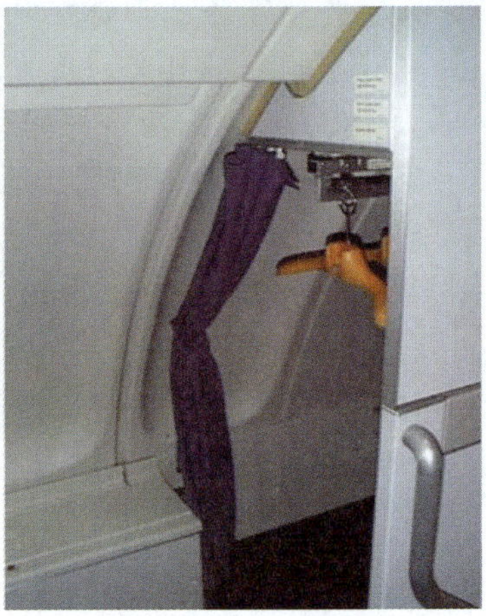

图5.4.3　衣帽间

（二）有门的衣帽间失火

有门的衣帽间失火应首先触摸门的温度。

1. 门和墙是凉的

（1）取出灭火瓶；

（2）小心地打开门，观察火的位置；

（3）对准火源根部喷射灭火剂；

（4）搬开未烧着的衣服和物品；

（5）检查已燃烧的物品，保证余火灭尽。

2. 门和墙是热的

（1）保持门的关闭状态；

（2）取出灭火瓶和斧头；

（3）用斧头在门上方凿个洞；

（4）将灭火剂从洞口喷入；

（5）集中其他灭火瓶喷射，直到火被扑灭；

（6）检查已燃烧的物品，保证余火灭尽。

三、厨房设备冒烟／失火

机上厨房设备发生火灾会直接影响飞行安全。乘务员在使用厨房烤箱时，一定要仔细检查烤箱内是否有异物，并检查烤箱的清洁度。在对机上食物进行加热时，一定要注意烘烤餐食的时间和温度，并应保证有厨房乘务员监控。当机上烤箱发生火灾时，乘务员要及时反应，迅速灭火，控制火情，并与驾驶舱保持联络。同时照顾好旅客情绪，当灭火工作完成后，还应向旅客做好解释和安抚。见图 5.4.4。

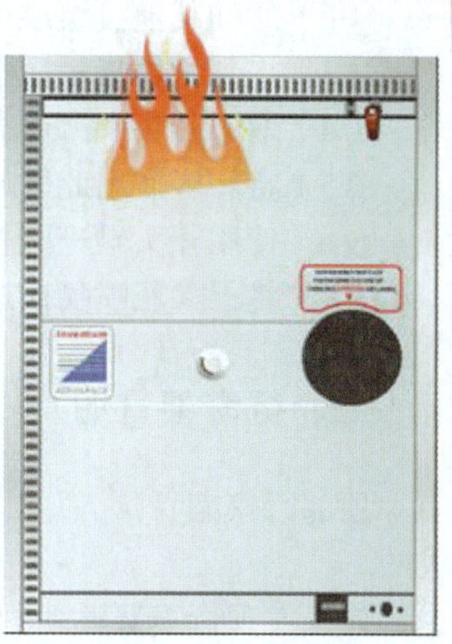

图 5.4.4　烤箱失火

（一）烤炉失火

烤炉失火一般是由加热时间过长，餐食油脂溢出及错误操作引起的。

（1）切断厨房电源和烤炉电源。

（2）关闭烤炉，以消耗氧气和窒熄火焰。

（3）如果火势较大，火焰蔓延到烤炉外面，应戴上呼吸保护装置进行灭火。

（4）观察烤炉内火是否完全熄灭时，应将烤炉门开一小缝，避免遇有空气，余火复燃灼伤脸部。

【案例】

2012 年 12 月 3 日上午，青岛—南京—昆明的一架民航客机在南京禄口机场做短暂停留，一批旅客登机后，大约 9 时 40 分，准备再次起飞时，后舱一个电烤箱突然冒烟起火，机舱弥漫着一股焦煳味。乘务员赶紧找来两个灭火瓶，将明火扑灭。170 多名旅客被疏散，回到 3 号登机口，一直等到下午 1 时 10 分才再次起飞。烤箱着火致使航班延误 3 个多小时，事故中无人员伤亡。事故原因是易燃的食品包装接触到加热线着火，火扑灭后因为要配备灭火器，所以耽误了较长时间。

案例分析：乘务员在使用烤箱前，一定要看清烤箱内是否有异物，并检查烤箱及烤架的清洁度。在使用烤箱加热食物时，要注意食物的烘烤时间和温度，并且应有人做好监控工作。如果机上烤箱发生起火，一定要及时控制好火情，报告机组，安抚好旅客。

（二）煮水器失火

（1）切断电源；

（2）取出水壶；

（3）如果火不灭，使用海伦灭火瓶扑灭火源；

（4）不要将水倒入过热的水壶内。

图 5.4.5　煮水器内的水壶

四、隐蔽区域冒烟 / 失火

（1）立即通知机长并执行他的指示。

（2）通知其他机组成员取另外的灭火设备。
（3）得到机长指示后将壁板撬开。
（4）取来斧头和海伦灭火瓶。
（5）将旅客撤出此区域。
（6）使用斧头砸进壁板，撬开能够插进灭火瓶喷嘴的洞。
（7）将灭火瓶喷嘴插进洞口内灭火。

五、行李架冒烟/失火

顶部行李架冒烟/失火可能是由行李架中的物品或旅客服务组件（PSU）中电子故障造成的。

如果发现行李架冒烟/失火，采取以下措施：

（1）将旅客撤离出此区域，同时报告机长；

（2）用手背接触行李架确定温度，并判断是否有火，找出温度最高的区域，确定烟源/火源位置；

（3）将行李架打开一条小缝，仅够插进灭火瓶喷嘴即可；

（4）将灭火剂喷入行李架，然后关闭行李架；

（5）按需要重复步骤（3）、（4），直至烟/火被扑灭；

（6）灭火成功后，报告机长，确保失火区域至少有一名客舱机组人员实施监控，做好再次灭火的准备。

应注意：

（1）如果打开行李架的缝隙比较大，烟雾可能污染客舱，并造成在场人员吸入烟雾的危险；

（2）灭火瓶必须喷入行李架内，而不要喷散至客舱。

六、空中娱乐设备/座椅中电源冒烟/失火

（1）关闭娱乐系统的主电源；

（2）根据火势情况执行基本灭火程序；

（3）不要再次接通相关区域电源；

（4）灭火成功后，报告机长，确保失火区域至少有一名客舱机组人员实施监控，做好再次灭火的准备。

七、锂电池失火

旅客的手提电脑、手机、录像机、摄像机、掌上电脑里都有锂电池。

（一）锂电池的分类

锂电池有锂金属电池、锂离子电池。

几乎所有的便携式电子设备都使用可充电的锂离子电池。锂金属电池通常是不可充电、

一次性使用的。两种电池都会引起过热或燃烧。由于电池储存能量，在运输过程中一旦短路，会造成火灾隐患。由于锂电池的化学特性，金属锂或易燃电解液的存在还会引起化学风险。

（二）导致锂电池火灾隐患的潜在风险

（1）未经测试或达不到出厂标准的仿冒电池或非正规渠道购买的电池；

（2）经未经授权的维修部门修复的便携式电子设备；

（3）备用电池保存方式不正确。

（三）锂电池火灾隐患的客舱预防

如果旅客报告其托运行李中存有备用锂电池：

（1）飞机推出前，立即报告机长联系地面工作人员。

（2）飞机已经推出或在空中，立即报告机长。

（四）锂电池失火处置原则

当锂电池发生火情时，使用水灭火瓶来冷却电池芯和装置，使起火的电池内电池芯冷却，防止热量继续扩散到相邻电池芯。如果没有水灭火器，可使用其他不可燃液体来冷却电池芯和装置。如有明火时，使用海伦灭火瓶可以控制由于锂电池失火蔓延到周围的火情。使用海伦或水灭火器灭火后，应立即使用水或含水的非易燃液体充分覆盖和浸湿锂电池，因为只有水或含水的非易燃液体才能冷却锂电池或锂电池组里的电池芯，并防止复燃。

（五）锂电池失火处置程序

（1）断开或除去失火设备上的外接电源（如适用）；

（2）使用海伦灭火器或水灭火器灭火；

（3）立即持续用水或其他非易燃液体浸透失火的电子设备，降低锂电池单元电池芯的温度，阻断热散逸，防止相邻电池芯失火；

（4）如果该装置之前与飞机电源插座相连接，拔下其余所有电源插座上的电源，直至确认机上系统无故障；

（5）灭火期间与驾驶舱保持不间断的联络；

（6）如果发生溢出或渗漏，按照飞行中客舱内危险品事故客舱乘务组应急处置程序操作。

（六）锂电池失火处置注意事项

（1）使用水或非易燃液体浸湿含有锂电池的电子设备时，避免使水溅洒在航空器系统的其他电子设备上；

（2）不要企图移动燃烧或冒烟的电子设备，以防止带来严重的人身伤害；

（3）不要使用物品覆盖电子设备或试图用冰块降低温度，此种隔绝设备的方式会导致锂电池失火。

八、荧光灯整流器冒烟 / 失火

荧光灯整流器为上和下侧壁客舱灯提供电流，长时间地使用整流器可能会过热，造成具有明显气味的烟雾。如整流器过热则：

（1）客舱乘务组及时通知驾驶舱机组，按照驾驶舱的标准操作程序采取措施；

（2）客舱乘务组立即关闭相应灯光，并做好客舱的监控工作。

【课后思考题】

1. 机上卫生间失火时，能否直接进去灭火？
2. 如果卫生间门是凉的，怎样灭火？
3. 如果卫生间门是热的，怎样灭火？
4. 烤炉失火时应怎样处置？
5. 当烧水杯失火时，能否立即将水倒入烧水杯内扑灭火焰？
6. 便携式电子设备 / 锂电池冒烟 / 失火时可否移动起火的设备？
7. 客舱中失火充满烟雾时，能否让旅客使用活动氧气瓶上的连续流量氧气面罩？
8. 烤炉起火最有效的方法是什么？

第六章　客舱释压

第一节　客舱释压概述

一、客舱释压的定义

飞机是增压气密座舱，释压就是失去气密，飞机内外压力变为一样。由于地球引力作用，高度越高，气压越低。低压环境会使人肠胃气胀，组织气肿，因此客舱必须增压，维持座舱压力和压力变化率。如果高空释压，会出现缺氧和低温。缺氧会造成人的意识丧失，甚至虚脱。所以飞机上由空调系统提供氧气和适宜的温度。当座舱释压时，氧气面罩会自动脱落，为旅客和机组及时提供氧气。飞行员也会尽快下降到一个安全高度。

二、释压类型

（一）缓慢释压

缓慢释压指的是逐渐失去客舱压力，它可能是因机门或应急窗的密封泄漏或增压系统发生故障而引起的。

（二）快速释压

快速释压指迅速失去客舱压力，使密封破裂的金属疲劳、炸弹爆炸或武器射击都可能引起快速释压，在极端情况下，可以把快速释压归类为爆炸性释压。

三、客舱释压的反应

（一）缺氧反应

客舱释压时人体的缺氧反应见表 6-1-1。

表 6-1-1　客舱释压时人体的缺氧反应

高度	症状
海平面	正常
10000 英尺（约 3000 米）	头痛、疲劳

续表

高度	症状
14000 英尺（约 4200 米）	发困、头痛、视力减弱、肌肉组织相互不协调、指甲发紫、晕厥
18000 英尺（约 5500 米）	除上述症状外，记忆力减退，重复同一动作
22000 英尺（约 7600 米）	惊厥、虚脱、昏迷、休克
28000 英尺（约 8500 米）	5 分钟之内立即出现虚脱、昏迷

对于那些身体较差的人来讲，出现的反应就更强烈，而在不同的高度，人在静止状态有效的知觉时间也是非常短暂的。

表 6-1-2 表明不同的高度下的有效知觉时间。

表 6-1-2　不同高度下的有效知觉时间

高度	有效知觉时间
15000 英尺（约 4500 米）	30 分钟以上
22000 英尺（约 6700 米）	5~10 分钟
25000 英尺（约 7500 米）	3~5 分钟
30000 英尺（约 9000 米）	1~2 分钟
35000 英尺（约 10500 米）	30 秒
40000 英尺（约 13500 米）	15 秒

（二）缓慢释压反应

缓慢释压反应见图 6.1.1。

（1）机上人员发困和感到疲劳。

（2）氧气面罩可能脱落。

（3）在门和窗周围可能有光线进入。

（4）机上人员耳朵不舒服，有打嗝和排气的现象。

图 6.1.1　缓慢释压

三、快速释压反应

（1）飞机结构突然损坏，并出现强烈振动。

（2）有物体在舱内飘飞，可能出现灰尘。

（3）冷空气涌入客舱，客舱内温度下降。

（4）有很响的气流声及薄雾出现。

（5）机上人员有压耳痛，氧气面罩脱落，飞机做大角度的紧急下降。

（6）失密警告灯亮（驾驶舱内）。

（7）“禁止吸烟”灯及“系好安全带”灯亮。

第二节　客舱释压的处置程序

一、飞行人员对释压的直接处置

（1）戴上氧气面罩；

（2）把飞行高度迅速下降到大约为10000英尺（约3048米，高原航线应在航线安全高度许可条件下）；

（3）打开“禁止吸烟”和“系好安全带”的信号灯。

二、乘务员对释压的直接处置

（1）戴上最近的氧气面罩。见图6.2.1。

（2）迅速坐在就近的座位上，系好安全带。如果没有空座位，则蹲在地上，抓住就近的结实结构固定住自己。

（3）在戴上氧气面罩的情况下，呼喊指示旅客，并让旅客遵照执行。

注意：

（1）要知道有些旅客可能难以戴上面罩。

（2）指示旅客要摘下他们的眼镜。

（3）指示已经戴上面罩的成年人要协助坐在他们旁边的儿童。

（4）指示带儿童旅行的父母要先戴上自己的面罩，然后再协助儿童。见图6.2.2。

（5）使用氧气系统期间，所有的旅客禁止吸烟。

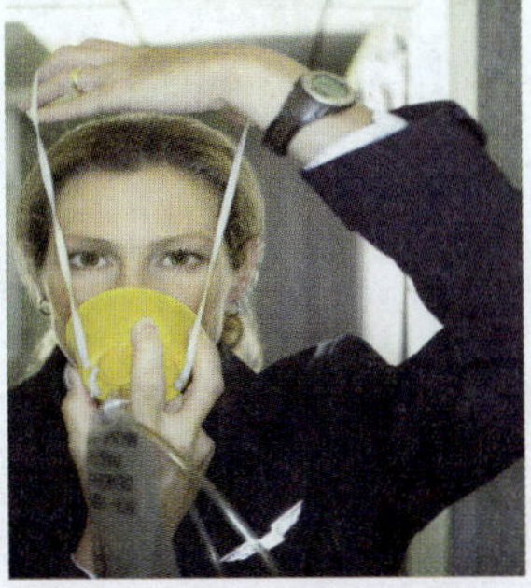

图6.2.1　乘务员戴氧气面罩

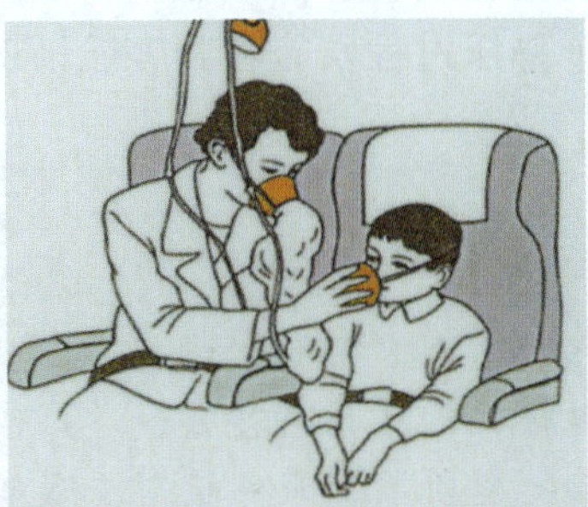

图6.2.2　成年人协助儿童戴氧气面罩

【案例】

2015年2月18日凌晨，某航空公司的飞机从巴厘岛飞往北京，在起飞约两小时后出现紧急情况。飞机在短时间内快速下降约6000米，机舱内氧气面罩脱落。旅客从熟睡中被机舱广播惊醒，被要求立即系好安全带。旅客的情绪一度非常紧张，整个过程持续了约10分钟。飞机右翼出现故障，出现舱内释压。当天凌晨4时28分，飞机备降位于马来西亚沙巴的亚庇国际机场。

三、到达安全高度后，进行客舱检查

在飞行机组宣布飞机到达安全高度后，主任乘务长 / 乘务长或指定的客舱乘务员根据机长指示及时进行客舱广播，客舱乘务员进行检查并将情况汇总报告飞行机组。

（1）背上手提式氧气瓶；

（2）检查旅客用氧情况，首先护理急救机组，其次是失去知觉的旅客和儿童，然后照顾其他旅客；

（3）对严重缺氧旅客提供手提氧气瓶或指导他们继续使用余氧；

（4）如果在机身上有一裂口的话，则重新安置旅客的座位，让他们离开危险的区域；

（5）检查卫生间内有无旅客；

（6）检查舱内有无火源；

（7）在客舱中走动，并让旅客消除疑虑；

（8）对受伤旅客或机组成员给予急救；

（9）如果可能的话，让旅客把用过的氧气面罩放入他们的座椅口袋内，不要把它们重新存放好或者试图把面罩拉出面罩储存箱；

（10）将飞机损坏情况、旅客伤亡情况及处置措施等报告给机长。

四、处理客舱释压时应遵循的原则

（1）氧气面罩的佩戴顺序：先乘务员，后成年人，再未成年人旅客。也可同时进行。

（2）在释压状态未被解除之前，任何人都应停止活动。

（3）对有知觉的旅客吸氧，应采用直立坐姿；对没有知觉的旅客吸氧，采取仰靠位。

（4）由于氧气的供应，应准备好灭火设备，防止意外明火引燃发生火灾。

（5）是否需要紧急着陆或撤离，取决于飞机的状况和机长的决定。

（6）整个释压过程及旅客和客舱情况要及时向机长通报。

【课后思考题】

1. 客舱释压的类型有哪些？
2. 客舱释压的现象有什么？
3. 直接处置阶段，乘务员应先吸氧并固定好自己，还是先帮助指导旅客吸氧？
4. 指导旅客的口令有哪些？
5. 氧气面罩的佩戴顺序是怎样的？
6. 到达安全高度后乘务员应检查哪些地方？检查重点是什么？
7. 怎样照顾旅客？怎样放置使用过的面罩？
8. 乘务员向乘务长报告时应包含哪些内容？

第七章　应急处置

第一节　应急处置的基本原则

飞行中，当飞机出现紧急情况时，特别是需要紧急撤离时，客舱乘务员按照应急程序实施处置，处置的过程中牢记以下七条基本原则：

（1）听从机长指挥；

（2）迅速正确地判断；

（3）准备处置的措施；

（4）随机应变；

（5）沉着冷静；

（6）维持秩序；

（7）团结协作。

第二节　应急处置的基本知识

一、撤离出口的选择

飞机出现紧急状况时，飞机着水或着陆后，客舱乘务员须在第一时间判断所负责的舱门、紧急出口是否可用，其原则是根据机长指示和周围环境以及飞机着陆（水）的姿态，决定哪些出口可以使用，哪些出口不可以使用。

（1）飞机在陆地正常迫降时，所有出口均可使用。见图 7.2.1。

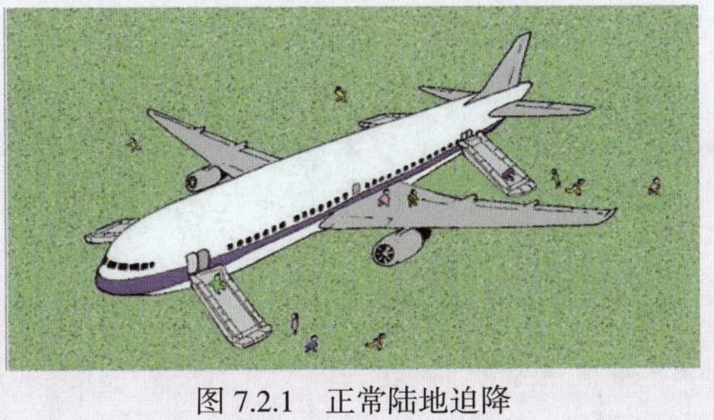

图 7.2.1　正常陆地迫降

（2）飞机前轮和主轮全部折断时，翼上出口不能使用，因为发动机触地，可能引起火灾。见图 7.2.2。

图 7.2.2　前轮及主轮折断

（3）飞机出现前轮折断时，所有出口均可使用，但要考虑后机门离地面的高度，估计滑梯长度是否能够接地。见图 7.2.3。

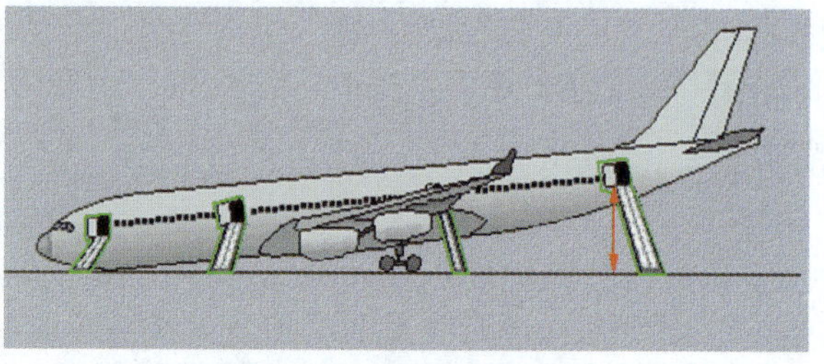

图 7.2.3　飞机前轮折断

（4）飞机主起落架异常或折断，飞机尾部拖地时，所有出口均可使用，但要考虑前机门离地面的高度，估计滑梯长度是否能够接地。见图 7.2.4。

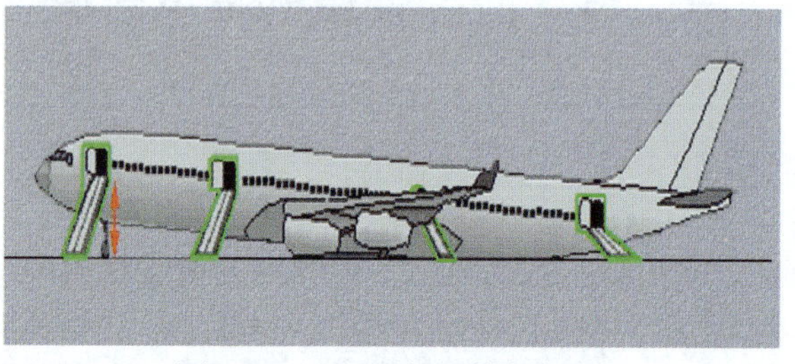

图 7.2.4　飞机主起落架折断

（5）飞机主起落架一侧异常或折断，飞机出现侧趴时，靠地面一侧的翼上出口不能使用，因发动机触地可能引起火灾。见图 7.2.5。

图 7.2.5　飞机侧趴

（6）飞机水上迫降时，一般不用翼上出口（除波音 737-700/800），其他出口要看飞机浸水情况而定，如果水位线太高，客舱乘务员应该立即封住此出口，指挥旅客从其他的出口上船撤离。见图 7.2.6。

图 7.2.6　飞机水上迫降

二、应急情况的指挥

按照《中华人民共和国民用航空法》和机长的职责规定，机上全体人员，必须听从机长的指挥。

（1）如果机长失去指挥能力，驾驶舱机上指挥权的接替顺序是第一机长、第二机长、副驾驶。

（2）客舱中如果主任乘务长（乘务长）失去指挥能力，乘务组按指挥权的接替规定下达命令，指挥权接替顺序是主任乘务长、乘务长、头等舱乘务员 / 公务舱乘务员、乘务员、援助者（旅客）。

三、撤离时的客舱指挥

（一）主任乘务长 / 乘务长

主任乘务长 / 乘务长按照机长的指令下达命令，客舱乘务员按照主任乘务长 / 乘务长的指令履行各自的安全职责。

（二）客舱乘务员

（1）撤离时，区域乘务长或一名乘务员先下飞机负责地面（水上）指挥，将旅客带领到安全区域集合旅客。

（2）客舱乘务员打开舱门后要迅速用双臂封住出口，判断滑梯 / 救生船充气状况，充气完毕迅速指挥旅客撤离。

（3）如果所负责的门和出口不能使用，迅速指挥旅客到其他出口脱出撤离。

（三）陆地 / 水上的指挥

陆地撤离时指挥旅客“一个接一个跳、滑”，海上撤离指挥旅客上船前“救生衣充气、低身上船”。

四、逃离方向的选择

（一）陆地

当旅客撤离了遇险的航空器后，应该组织旅客选择在上风侧躲避，远离飞机至少 100 米以外集合旅客，等待救援。见图 7.2.7。

（二）水上

（1）飞机在水面上停稳后，一般情况下头部高、尾部低。

（2）当旅客撤离了遇险的航空器，旅客上船后撤离应选择在下风侧，离开燃油区和燃烧区，避免飞机下沉时的漩涡。见图 7.2.8。

图 7.2.7　陆地撤离上风侧

图 7.2.8　水上撤离下风侧

五、撤离时间及飞机入水后的状况

（一）陆地

为了防止飞机燃烧后爆炸，陆地撤离必须在 90 秒钟内完成，在此时间内将所有的旅客和机组成员全部撤离，此时间是从飞机完全停稳到机上最后一个人撤离为止。

（二）水上

水上迫降时，飞机一般会头部高、尾部低，并且飞机在水面漂浮时间最长不会超过 60 分钟，一般情况为 20 分钟，最少 13 分钟，所以机上人员必须在 13 分钟内撤离完毕。

六、救生船的载量与平衡

（一）载量

空客 A319、A320、A321 飞机的救生船载量见表 7–2–1。

表 7-2-1　空客 A319/ 空客 A320/ 空客 A321 飞机的救生船载量

救生船类型	正常载量（人）	超载容量（人）
L1/L2/R1/R2 滑梯 / 救生筏	44	55
圆形救生船	46	69

（二）平衡方式

（1）旅客上滑梯 / 救生船后，应先坐尾部再坐前部；坐在船上时应双腿伸直，背靠船舷，一个紧挨着一个。见图 7.2.9。

（2）圆形救生船，依照先外圈坐满再坐里圈，先坐远端后坐近处的原则。见图 7.2.10。

图 7.2.9　船型救生筏平衡方式

图 7.2.10　圆形救生筏平衡方式

（3）需要在船上移动时应提醒旅客，注意并保持低姿态爬行，以免落入水中。

七、滑梯 / 救生筏、救生船的撤离顺序

飞机在水上迫降后，一般情况下，L1 门滑梯 / 救生筏和尾部滑梯 / 救生筏最先撤离。

主任乘务长 / 乘务长和机长清舱完毕后，上 R1 门滑梯 / 救生筏，因此 R1 门的滑梯 / 救生筏最后撤离飞机。

其他舱门的滑梯 / 救生筏按照载量，上满旅客后即可撤离。

八、跳滑梯的姿势

（一）正常旅客姿势

双臂平举，轻握拳头，或双手交叉抱臂，从舱门跳出，落在梯内时手臂的位置不变。双腿及后脚跟紧贴梯面，收腹弯腰直滑到梯底，站起跑开。见图 7.2.11。

（二）特殊旅客姿势

（1）抱小孩的旅客，应将孩子抱在怀中，坐在滑梯上滑下飞机，见图 7.2.12；

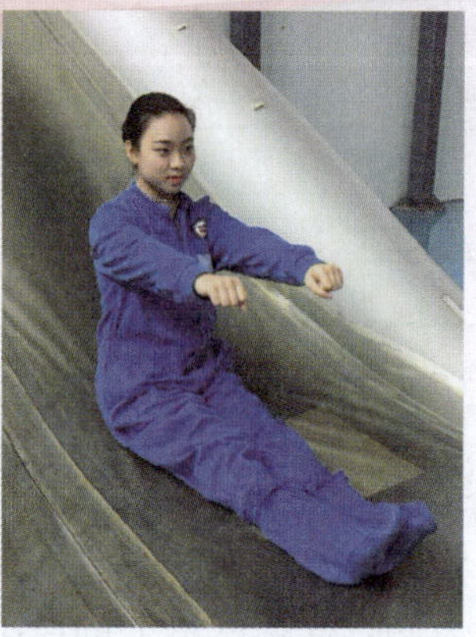

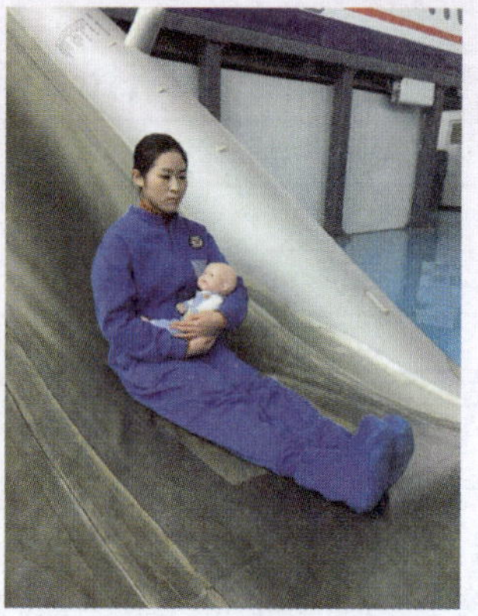

图 7.2.11　正常旅客跳滑梯姿势　　图 7.2.12　抱小孩的旅客跳滑梯姿势

（2）儿童、老人和孕妇双臂平举，轻握拳头，或双手交叉抱臂，坐在滑梯上滑下飞机，见图 7.2.13。

（3）伤残旅客根据自身的情况，坐滑或由援助者协助坐滑撤离。

图 7.2.13　儿童及老人等特殊旅客跳滑梯姿势

九、挑选援助者

（一）援助者的挑选对象

乘坐飞机的机组人员、本公司或其他航空公司的雇员、军人、警察、消防人员、身强力壮的男性旅客。

（二）援助者的任务

帮助那些需要帮助的旅客及协助乘务员做好撤离工作。

1. 翼上出口处的援助者

1）陆地

（1）援助者 1：观察情况，打开翼上出口，站在机翼上靠近出口的地方，帮助旅客撤离。

（2）援助者 2：站在机翼下的地面上，协助旅客从翼上滑下。

（3）援助者 3：指挥旅客远离飞机，到安全区域集合。

2）水上

（1）援助者 1：观察情况，打开翼上出口，协助使用救生船。把救生船搬运到机翼上，投入水中使之充气后，并帮助旅客进入救生船。

（2）援助者 2：进入救生船，帮助安排好旅客。

（3）援助者 3：站在机翼出口边，帮助旅客撤出，并告诉旅客给自己的救生衣充气。

2. 舱门处的援助者

1）陆地

（1）援助者 1：打开门后，第一个滑下飞机，站在滑梯的左侧，抓住一边，帮助滑下来的旅客。

（2）援助者 2：第二个滑下飞机，站在滑梯的右侧，抓住一边，帮助滑下来的旅客。见图 7.2.14。

（3）援助者 3：第三个滑下飞机，带领并指挥脱出的旅客向集合点集中，远离飞机。见图 7.2.15。

图 7.2.14　援助者 1、2

图 7.2.15　援助者 3

（4）援助者 4：站在脱出口的一侧，与客舱乘务员一起指挥旅客撤离。见图 7.2.16。

（5）援助者 5：在乘务员失去指挥能力时，代替其打开舱门指挥旅客撤离，由乘务员告诉援助者解开乘务员安全带的方法。见图 7.2.17。

图 7.2.16　援助者 4

图 7.2.17　援助者 5

2）水上

（1）援助者 1：打开门，协助乘务员搬船，第一个上船爬到船头坐下，指挥旅客靠近并坐下。

（2）援助者 2：第二个上船，到船的另一边坐下，指挥并帮助其他旅客。

（3）援助者 3：第三个上船，指挥和帮助旅客。

（4）援助者 4：站在客舱门口左侧，指挥旅客靠近，告诉他们给自己的救生衣充气。

（5）援助者 5：站在客舱门口右侧，在乘务员失去指挥能力时，代替其打开舱门指挥旅客撤离，由乘务员告知援助者解开乘务员安全带的方法。

（三）调整旅客座位

（1）援助者安排在出口处或需要帮助的旅客旁边就座。

（2）特殊旅客安排在应急出口的第二排中间，同一排座椅不能同时安排两个特殊旅客。

（3）担架旅客安排在客舱最后一排。

十、防冲撞姿势

（一）面向机尾方向的乘务员

紧紧系牢肩带和座椅安全带，双臂挺直，手抓座椅边缘或交叉紧抓肩带，头靠椅背，两脚平放用力蹬地。见图 7.2.18。

图 7.2.18　面向机尾方向乘务员防冲撞姿势

图 7.2.19　面向机头方向乘务员防冲撞姿势

（二）面向机头方向的乘务员

紧紧系牢肩带和座椅安全带，双臂挺直，收紧下颚，双手紧抓座椅边缘或交叉紧抓肩带，两脚平放用力蹬地。见图 7.2.19。

（三）成年人旅客

身体前倾，头贴在双膝上，双手紧抱双腿或抓紧脚踝，两脚平放用力蹬地，系紧安全带。见图 7.2.20。

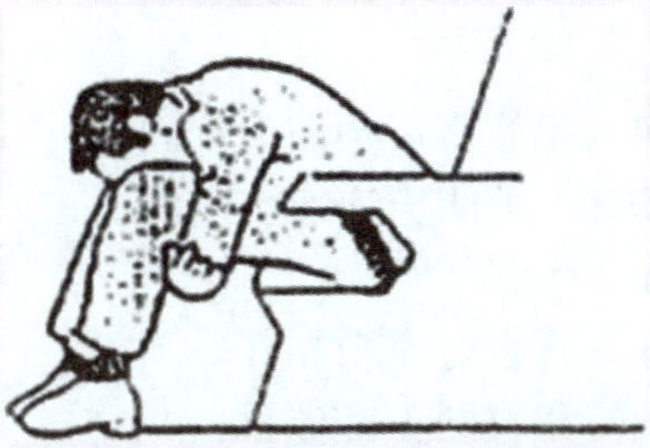

图 7.2.20　成年人旅客防冲撞姿势

图 7.2.21　抱婴儿旅客防冲撞姿势

（四）抱婴儿旅客

将婴儿斜抱在怀里，婴儿头部不得与过道同侧，面朝上，弯腰俯身，两脚用力蹬地；或一手抱紧婴儿，一手抓住前面的椅背，低下头，二脚用力蹬地。见图 7.2.21。

（五）特殊旅客（肥胖、孕妇、高血压、高大者）

双手紧抓座椅扶手，收紧下颚，两腿用力蹬地。见图 7.2.22。

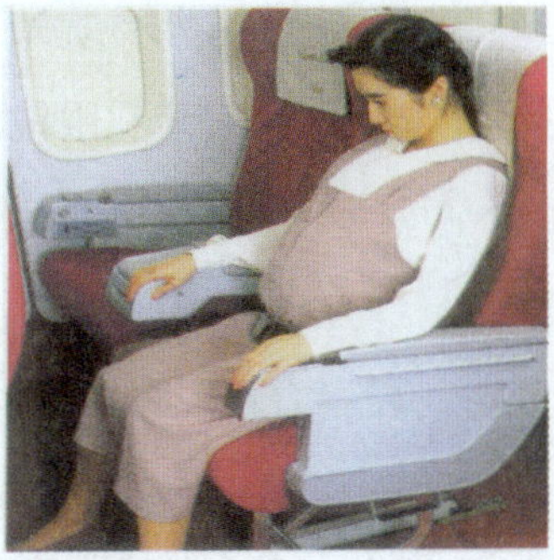

图 7.2.22　特殊旅客防冲撞姿势

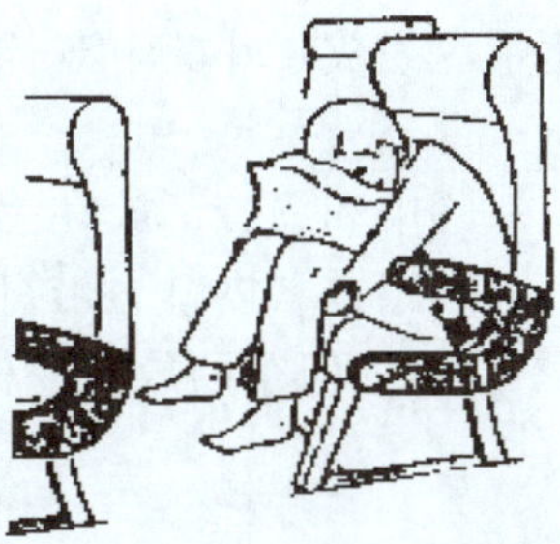

图 7.2.23　双脚不能着地的儿童防冲撞姿势

（六）双脚不能着地的儿童

双手压在双腿下，手心向上，弯下腰，在膝盖处垫上小枕头或毛毯。见图 7.2.23。

（七）导盲犬

为了防止导盲犬被撞出，用枕头和毛毯在隔板区域在旅客前面的座椅底下铺上垫子，建议旅客卸下导盲犬的挽具并套上皮套，使用滑梯时，应当由主人来负责牵住动物。

十一、检查和固定设备，清理出口和通道

（一）舱门及出口

检查所有舱门及出口无障碍物，打开观察窗，确保舱门的滑梯处于预位状态。

（二）客舱和厨房

（1）检查所有卫生间，固定浮动物品，确保卫生间内无旅客后锁闭卫生间门。
（2）固定厨房设备，将餐车、水车、储物柜固定锁好，关闭厨房所有电源。
（3）取下舱内所有门帘、隔帘，打开客舱的遮光板。
（4）从行李架上取下大的重的物品放在厕所内锁好，并将行李箱扣好。
（5）检查旅客的安全带是否系好，小桌板、脚垫、椅背收到正常位置。
（6）收好所有耳机，关闭娱乐系统。

十二、取下锐利和松散物品

（一）范围

钢笔、发夹、小刀、珠宝首饰、手表、假牙、眼镜、高跟鞋、皮鞋、带钉子的鞋、领带、领带夹等。

（二）存放位置

（1）钢笔、发夹、小刀和珠宝首饰、手表等放在手提行李内，假牙和眼镜放在自己外衣口袋内。
（2）解下围巾和领带，放在手提行李箱内。
（3）脱下高跟鞋、皮鞋、带钉子的鞋，放入行李架内。

注意：不要把任何东西放在座椅背后的口袋里，把所有物品和行李袋放在座椅底下或行李箱内。

十三、乘务员自身准备

（1）脱下高跟鞋、皮鞋和丝袜；
（2）取下锐利物品、工号牌、手表、笔、领带、领带夹等；
（3）海上迫降穿好救生衣，机组的救生衣是红色的；
（4）将头发弄湿；
（5）如时间允许，脱下尼龙制品衣物（如丝袜等）。

十四、最后准备

飞机很快就要紧急迫降了，乘务员须再次进行各项安全检查，确保万无一失。

（一）舱门及出口

检查所有舱门及出口无障碍物，打开观察窗，确保舱门的滑梯处于预位状态。

（二）客舱 / 厨房

再次检查客舱、厨房、卫生间，确保浮动物品已固定、行李架已锁好。

（三）审阅应急撤离职责

（1）审阅客舱乘务员负责的区域。

（2）审阅应急撤离携带的应急物品（药箱、发报机、麦克风等）。

（3）夜晚时注意调暗客舱灯光，使外界的光线尽量与客舱一致。

（4）乘务员完成所有准备工作后，坐在值勤座椅上，系好安全带和肩带，报告主任乘务长、机长，客舱准备完毕，静默 30 秒“STS”，乘务员用 30 秒时间回顾自己在紧急情况下的程序要点：

① B（brace for impact）：回顾防冲击姿势和指导旅客采取防冲击姿势的口令。

② P（panic control）：紧急情况下控制自己的情绪非常重要，同时也要控制旅客情绪。

③ J（judgment）：判断飞机状况是否处于会导致紧急撤离的最严重情况（起火和烟雾；机体严重破损；发动机周围漏油；机体浸水）；判断舱门外是否安全，舱门是否可开。

④ C（coordination）：在紧急情况下，帮助同伴，一起行动，互相联络。

⑤ E（evacuation）：回顾撤离的步骤和程序以及口令。

乘务员做好防冲击准备，指挥旅客做好防冲击姿势。飞机着陆（水）停稳后，在得到机长的指令后，指挥旅客撤离。

十五、旅客撤离飞机后清舱

（1）当旅客撤离完毕，各区域乘务员清理所负责的舱段，确认无人后报告区域乘务长，其他区域也无须帮助后即可撤离。

（2）单通道的飞机由主任乘务长 / 乘务长做最后清舱工作，双通道飞机由主任乘务长和一名乘务员负责最后清舱。陆地迫降从飞机的后门撤离，水上迫降从 R1 门上船撤离。

（3）主任乘务长 / 乘务长清舱完毕后向机长报告。

（4）机长做最后检查，最后一个撤离飞机。

十六、水上迫降

（1）介绍救生衣的使用方法。把儿童救生衣发给陪伴小旅客的成年人，在撤离机门前儿童救生衣的一部分必须充气，婴儿在飞机着陆抱离座位后立即充气。并将救生衣的带子扣在成人救生衣的扣环上。

（2）警告成年人救生衣只有在他们撤离机门时才能充气，因为充气后的救生衣不易经过应急出口,而且如果飞机很快沉入水中对于穿着充气的救生衣的旅客很难迅速到达出口处。

（3）救生衣必须穿在所有衣服外面便于和水面上其他物体区分，容易寻找帮助。

（4）提醒旅客，机组人员的救生衣是红色。

（5）释放救生船，当旅客和机组人员上船后，负责释放救生船的乘务员应马上切断船与机体的连接线使救生船尽快地离开飞机。

（6）营救落水者。离开飞机后立即寻找落水的幸存者，利用船上的救生设备将他们营救到船上，对其中伤势严重者马上实施急救。

（7）连接各船，固定船的位置。当离开燃油泄漏区和燃烧区后，应将所有的船只连接在一起，抛出海锚，固定船的位置，取出救生包。救生船和人员不要离飞机太远，因为大部分的搜寻救援工作是在飞机附近进行的，并且飞机的目标要比船只和人员大得多，同时飞机遇难的地方是外界收到的最后信息点，容易被发现。

（8）尽量使一家人在一起。离开飞机应带些小毯子及保暖的衣服，不要带个人行李。

十七、应急撤离宣布和实施时机

（1）客舱乘务组接到飞行机组的撤离指令后，立即实施应急撤离。

（2）如果客舱乘务组未及时接到飞行机组指令，应急灯亮后，乘务长须尽一切方法主动与飞行机组联系，按得到的飞行机组指令实施。

（3）当显然存在必须撤离飞机的情况时（如烟雾、火灾、机体明显破损、断裂、爆炸），乘务长／乘务组须主动与飞行机组联系，并按得到的飞行机组指令实施；若无法获得飞行机组的任何指令，乘务长／乘务组在确认飞机具备应急撤离条件时，立即组织实施应急撤离。

十八、异常情况下撤离

通常情况下是由机长发出撤离口令，机上人员才能撤离，但有时驾驶舱内发生了异常情况，驾驶员失去指挥能力，乘务长紧急呼叫驾驶舱，30 秒钟得不到指令，在下列情况出现时有权实施撤离：

（1）机体明显破损；

（2）烟雾火灾无法控制；

（3）燃油严重泄漏；

（4）飞机进水。

【案例一】

2000 年 11 月 20 日，迈阿密国际机场，美国某航空公司 1291 次航班实施紧急撤离，由于情况紧急，乘务长未意识到飞机处于超压状态，在机长没有下达撤离指令的情况下，强行打开 L1 门而被气流冲出舱外造成死亡，同时还导致 3 名旅客重伤，18 名旅客和一名飞行员轻伤，飞机受到轻微损坏。

【案例二】

1985 年 8 月 22 日，英国一架波音 737 客机在曼彻斯特机场因起飞过程中发动机失火，飞机中断起飞后，将飞机转向迎风面，火势被蔓延至机身的后部，R2 门在飞机没有完全停稳且没有等到机长的指令的情况下被打开，火势迅速在客舱内蔓延，L1 门 25 秒打开，打开 R1 门用了 1 分钟，54 名旅客全部丧生。

【案例三】

2009年1月15日，全美航空1549次航班在起飞过程中被鸟击，造成双发失效，飞机在没有任何动力的情况下，机长果断地选择在哈得孙河实施水上迫降，在飞机即将水上迫降时，机长下达了“Brace for impact”，飞机着水后机长下达了“Evacuating! Evacuating! Evacuating!”，乘务员听到指令后迅速正确判断，及时打开L1和R1门，R1门和R2门因为水位线太高，乘务员封住了两个门，果断地打开了左右翼上出口，155名机组和旅客没有人员伤亡，谱写了航空史上水上迫降的神话。

【课后思考题】

1. 应急处置的基本原则是什么？
2. 说说你怎样理解听从机长指挥这一原则。
3. 飞机正常陆地迫降可使用哪些出口？
4. 水上迫降时一般不适用哪些出口？
5. 飞机一侧主起落架折断，哪些出口不可以使用？
6. 飞机前轮折断，哪些出口可以使用？
7. 请你说出驾驶舱指挥权的接替顺序。
8. 请你说出客舱指挥权的接替顺序。
9. 飞机迫降停稳后，乘务员如何判断滑梯 / 救生船的充气状况？
10. 如果所负责的出口不能使用，应该怎么指挥旅客？
11. 请说出陆地撤离后的安全区域。
12. 请说出水上撤离后的安全区域。
13. 请说出陆地撤离的时间。
14. 水上迫降飞机可以在水面上最长漂浮多少时间？
15. 水上迫降飞机可以在水面上最少漂浮多少时间？
16. 请说出空客A319、空客A320、空客A321飞机滑梯 / 救生筏的正常载量和超载容量。
17. 请说出圆形救生船的正常载量和超载容量。
18. 哪个舱门的滑梯 / 救生筏最后撤离飞机？
19. 请说出其他舱门滑梯 / 救生筏的撤离顺序。
20. 请说出正常人跳滑梯的姿势。
21. 请说出儿童、老人和孕妇跳滑梯的姿势。
22. 哪些旅客可以成为紧急撤离时的援助者？
23. 援助者可以帮助乘务员完成哪些工作？
24. 援助者的座位安排应该遵循哪些要求？
25. 请简述面向机头和背向机头乘务员的防冲撞姿势。
26. 请简述不同旅客的防冲撞姿势。
27. 舱门及出口的检查有哪些内容？

28. 固定设备、清理出口和通道的工作有哪些内容?
29. 哪些属于锐利物品? 为什么要取下?
30. 哪些锐利物品应该放在手提行李内?
31. 哪些锐利物品应该放在行李箱内?
32. 哪些锐利物品应该放在旅客外衣口袋内?
33. 请简述撤离时乘务员自身的准备工作。
34. 应急准备中为什么乘务员要弄湿头发?
35. 请说出撤离时客舱的最后准备工作。
36. 请说出撤离时厨房的最后准备工作。
37. 撤离时客舱最后准备完毕后应该向谁报告?
38. 旅客撤离完毕后乘务员应该完成哪些工作?
39. 哪位机组成员最后撤离飞机?
40. 水上迫降时乘务长和机长应从哪个舱门撤离?
41. 水上迫降后乘务员应该完成哪些工作?
42. 飞机紧急迫降后，发生哪些情况乘务有权组织旅客实施紧急撤离?

第八章　应急撤离程序

第一节　有准备的应急撤离程序

有准备的应急撤离是指撤离前有充分的准备时间进行客舱准备和进行应急广播。

一、客舱准备工作

（1）主任乘务长从驾驶舱获取应急迫降的信息，包括紧急情况的性质、采取的着陆方式、可供准备的时间、采取的撤离形式、采取防冲击姿势的信号等。

（2）主任乘务长 / 乘务长召集乘务员将机长的指令和信息传达给每位乘务员。广播通知旅客迫降的决定；机长或驾驶舱将飞机的状况和机长的决定广播通知旅客，并要求旅客听从乘务员的指挥。

（3）客舱、厨房的安全检查：客舱乘务员按照安全职责对分管的客舱和厨房进行各项安全检查，系好安全带，收直椅背，扣好小桌板，收起脚踏板，检查并锁闭卫生间，固定好厨房所有的浮动物品，扣好餐车和水车，关闭厨房电源及娱乐系统等。

（4）取下锐利物品，放松衣服。

（5）广播表演防冲击姿势。

（6）救生衣演示（水上迫降）。

（7）广播介绍脱出口位置及撤离路线。

（8）选择援助者，调整旅客座位。

（9）检查固定设备，清理出口和通道。

（10）乘务员自身的准备。

（11）最后确认乘务组准备工作完成后，报告主任乘务长。

（12）当乘务组准备工作完成后报告机长：“乘务组和客舱准备工作完毕。”

二、防止冲撞

（1）当飞机下降到 2000 英尺（约 610 米）时，机组发出“2000 英尺（约 610 米），客舱机组准备着陆 / 着水”指令时，乘务员必须坐在值勤位置，系好安全带和肩带。

（2）当飞机下降到 500 英尺（约 152 米）时，机组发出“500 英尺（约 152 米），防冲撞准备”指令时，乘务员高喊“弯腰、低头、紧迫用力”的口令，直至飞机停稳。

三、飞机停稳后

机长宣布“客舱机组各就各位”和“撤离、撤离、撤离”指令，撤离警告鸣响或应急灯亮，客舱乘务员立即组织旅客撤离。

（1）判断飞机完全停稳，观察外面情况，打开所需要的舱门和出口；

（2）确认滑梯充气状况，指挥旅客撤离，远离飞机；

（3）旅客撤离完毕，乘务员、区域乘务长、主任乘务长检查客舱后报告机长，随之撤离飞机；

（4）撤离时带好必需物品（发报机、急救药箱、麦克风、手电筒等）；

（5）如果可能的话，设置一名警卫以确保邮件、包裹或飞机的各部分不受干扰。

四、撤离飞机后

（1）把旅客安排在远离飞机的安全距离之外，陆地风上侧至少 100 米；

（2）客舱乘务员清点旅客和机组成员人数，报告机长；

（3）使用急救药箱内的物品，对受伤的旅客进行救治；

（4）飞机迫降在水上或野外时，乘务员应使用求救设备向外界发出求救信号；

（5）如果在野外，可设置警卫以确保人员、邮件、包裹或飞机的各部分不受干扰。

水上迫降除了完成上述工作外，还要完成下列任务：

（1）广播、示范、协助旅客穿好救生衣；

（2）上船前将救生衣充气；

（3）机上人员全部上船后，释放救生船，将船划离飞机；

（4）向下风侧滑离燃油区；

（5）到达安全区后：

① 使用船舷边的救生环、登船梯营救落水者；

② 连接各船，抛海锚固定船的位置；

③ 清点旅客和机组人数，报告乘务长、机长；

④ 救治伤者，照顾幸存者；

⑤ 使用求救设备（反光镜、海水着色剂、信号筒等）。

【课后思考题】

1. 有充分时间准备的水/陆撤离程序，客舱准备工作有哪些？
2. 当机长宣布“高度 2000 英尺（约 610 米）”时，乘务员的工作有哪些？
3. 当机长宣布“高度 500 英尺（约 152 米）”时，乘务员的工作有哪些？
4. 当机长宣布“撤离”时，乘务员的工作有哪些？
5. 水/陆撤离后乘务员的工作有哪些？

第二节　有限时间准备的应急撤离程序

当准备时间非常有限时（不足10分钟或更少的时间），按照优先次序，固定好客舱厨房设备并关闭厨房电源，检查座椅靠背、小桌板，禁止吸烟，系好安全带，介绍防冲击姿势和确定脱出口。

（1）主任乘务长从驾驶舱获取应急迫降的信息；

（2）召集乘务员把信息传递给每位乘务员；

（3）广播通知旅客；

（4）客舱、厨房的安全检查：系好安全带，收直椅背，扣好小桌板，收起脚踏板，检查并锁闭卫生间，固定好厨房所有的浮动物品，扣好餐车和水车，关闭厨房电源及娱乐系统等；

（5）广播表演防冲击姿势；

（6）水上迫降，穿好救生衣；

（7）介绍脱出口；

（8）将准备情况报告机长；

（9）落地过程中得到防冲击信息时，飞行乘务员高喊“紧迫用力”“防止冲击”的口令，直至飞机完全停稳；

（10）落地后同有充分时间准备的应急撤离。

【课后思考题】

1. 什么是有限时间准备的紧急撤离？

2. 有限时间准备的水/陆撤离时，客舱的准备工作有哪些？

第三节　无准备应急撤离程序

在无准备的应急着陆中，没有时间做准备，它通常是在飞机起飞或着陆时没有警报的情况下，可能发生在地面或水上的应急着陆。

由于没有时间对应急事件做准备，因此，飞行乘务员必须在出现第一个撞击迹象时作出反应。

一、迅速作出判断

（1）正确判断飞机出现的状况，并对当前的紧急状况作出处置的准备。

（2）发出“不要动！系好安全带！”“全身紧迫用力”口令，直至飞机安全停稳。

二、客舱处置

（1）主任乘务长 / 乘务长呼叫驾驶舱机长，协调紧急撤离，听从机长指令。

（2）客舱乘务组在下列情况下可以发出应急撤离口令：

① 机体明显破损；

② 烟雾火灾无法控制；

③ 燃油严重泄漏；

④ 飞机进水。

（3）水上迫降，穿好救生衣。

（4）开门前观察门外情况。

（5）开门后观察滑梯充气状况。

（6）指挥旅客撤离并远离飞机。

（7）撤离后执行有准备的撤离程序。

【课后思考题】

1. 什么是无准备的紧急撤离？

2. 飞机在起飞和着陆过程中出现第一个撞击迹象时，乘务员应该作出哪些反应？

3. 哪些情况出现时，乘务长 / 乘务员可以实施紧急撤离？

第四节　不必要撤离程序

不必要的撤离是指客舱已做了迫降的准备工作，着陆后机长下达“不需要撤离”的指令；或中断起飞等情况下，机长下达“不需要撤离”的指令。

（1）机长下达客舱取消撤离或不需要撤离的指令；

（2）乘务长 / 乘务员听到指令后，在客舱指挥旅客坐在座位上，系好安全带，不要慌张，保持镇静；

（3）主任乘务长 / 乘务长及时将客舱灯光调节到 100% 的亮度，减少旅客的恐慌心理；

（4）乘务员监控好负责的舱门和出口；

（5）检查旅客有无受伤、机舱内外状况、有无火灾隐患等情况，乘务员向乘务长迅速报告检查情况，乘务长将客舱的情况向机长报告，同时照顾和安抚旅客；

（6）根据飞机当前的状况，听从机长指令，解除滑梯预位，协助旅客下飞机。

【课后思考题】

1. 什么是不必要的撤离？

2. 不必要的撤离有哪些程序？

3. 当机长发布不需要撤离的指令后，乘务长 / 乘务员应该向机长报告哪些情况？

第五节　应急撤离指挥口令

应急撤离指挥时的口令见表 8–5–1。

表 8–5–1　应急撤离指挥口令

状态	口令
当飞机下降到 500 英尺（约 152 米）时	系好安全带！ Fasten your seatbelt!
当飞机下降到 100~500 英尺（约 30~152 米）时	低头弯腰！紧迫用力！ Bend over! Brace!
飞机停稳后，乘务员迅速解开安全带，观察机外状况，开门，拉人工充气手柄，封门	解开安全带！ / 撤离！ Release seatbelt! / Evacuate!
出口已经打开，确认滑梯可以使用	到这边来！快！ Come here! Come this way! Faster!
在指挥旅客撤离期间	快！快！ Faster! Faster!
当客舱充满烟雾，指挥旅客撤离时	低头！捂住鼻子！跟着我！ Stay down! Cover your nose! Follow me!
当旅客通过出口时	跟紧！跳！ Closer! Jump!
当出口不能使用时	此门不通！到对面去！到前面去！到后面去！ No exit here! Go across! Go forward! Go back!
遇到无准备的紧急冲撞时	系好安全带！弯腰低头，全身紧迫用力！ Fasten your seatbelt! Bend over! Brace!
遇到有准备的紧急撞击时	紧迫用力！ Brace!
当飞机紧急着陆后，机长指示不需要撤离时	不要惊慌！坐在座位上！ Don't panic! / Stay in your seat!

第六节　应急撤离广播词

一、通知旅客迫降决定

女士们、先生们，请注意：我是本次航班的乘务长。

本架飞机决定采取陆地迫降。我们全体机组都受过良好的训练，有信心、有能力保证您的安全。现在听从乘务员指挥，系好安全带，调直椅背，扣好小桌板，收起脚踏板。行李放在前面座椅下或行李架内，严禁放在过道或紧急出口处。撤离时严禁携带任何行李。

Passengers attention: This is purser speaking. We have to make an emergency landing. The crew has been well trained to handle this situation. Now follow the instructions of the crew. Fasten seatbelt, bring your seat back to the up-right position, stow tray tables and put away the pedals. Put all of your baggage under the seat in front of you or in the overhead compartment. Do not take any baggage with you during evacuation.

二、救生衣示范（水上迫降时使用）

现在乘务员向您演示救生衣的使用方法，请大家跟随乘务员的演示穿上救生衣，但不要在客舱内充气。

Now we will show you how to use life vest. Put on your life vest as directed, but do not inflate them in the cabin.

救生衣在您座位下。取出并撕开包装袋，经头部穿好。

The life vest is located under your seat. Open it, and put the packing in the seat pocket in front of you, slip it over your head.

将带子扣好，系紧。

Fasten the buckles tightly.

当您离开飞机时，拉下救生衣的红色充气手柄，但在客舱内不要充气。

Pull the red tab to inflate, but do not inflate it in the cabin.

充气不足时，可将救生衣上部的人工充气管拉出，用嘴向里充气。

If your vest needs further inflation, you can pull out the two mouthpieces in the upper part of the vest and blow into them.

三、介绍防冲击姿势

现在乘务员向您介绍两种防冲撞姿势。

Now we will introduce you two kinds of safety position.

第一种：身体前倾，双手叠放紧贴前排靠背，额头放在手背上，两脚用力蹬地。

First: Lean forward, overlap your hands and place on your forehead and rest your head on the back of seat in front of you, and step on the floor firmly.

第二种：身体前倾，头贴在双膝上，双手环抱双腿或抓紧脚踝，两脚用力蹬地。

Second: Bend over, heads down and arms wrapped behind legs or hold your ankles firmly. Step on the floor firmly.

当您听到："弯腰 / 低头 / 紧迫用力"（2 遍）的口令时采取这种姿势，直到听到"解开安全带"（2 遍）的口令为止。

Keep this position when you hear "Bend over/ heads down/brace"（2 times）until you are given command of "open seatbelt"（2 times）.

所有旅客保持姿势，我们来检查。

Keep it, we will check!

四、介绍脱出口、划分区域

本架飞机的前、（中）、后都有出口，这个出口可能就在您的周围，请确认至少两个以上的出口。

We have exits in the front, (middle) , rear of the cabin, the cabin attendants will point out the nearest (exit) to you. Please locate at least 2 of them.

地板上 / 座椅下的紧急撤离光条 / 灯将把您引导至出口处。应急撤离时，不要携带任何物品。

The emergency lights on the floor will direct you to the exit. When evacuating, leave the aircraft through the nearest exit and do not take anything.

五、取下尖锐物品

为了您的安全，取下随身的钢笔、手表和首饰，解下如领带和围巾等物品放入行李内，将高跟鞋放在行李架内。不要把任何东西放在前面的座椅袋内。

For your safety, take away sharp objects such as pen, watches and jewelry, take off your tie and scarf and put them into your baggage, put your high-heel shoes into the overhead compartment. Do not put anything in the seat pocket in front of you.

六、选择援助者，调整旅客座位

如果您是航空公司的雇员、执法人员、消防人员或军人，请与乘务员联系，我们需要您的协助。

If you are airlines' staff, fire fighter or soldier, please contact the cabin attendants. We need your help.

其他旅客请在原座位坐好，系好安全带。

All the other passengers, please remain seated with your seatbelt fastened.

七、介绍安全须知卡，提示旅客

在您面前的座椅口袋里有安全须知卡，请仔细阅读。如果您有疑问请向邻座旅客或者乘务员询问。

There is a safety instruction card in the seat pocket in front of you, please read it carefully. If you have any question, please ask your neighbors or cabin attendants.

八、客舱确认，最后检查

飞机很快就要着陆 / 着水了，请系好安全带，调直椅背，固定小桌板，拿下眼镜、假牙和助听器，把它们放在袜套中或外衣口袋中。

The plane will be ditching, please make sure your seatbelt is fastened, seat back and table are returned to the upright position. Please remove glasses, dentures and hearing-aids and put them in your socks or suit pockets.

第九章　求生

第一节　陆地求生

本节综合介绍当陆地撤离发生在偏僻和荒凉地区时，救援人员还不能马上赶到之前，幸存者应做好陆地求生的准备。

一、撤离后

（1）首先远离飞机，避免起火对人产生侵害；

（2）当飞机发动机冷却后，燃油蒸发，这时火已熄灭时，可以设法返回飞机拿取有用的物资；

（3）对受伤人员实施急救，并要求旅客中的医务人员提供援助；

（4）集合并清点幸存人数，将其分为几个小组，每组人数约 4~25 人，以方便乘务员对旅客的管理；

（5）每组指定一名组长负责管理，总体任务由机组人员下达，具体的任务由组长分配给每一个人；

（6）就地取材搭设临时避难所；

（7）准备好发出求救信号的设备，如应急发报机、手电筒等；

（8）携带有用物品：

① 带上尽可能多的食品、水、毛毯等，以便抵御下一步的灾难；

② 带上医疗救护用品，如急救箱、氧气瓶等；

③ 带上信号设施，如手电筒、麦克风、发报机等，以便发布求救信号；

④ 带上乘务员手册，从中获得求生知识，手册的纸张关键时候可以用来生火；

⑤ 如飞机已无危险，可以返回舱内获得更多物品。

二、建立避难所

（一）天然避难所

（1）山区和沿岸边的山洞；

（2）凸出的大岩石下边；

（3）利用树和树枝及雪进行搭建。

（二）飞机避难所

（1）完整的机身内部；
（2）机翼和尾翼下方；
（3）利用滑梯搭建；
（4）利用机舱内的塑料绝缘板搭建。

（三）修建避难所时要注意的问题

（1）选择山洞为避难所时，要记住里面可能会很潮湿，同时可能会有其他生物存在；
（2）冬季不宜依靠机身修建避难所，因金属散热过快；
（3）避免在低洼潮湿溪谷处修建避难所，防止让洪水冲走；
（4）在倒下的死树处不宜修建避难所；
（5）不宜在茂密及较深的草木丛林中修建避难所。

【案例】

1972 年 10 月 13 日，一架载有 45 人的客机从乌拉圭飞往智利，但因为遇上风暴坠毁在 3900 多米高的安第斯山脉上。机上 45 名旅客中包括乌拉圭的橄榄球手及其家属，21 人当场丧生，其余 24 名幸存者中，8 人在逃生中被雪崩夺去生命，16 人于同年 12 月 22 日之前陆续走出雪域而生还。幸存者为了在冰天雪地的恶劣环境中存活，被迫以遇难者的人肉果腹。

如今，幸存者们已经走到生命的暮年，他们中很多人都承认，正是这场空难改变了他们对生命的认知，劫后生还的帕拉多曾经 11 次重回安第斯山脉的飞机坠毁地点，向遇难的母亲、妹妹和朋友的坟墓献上鲜花，表达哀思。每年 12 月 22 日，空难生还者们都要聚会一次。

帕拉多在回忆录中写过这么一句话：“每个人心中都有一座安第斯山。”这座安第斯山就是：生命本身潜藏着危险和绝境，但又一定蕴藏希望和奇迹，在任何情况下都不要放弃。

三、信号与联络

（一）应急发报机及救生包内的信号设备

首先使用应急发报机和信号设备求救。

（二）火

在白天和夜间，火都可作为信号，三堆火组成的三角形信号是国际上的一种遇难信号。

（三）烟雾

当在晴朗无风的日子里或是白雪覆盖时，可用白色、黑色烟雾作为信号。三个烟柱组成的三角形也是一种国际遇难信号。蓝天宜用白烟，雪地、阴天宜用黑烟。

（四）手电筒

在夜间可以利用手电筒作为信号，即使很远的地方也可以看到，国际通用的SOS求救信号是三次短闪，三次长闪，三次短闪。

（五）地对空求援符号

利用树丛、树叶、石头、雪等天然材料堆成各种求援符号，以吸引来自空中的救援人员的注意。

国际公认的求援符号有5种：

（1）“V”字表示求援者需要帮助；

（2）“箭头”表示求援者行进的方向；

（3）“X”表示幸存者需要医疗救护；

（4）“Y”和“N”分别表示“是”或“不是”；

（5）“SOS”表示请求援助我们，见图9.1.1。

图9.1.1　SOS

（六）发信号时要注意的问题

（1）做好发信号的一切准备，并保证其有效性；

（2）应保证铺设的信号在24小时内都有效，因为信号在昼间大部分时间内都有阴影，所以铺设方向应为东西方向，其线条宽度为3英尺（0.9米），长度不短于18英尺（5.5米），并定时检查；

（3）所有信号的发出和铺设应在开阔地带，尽可能多准备几种信号；

（4）用火作为信号时，应选择离其他树较远的孤立稠密的常青树，避免引燃森林火灾；

（5）保护好信号材料不受冷、受潮，以防止失效；

（6）烟雾和反光镜是仅次于无线电的最佳联络手段；

（7）任何异常的标志和颜色之间的差异在空中都能发现。

四、饮水

在生存中，水比食物更为重要。水是人生存的必需品。人在适宜的环境下不喝水能够生存5~7天。

图9.1.2　水源

（一）水源

（1）当你从飞机上撤离下来时，应尽可能地带水、饮料，飞机上的水源是首选；

（2）附近的河流、湖泊、池塘、山泉等，见图 9.1.2；
（3）沙丘间凹处进行挖掘可能有水；
（4）干枯河床下面常常有水；
（5）雨水和露水；
（6）热带丛林的植物也富含水分；
（7）寒冷地带，纯净的冰和雪融化后的水；
（8）鸟群经常在水坑上飞翔；
（9）顺着动物的足迹和粪便等找水源，沙漠区也是如此。

（二）饮水时要注意的问题

（1）不干净的水最少煮 10 分钟后方可饮用；
（2）河流、湖泊、池塘、山泉等水源，需消毒后饮用；
（3）不要直接食用冰和雪解渴，因为雪和冰降低体温会造成更严重的脱水；
（4）丛林中植物中的乳汁状的汁液不能喝，可能有毒；
（5）不要饮用尿液，那样会觉得恶心，并且对身体也有害；
（6）减少活动避免体液损失；
（7）飞机上带下的水和应急水应放在最后使用；
（8）合理分配水量，不要一次性喝太多水；
（9）沙漠中的湖泊和水坑的水，如含有盐碱味，不要饮用。

五、食物

在野外生存中，食物与水相比并不是最重要的。一个幸存者不吃东西，光靠水和本身脂肪也能生存一段时间，通常在适宜的环境，如果有水但并没有食物，依然可以生存 10~15 天。当你需要吃食物时，可以从你周围的环境中获取。

（一）食物的来源

1. 植物类食物

任何地方都有食物可以食用，比如，乔木树皮的内层，某些树木的树胶和树脂，白桦和枫树的树浆。图 9.1.3 是 4 种有毒的菌类。依靠常识直接分辨出可食性植物。例如，
（1）温带地区的蒲公英、荨麻、车前草等；
（2）热带及亚热带地区的棕榈类、野生无花果、竹类；
（3）荒漠地区的仙人掌、刺梨；
（4）极地地区的云杉、北极柳、地衣；
（5）海岸地区的巨藻和紫菜等。

图 9.1.3 有毒的菌类

而其他食物能否食用，我们如何辨别呢？

（1）看：先仔细看看，如果植物上有蛆和蠕虫，就不可尝试；

（2）闻：撕下植物的一小部分，闻一闻，如果闻到有苦杏或者桃树皮的味道，就不可尝试；

（3）抹：稍稍挤出一些植物的汁液在体表的敏感处，比如肘部，如果抹上后感到不适，起疹或肿胀，应立即扔掉，结束尝试；

（4）尝：如果皮肤感觉没有任何不适，就可以放于唇部、舌尖、舌根舔尝，咀嚼少量，每一步都要间隔 10 秒，如果出现任何不适，比如刺激感、疼痛、喉咙痛痒，都应立即停止尝试；

（5）吞：吞下一小口，耐心等待 5 小时，其间不要吃任何食物；

（6）食：如果吞下后没有发生任何不适，如口部疼痛、胃痛、打嗝、恶心、发虚、腹部疼痛等，就可以认为该食物是可以食用的。

2. 动物类食物

所有动物类食物都能成为营养的来源。可食用的动物最易捕获的就是昆虫了，大部分昆虫都含有丰富的蛋白质，是最理想的食物。同时要摒弃传统的认为昆虫恶心而拒绝食用的观念。在不得已的情况下，可通过设置陷阱和狩猎找到食物。许多动物会在远离水面的高地上做巢穴，比如兔子。而肉食性动物通常藏在洞穴中，洞穴周围的排泄物或踪迹会暴露出它们的行踪，也表明此洞穴已被占用。图 9.1.4 是两种有毒的动物。

图 9.1.4 有毒的动物

（二）进食时要注意的问题

（1）应急食品要放在最迫不得已时再食用。

（2）昆虫烧烤后味道更好，吃时要去掉胸腔、翅膀和腿。但不要食用蝗虫、蜈蚣、蝎子、蜘蛛、苍蝇、红蚁和蚊子。

（3）食用鸟类及兽肉之前，应先放血，去皮取内脏，然后经烧烤后食用，在取内脏时不要碰破胆囊，并将多余的肉储存。

（4）淡水鱼一定要将其煮熟后食用。

（5）野生藤本植物作为最后的求生食品时，一要熟悉其属性，二要在食用前分辨是否有毒，有毒的植物可能会有下列现象：

① 触摸后有刺痒感及红肿；

② 折断的树枝中有乳汁样的汁液流出；

③ 嚼在嘴中有烧灼感，辛辣苦涩或滑腻味。

（6）不是所有有毒的植物都有怪味，有时是甜味，如咀嚼 8 小时后无特殊感觉，就可放心食用。

六、取火

野外取火在没有工具的情况下实际上是很难的，有效地使用身边常见的工具帮助取火，尽可能节约体力，才是最好的方法。

（一）生火条件

火是野外生存的基本需要之一。它可以取暖、做饭、烘干衣服，防止野兽的袭击和做联络信号。

生火的必备条件：生火的一般顺序是从火花到引火物，再到燃料。见图 9.1.5。

1. 火花源

（1）火柴；

（2）火石和小件钢制品；

（3）抽烟用的打火机；

（4）信号弹是一种最佳火种，但是是最后的手段；

（5）电瓶，但不要在飞机附近使用；

（6）放大镜。

2. 引火物

作为引火物的材料应细些，保持干燥和高度易燃：

（1）棉绒；

（2）纸绒；

（3）脱脂棉；

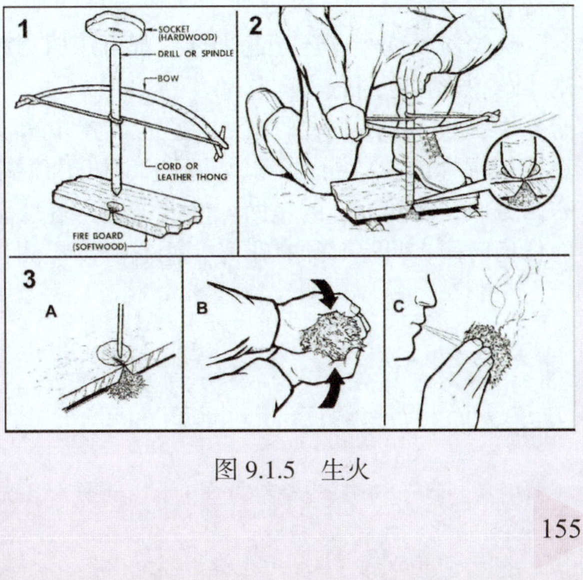

图 9.1.5　生火

（4）蘸过汽油的抹布；
（5）干枯的草和毛状植物；
（6）鸟的羽绒及鸟巢。

3. 燃料

凡是可以燃烧的东西都可以作为燃料，并可以混合在一起使用。在准备燃料时一定要尽可能地使之充足够用。

（1）干燥的树枝、枯枝；
（2）灌木；
（3）捆成束的干草；
（4）地面裸露的煤块；
（5）干燥的动物粪便、动物脂肪；
（6）飞机上的汽油和滑油。

（二）火场的设置

火场最好设置在沙土地和坚硬的岩石上，丛林中生火要尽可能地选择在林中的空地上，同时要清除周围地面上的一切可燃物，如树枝、树叶、枯草等，还要在近处准备好水、沙子或干土，以防引起森林大火，生火时一定要在避难所的下风侧，以防浓烟进入避难场所。

如果是在雪地、湿地或冰面上生火，可先用木头或石块搭一个生火的平台。作为取暖用的火，可利用天然的沟坎，或先用圆木垒成墙，以利于将热量反射到避难所中。

成功取火的条件：

（1）经常保持足够的火花源并使其始终干燥。
（2）要为第二天准备足够的引火柴和燃料，并用干燥的东西将其盖好。
（3）点火时，火种应在引火堆的下风向。

七、辨别方向

（一）影钟法

无论身处南半球还是北半球，都可用树影移动来确定，北半球树影按顺时针方向移动，南半球树影按逆时针方向移动。

影钟法 1：在一块平地上，竖直放置 1 米长的垂直树干。注明树影所在位置，顶端用石块或树棍标出。15 分钟后，再标记出树干顶端在地面上新的投影位置。两点间的连线就是东西方向，首先标出的是西。南北方向与连线垂直。这种方法适用于任何经纬地区，一天中的任何时间，只是必须有阳光，用它可以检测移动的方向。见图 9.1.6。

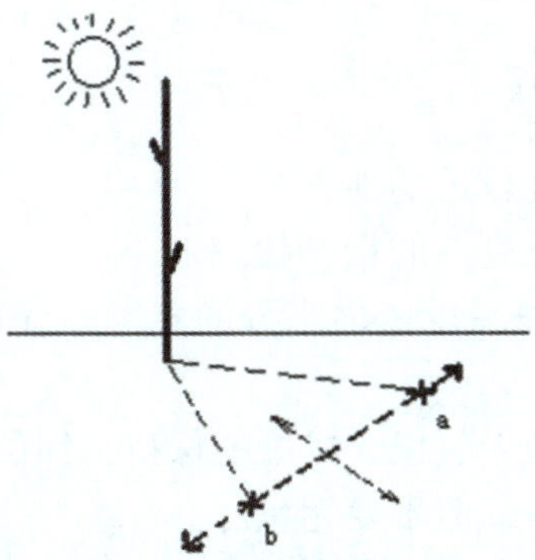

图 9.1.6　影钟法 1

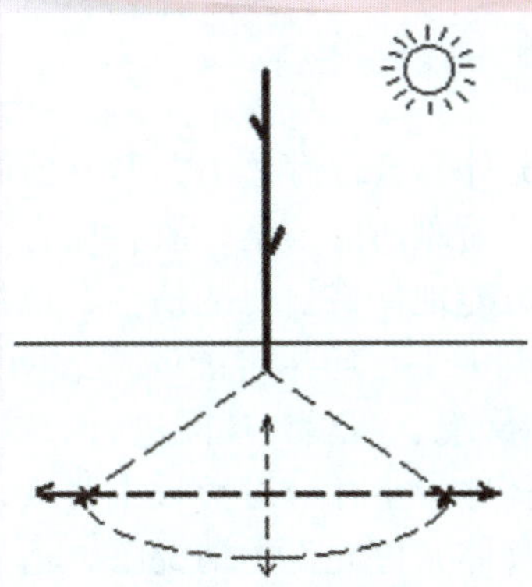

图 9.1.7　影钟法 2

影钟法 2：在早晨标出第一个树影顶点，以树干所落点为圆心，树影长的半径做弧，随着午时的来临，树影会逐渐缩短移动，到了下午，树影又会逐渐变长，标记出树影顶点与弧点的交点，弧上这两点间的连线会提供准确的东西方向，早晨树影顶点为西。见图 9.1.7。

（二）手表法

传统的手表有时针和分针，可用来确定方向，前提是它表示的是确切的当地时间（没有经过夏时制调整，也不是统一的跨时区标准时间）。越远离赤道地区，这种方法越可靠，因为如果阳光几乎是直射的话，很难精确确认方向。

北半球：将手表托平，表盘向上，转动手表，将表盒上的时针指向太阳。这时，表的时针与表盘上的 12 点形成一个夹角，这个夹角的角平分线为北方，延长线方向就是南方。见图 9.1.8。

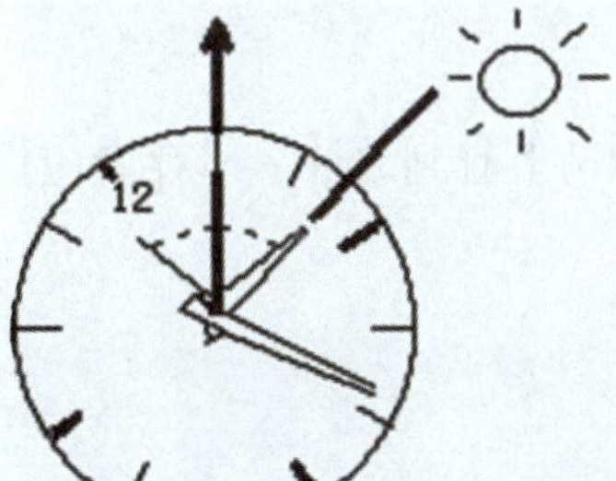

图 9.1.8　手表法 1

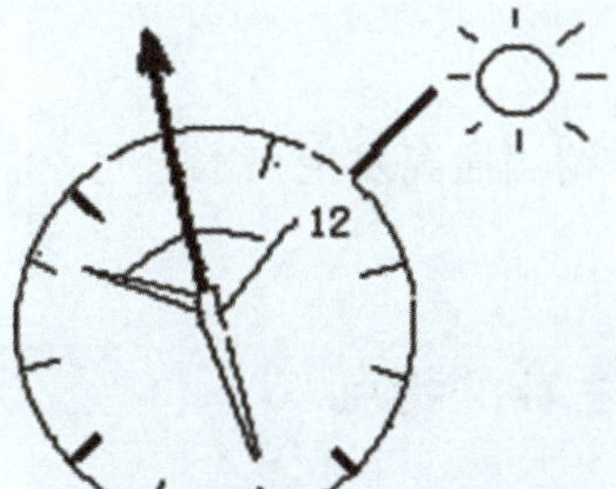

图 9.1.9　手表法 2

南半球：南半球的方法有所不同，应将 12 点对准太阳，12 点与时针形成的夹角的平分线即为北方，延长线方向就是南方。见图 9.1.9。

（三）简易指南针

一截铁丝（缝衣针即可）反复沿同一方向与丝绸摩擦，会产生磁性，用一根绳子将磁针悬挂起来即可以指示北极。磁性不会很强，隔段时间需要重新摩擦，增强磁性（如果有一块磁石，会比用丝绸更有效）。

八、陆地生存要点

（1）充分休息，保存体力，每晚应睡 7~8 小时。

（2）保持避难所的清洁，脏物应存放在离住处较远的地方。

（3）尽可能地保持自身的清洁，以使自身处于良好的精神状态下。

（4）沙漠中生存应尽可能躲避太阳的辐射，以减少体内水分的蒸发，寻找水源和食物的工作最好在傍晚、清晨、夜间进行。

（5）丛林地带生存应避免蚊虫叮咬，在阴冷的天气里，尽可能保持身体的干燥和温暖。

（6）在身体条件允许的情况下，适当锻炼身体，但不要超量。

（7）除了必须转移到安全干燥的地区以外，幸存者应留在遇险地区等待救援。

（8）人员要集中，避免走散，随时清点人数。

【课后思考题】

1. SOS 是什么意思？用什么来发出 SOS 信号？怎么发出？
2. 黑色和白色的烟雾应该怎么样产生？
3. 陆地求生的水源应该怎么寻找？
4. 陆地求生的食物应该怎么寻找？
5. 生活的必要条件是什么？

第二节　水上求生

本节综合介绍当撤离发生在水上时，救援人员还不能马上赶到之前，幸存者应做水上求生的准备。

一、海上生存的特点

（1）海上缺乏参照物，难辨方向，不易发现目标，生存人员很难判断所处的位置；

（2）海上风大浪高，平均风力 3~4 级，大风时可达 10 级以上，会引发很高的海浪；

（3）缺乏淡水，寻找淡水困难；

（4）海上水温低，地球表面平均水温不超过 20℃，有 13% 的水表温度为 4℃以下；

（5）海洋生物对人造成威胁，如鲨鱼、水母等。

二、水中保暖

水中保暖分为单人和多人的保暖休息法。

（1）在冷水中尽量减少活动，保存体力，减少热量的散发。

（2）减少冷水与人体的接触面，保持体温，以减少热量的损失。

（3）几人为小组的聚集保暖法：几人组成一个面向中心的圆圈，手臂相搭，身体的侧面相接触，紧紧地围成一个团。见图 9.2.1。

图 9.2.1　多人保暖

图 9.2.2　单人保暖

（4）单人保暖休息法：双腿向腹部弯进，两手交叉抱住双膝于胸前。见图 9.2.2。

（5）不要在水中脱弃衣物鞋袜，这样能减少热量散发 50%~70%。

（6）身着薄衣的成人在 10℃的水温中生存时间见表 9-2-1。

表 9-2-1　10℃水中成人的生存时间

衣着	姿势	生存时间
无救生衣	踩水	2 小时
救生衣	游泳	2 小时
救生衣	保护姿势	4 小时

三、饮水

淡水是生存中至关重要的必需品，有了水，才能保证身体的正常代谢。所以，幸存者感到干渴时应尽量饮水以保证身体的正常需要。

（一）海水

海水是海上生存者面对的最大水源，然而海水是不能直接饮用的，加入部分淡水后也是不能饮用的。如果饮用就会增加脱水，对人体组织具有破坏作用，会引起许多器官和系统的严重损伤。因此，海上生存中禁止直接饮用海水。

（二）淡水源

在船中生存时，如何确保淡水供应是一个大问题，解决这问题的方法有很多种：

（1）乘务员离机前，尽量收集机上饮料带到船上；

（2）收集雨水，利用船上的设备储存雨水，如饮料瓶、SK 包里的折叠水桶；

（3）收集金属表面的露水，如漂浮在水面的飞机金属残骸上的水珠，但不能直接饮用；

（4）北半球海域冰山是淡水的来源，但要小心靠近冰山，因为冰山翻转十分危险；

（5）利用海水淡化剂淡化海水使其成为可饮用淡水，但目前国内大部分航空公司并没有配备海水淡化剂。

（三）饮水时要注意的问题

（1）先使用已有的淡水，再进行海水的淡化。

（2）除非特别渴，否则，在救生船上的第一个 24 小时不要喝水（婴儿和伤员可适当分配点水）。之后，如果水量有限，每天喝大约 450 毫升水。当雨水充足或 450 毫升不能满足需要时，每天可以喝大约 700 毫升或更多。

（3）当淡水很少时，在下雨前只能用水湿润嘴和呷一点水。

（4）为减少渴的欲望时，可在嘴中含一个纽扣或口香糖，增加唾液的分泌。

（5）不能抽烟，不能饮酒及咖啡因制品，避免体内水分的散发，酒可以留下用于外伤消毒。

（6）尽量少动，多休息，减少体内水分的消耗。

四、食品

（一）食物来源

（1）在离开飞机前尽可能收集机上的食品以备带上船使用；

（2）飞机断裂后货舱内散落在外漂浮水面上的可食用的货物；

（3）海里的鱼类及海面上飞着的鸟，最好的捕捉方法是诱捕，尽可能地在节省体力的情况下获得食物；

（4）救生包内的应急口粮。

（二）进食时要注意的问题

（1）水量多时，先吃蛋白食物，水量少时，吃碳水化合物；

（2）鱼类是海上生存最大的食物来源，但不熟悉的鱼类不要食用。

五、发现陆地

（一）确定陆地海岛的位置

（1）在晴朗的天空，远处有积云或其他云聚集在那里，积云下面可能有陆地或岛屿；

（2）黎明鸟群飞出的方向，黄昏鸟群飞回的方向，可能是陆地岛屿；

（3）通常情况下，风白天吹向陆地，晚上吹向海岸；

（4）在热带海域，天空或云底的淡绿色，通常是由珊瑚礁或暗礁反射形成的；
（5）漂浮的树木或植物意味着附近有陆地。
注意：不要被海市蜃楼所迷惑，坐在船上改变自身高度时，海市蜃楼即会消失或改变形状。

（二）登陆

登陆是海洋生存的最后环节，要想顺利成功地实施登陆，必须注意以下几点：
（1）选择最佳登陆点，尽力向其靠近；
（2）穿好救生衣并充好气；
（3）穿好所有的衣服鞋帽；
（4）靠岸时，尽量放长海锚绳，降低船向登岸点的接近速度，保证安全；
（5）救生船一旦登陆，迅速下船并立即设法将船拖上海滩。

（三）获救

当救援船驶到救生船旁边时，不要认为自己可以很容易地登上救援船，切记，如果已经在海上等了好几个小时，身体已经很虚弱了，一定要静坐在船上等待救援人员来救，不要急于离开救生船。直升机救援时，一个吊篮只能容纳一个人。

【课后思考题】
1. 请简述单人保暖休息法的做法。
2. 请简述多人保暖休息法的做法。
3. 海水可以直接饮用吗？
4. 海上的淡水怎么获取？
5. 怎么确定陆地或海岛的位置？

第三节　极地冬季生存

本节综合介绍当撤离发生在任何低温强风和冰雪覆盖的地区，不同季节时都必须应用的冬季求生原则。
（1）携带救生衣作御寒之用，防止体温快速流失。
（2）卸下并带上所有滑梯。
（3）滑梯应充气架设作为掩体，并尽快让旅客进入避寒。
（4）启动应急求救发射机，向外界发出求救信号。
（5）在可能的条件下收集飞机上的枕头和毛毯分配给旅客，让旅客尽量靠近坐好以保存体温，有条件的情况下可以生火取暖。
（6）熟悉救生包里的物品，取出信号发射设备，其余物件留在贮存袋里，到实际需用时再取出。

（7）经常指挥旅客做温和的运动，例如坐着屈伸腿部，运动手指和脚趾等。

（8）避免喝酒类饮料，因为会加速体温下降。

（9）必须经常放进一些新鲜空气到掩体里面，因为内部的二氧化碳含量增高会造成危害。

（10）不要让旅客们全体同时睡觉，日夜都需要安排轮流守望工作。

（11）发现援救者时，白天使用烟雾信号和反光镜，夜间使用火炬和信号弹，放烟雾信号和火炬时要在下风侧。

【课后思考题】

1. 极地冬季生存怎么做才能保持体温？
2. 极地冬季生存在夜晚能否全体同时睡觉？

第四节　森林求生

本节综合介绍当撤离发生在丛林时，救援人员还没有赶到前，幸存者应该做的准备，由于丛林里有丰富的食物和水源，因此丛林求生是最容易的，这里最大的危机是人的紧张情绪和昆虫、植物引起的疾病。

（1）带上救生衣，以在任何空旷地带显出对比色彩；

（2）卸下并带上所有滑梯；

（3）最好在空旷的地方将滑梯打开，将其架设，作为住所；

（4）启动应急求救发射机，向外界发出求救信号；

（5）熟悉救生包里的物品，取出发射信号设备，其余物品留在贮存袋里，到实际需要时再取出；

（6）当发现搜救的人员设备时（飞机、直升机、远方的车马人员等），白天使用烟雾信号和反光镜，夜间使用火炬或信号弹，使用烟雾信号和火炬时，一定要在下风侧；

（7）救生包内有内容详尽的各种救生指导小手册；

（8）有条件的情况下可以生火，有了火可以驱赶野兽和蚊虫，穿好衣裤，扎好袖口和裤腿，防止有生物靠近身体。

【课后思考题】

1. 森林求生时应该怎么寻找水源？
2. 当发现搜救人员在附近时，应该怎么吸引他们的注意力？
3. 森林求生最大的危机是什么？

第五节　沙漠求生

本节综合介绍当撤离发生在沙漠时，救援人员还没有赶到之前，幸存者应做的求生准备。

（1）携带救生衣，以备夜间御寒用，沙漠的夜晚会非常寒冷。

（2）卸下并带上所有滑梯。

（3）将滑梯充气，并将帐篷架设好作为掩体，然后尽快让旅客进入里面，不要暴露在太阳的直射下，否则人会快速脱水。

（4）启动紧急求救发射机。

（5）熟悉救生包里的物品，取出信号发射设备，其余物件留在贮存袋里，到实际需用时再取出。

（6）将现有的饮水保留给伤患人员，如失血者、呕吐者、严重腹泻者。

（7）减少日间活动，夜晚可以小范围地搜索或者活动。

（8）发现搜救者时，白天使用烟雾信号和反光镜，夜间使用火炬和信号弹。使用烟雾信号和火炬时要在下风侧。

【课后思考题】

1. 沙漠求生时怎么避开炎热的天气？
2. 沙漠求生时水应该怎么分配？

第十章　机上救护

第一节　总则

航空器安全、快捷、舒适，已成为现代出行的重要交通工具。然而，飞行中会存在各种影响旅客和机组成员健康的潜在威胁。一旦在空中发病，需要在第一时间进行抢救，最大限度地挽救生命，为等待医务人员到场和进一步处理赢得宝贵的时间。因此，提升空勤人员急救水平和自救互救能力，对保障航空公司安全运行至关重要。

遇到应急情况后，客舱乘务员的任务是提供必要的、基本的紧急救治，直到专业医务人员赶到。

急救的目的是维持生命、防止病情恶化、加速康复和进行必要的护理。客舱乘务员要有信心，保持镇定、有序而果断、语气和善，对飞行中发生的应急医疗事件进行记录并保存记录 24 个日历月。

应记录的紧急医疗事件范围：

（1）旅客或机组成员在航空器上突发重病或死亡事件；

（2）由于航空器操作、设施、工作人员服务等原因造成旅客受伤；

（3）由于人员伤病造成飞机改航或备降；

（4）导致使用急救箱的情况；

（5）主任乘务长 / 乘务长认为今后会有可能与航空公司发生纠纷的任何医疗事件。

第二节　机上急救的基本程序

一、急救的目的

保存生命——恢复呼吸、心跳，止血，救治休克。

防止伤势恶化——处理伤口、固定骨部。

促进复原——避免非必要的移动，小心处理，保持最舒适的坐 / 卧姿势，善言安慰。

二、机上急救程序

机上成功的急救需要客舱机组成员和旅客相互协助配合，团队努力是最有效的方法。按照下列人员确定工作。

（一）发现的乘务员

作为第一目击者，应当立即采取行动，对发病旅客进行救治，并将消息传达给其他乘务员。

（二）辅助的乘务员

第一时间通知机长和主任乘务长 / 乘务长，应尽好援助者的职责，全力协助和配合救护者。

（三）带班人员

应尽快赶到事发现场，指挥和调配其他乘务员参与救护工作。事后应按公司相关要求填写单据。

（四）其他乘务员

做好其他旅客的安抚工作，听从带班人员的安排。

三、机上急救的基本程序图

机上急救的基本程序见图 10.2.1。

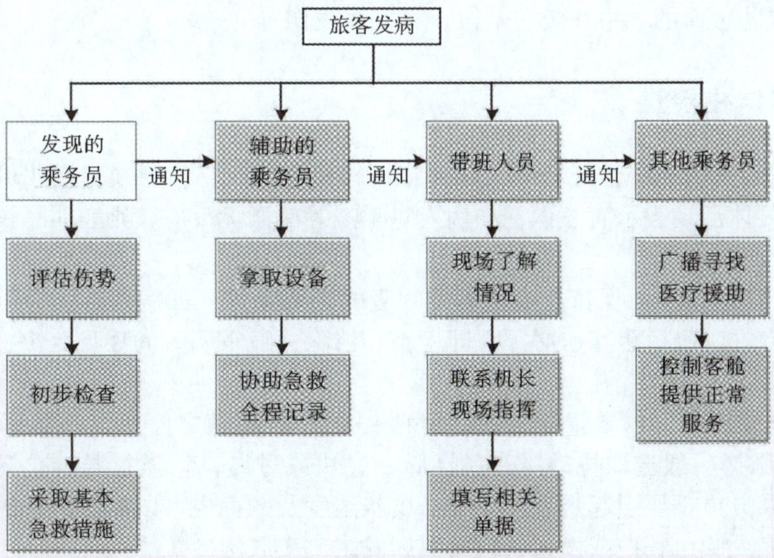

图 10.2.1　机上急救的基本程序

第三节 发现患病旅客乘务员的处置

发现患病旅客的乘务员负责主要抢救工作。在评估伤势的过程中，如判断病人病情危急，应在第一时间通知其他乘务员前来辅助急救。评估伤势时让旅客保持舒适安静，确保评估准确、迅速。

一、伤势评估内容

（1）确定自己的身份：告知生病或受伤的旅客，你是机组客舱乘务员，愿提供帮助。如果旅客尚有意识，询问他 / 她是否需要帮助，取得同意后提供帮助；如果旅客是脑力、感情受到干扰或是婴幼儿，应得到父母或监护人的同意后提供帮助；如果旅客已失去知觉，即暗示已经同意乘务员提供帮助。

（2）寻求医务信息：简单询问病情，目前症状及既往病史，服用药物情况，有无自带药物以及过敏史。如旅客失去知觉应检查个人物品中有无药品和个人诊断书。

（3）检查医疗警戒标识：快速检查旅客脖子或腕上的医疗警戒标识，该标识将提供有关此人的已知医疗问题。

（4）识别事故 / 疾病类型：分为严重事故 / 疾病（威胁生命的）和轻微事故 / 疾病（不会威胁生命的）两种：

① 威胁生命的：大出血、食物阻塞、呼吸困难、严重急腹症、心脏病等。

② 不会威胁生命的：中耳炎、晕机、Ⅰ度烧烫伤等。

二、初步体格检查

（1）检查病人的意识情况：成人和儿童可轻拍双肩，高声呼唤；婴儿可拍击其足底。病人睁眼或有肢体活动表示有意识，如病人对呼喊等刺激无反应，则表明意识丧失，已陷入危重状态。

（2）检查气道情况：保持气道通畅是呼吸的必要条件，如病人有反应但不能说话，不能咳嗽，可能存在呼吸道阻塞，必须立即检查和清除；危重病人的呼吸变快、变浅乃至不规则，呈叹息样。

（3）检查循环情况：要谨记的是，呼吸停止，心跳随之停止，心跳停止，呼吸也随之停止。检查脉搏一般选取桡动脉和颈动脉，过快或过慢，忽强忽弱，或不规则，均为心脏呼救信号，乘务员都要引起重视。同时，皮肤温度及颜色也可以反映病人的循环和氧代谢情况，例如，病人脸色苍白或发紫，口唇甲床发绀，皮肤湿冷等。

（4）检查瞳孔反应：正常时双眼瞳孔等大等圆，遇到强光刺激迅速缩小。用手电筒突然照射瞳孔即可观察到瞳孔反应。当患者脑部受伤，脑出血，严重药物中毒时，瞳孔可能缩为针尖大小，也可能扩大到黑眼球边缘，对光线没反应或反应迟钝。有时因为出现脑水肿或脑疝，使双眼瞳孔一大一小。瞳孔变化揭示了脑病变的严重程度。

（5）血压、体温等有待应急医疗箱到位后检查。在之后的抢救过程应随时观察病人的生命体征（包括体温、呼吸、脉搏和血压），危重病人要求至少十分钟观察一次并做好记录。

三、采取基本急救措施

根据具体疾病或症状，对照本章相应疾病或问题进行处置。

第四节　辅助急救乘务员的处置

航班中的团队协作非常重要，往往合理分工，有序开展病患的抢救工作，能挽救旅客的生命。因此，第一时间被通知到的乘务员担任辅助急救工作，应积极配合发现患病旅客的乘务员开展抢救工作。

（1）紧急呼叫通知主任乘务长 / 乘务长，同时拿取急救设备：

① 应急医疗箱、急救箱或乘务长药箱；

② 便携式氧气瓶；

③ 卫生防疫包；

④ 体外除颤仪（AED）（如有）。

（2）协助急救，做好全程记录。从旅客发病时即开始做记录，以时间节点为序号，在旅客发病期间，要求至少 10 分钟记录一次。

（3）除非绝对必要，否则不要移动旅客，保持最适合他 / 她病情的位置。

（4）只有在告诉旅客并得到示意或默认后，才能给予口服药，不建议注射。

（5）不要忽视旅客对疾病的抱怨。不要当着旅客的面，讨论其病情，通常有些看似失去意识的人是能够听见的。

（6）记录病人附近的 2~3 位旅客的姓名、地址和联络电话。通常采用乘务员记录过程，旅客签名确认的方法。

第五节　急救时带班人员的处置

接到辅助急救乘务员报告后，带班人员应第一时间赶往急救现场了解情况，以便安排、参与后续抢救工作；

报告机长，报告内容包括但不限于（报告应遵循飞行关键阶段要求）以下几点：

（1）患病旅客的姓名、性别、年龄和目的地；

（2）主要症状，包括有无意识；

（3）如果出现威胁生命的紧急情况，可建议机长采取备降程序，使旅客尽快得到完善的医疗救治；

（4）如果机上找不到专业的医护人员或无法立即着陆，机长可与飞行控制台联系，该台可 24 小时与国际空港急救组织（AAI）联系；

（5）着陆后需要的医疗帮助：轮椅、担架、救护车以及相应急救药物等；

（6）如疑似传染病，必须通知地面检疫部门。

注意：带班人员在急救的整个过程中要保持与驾驶舱的联络，包括发现病情的简单情况，急救处置后病情是否可控，以及最后在落地之后需要的地面保障。其余时间应在现场进行指挥抢救，控制好正常服务程序的进行。

应急医疗箱内配备药品器材配备清单、医疗设备和药品使用知情同意书、紧急医学事件报告单和药箱使用反馈信息卡。带班人员应正确规范填写单据，并在航班结束后及时向值班领导汇报，并将事件在任务书中反馈。

一、医疗设备和药品使用知情同意书

运行中因突发事件造成旅客受伤或旅客突发急症，需使用急救箱、应急医疗箱内的物品（除体温计、血压计外）或药品时，客舱机组应寻求旅客中具备医疗专业知识人员的帮助，由其或在其的指导下向需要紧急医疗处置的旅客提供帮助。并在“知情同意书”上记录并由医疗专业人员（或其他证明人）签字；运行中旅客因为身体不适，主动要求或者其同行人协助要求使用应急医疗内的物品（除体温计、血压计外）或药品时，客舱机组可以提供帮助，同时向旅客提供药品使用说明书并要求其仔细阅读。在提供应急医疗设备或药品时（仅限非处方药），需要旅客本人或其同行人签署“知情同意书”。

当不能及时得到医疗专业人员的指导或伤病旅客因为意识状态等原因无法或不愿签署“知情同意书”，可以由伤病旅客的同行人（如有）或者同时由两名以上客舱机组成员在“知情同意书”记录和签字。有旅客自愿作证的也可以同时签字。

二、紧急医学事件报告单

事件情况描述：应包括病人发病过程及主要症状描述、首次观察生命体征结果等，体温、脉搏、呼吸、血压应精确到具体数据。还需记录病人的意识情况、瞳孔及面色的变化、病史及过敏史等。

处理过程的填写：按抢救时间点做记录，包括进食情况（原则上禁食，低血糖除外），广播找医生，旅客体位，各类分泌物的量、颜色、性状，使用何种药物、药量、用药方式、药物来源、效果，吸氧时间、流量，其他抢救方法的详细记录，停止吸氧时间、总量、效果等。飞行中，应每十分钟做一次生命体征检测并记录，包括下降前做最后检查（四大生命体征）、旅客特殊要求、是否通知检疫等。

三、药箱使用反馈信息卡

开启或使用应急医疗箱、急救箱或卫生防疫包后均需填写药箱使用反馈信息卡，带班人员应于航后尽快上交相关部门，以便航卫部门进行药品增添和器械消毒。

四、客舱记录本

记录氧气瓶等机载设备的使用情况。

五、机上事件报告单

使用机上配备急救箱、应急医疗箱（除体温计、血压计外）中物品及药品时需同时填写机上事件报告单和紧急医学事件报告单。

第六节 急救时其他乘务员的处置

一、广播寻找医疗援助

（1）其他乘务员听到广播后应在客舱内主动巡视，对自称是医务人员的旅客，可通过查看其医疗证件或口头询问具体医院、科室、工种等了解医务人员信息，并带领至急救现场提供帮助。需要使用应急医疗箱中的处方药时，必须要求医务人员出示医疗执照、红十字急救证书，并查看其有效性。

（2）不管有无证书，抢救完毕后都要记录医务人员的身份证明、联系方式（固定电话、移动电话、证件号及有效地址）。

（3）直到地面医生或合格的公司代表到来后，乘务员才能离开，病人不得单独与机上援助者待在一起。

（4）维持客舱秩序，不要让其他旅客围观。

二、自我保护

（1）避免皮肤或嘴巴直接接触血液和伤口等。

（2）采用某种类型的保护措施，以防皮肤直接接触任何体液。建议用手套、塑料袋、清洁纱布或餐巾等。

（3）戴上口罩，以便能有更卫生的清洁隔离。

（4）清洁被体液污染的物体。

（5）提供急救后应尽快洗手。

（6）在急救过程中，要遵循“急救人员绝对不应使自己处于不利地位”的原则。

第七节 生命体征的检测

生命体征就是用来判断病人的病情轻重和危急程度的指征。我们通常讲的生命四大体征包括体温、脉搏、呼吸、血压，它们是维持机体正常活动的支柱，缺一不可，不论哪项异常都会导致严重或致命的疾病，同时某些疾病也可导致这四大体征的变化或恶化。

一、体温

正常人的体温是相对恒定的，但因种种因素会有变化，但变化有一定规律。生理情况下，早晨略低，下午或运动和进食后稍高。老年人体温略低，妇女体温在经期前或妊娠时略高。

体温一般以口腔温度为基准，正常范围是36.2~37.2℃，24小时内略有波动，一般不超过1℃。

（一）体温测量方法

（1）检查体温计完好，用酒精棉擦拭消毒体温计（水银体温计应将水银柱甩至35℃以下）。

（2）口腔测温：将体温计置于患者舌下部位，闭口3分钟，取出擦净体温计，查看度数后记录（水银体温计应将水银柱甩至35℃以下）。

（3）腋下测温：先擦干腋窝下汗液，将体温计放置于腋窝深处，紧贴皮肤，屈臂过胸，加紧体温计，5~10分钟后取出。用纱布擦净使用过的体温计看读数，腋下比口腔低0.5℃，故应将腋下读数加上0.5℃为体温度数。由于飞机上消毒条件无法达到医学规范标准，飞机上通常采取腋下测温方式。

（二）体温的异常

（1）体温升高：37.3~38℃为低热，38.1~39℃为中热，39.1~41℃为高热，41℃以上为超高热。体温升高多见于肺结核、细菌性痢疾、支气管肺炎、脑炎、疟疾、甲状腺机能亢进、中暑、流感以及外伤感染等。

（2）体温低于正常：见于休克、大出血、年老体弱、甲状腺机能低下、重度营养不良、在低温环境中暴露过久等。

二、脉搏

心脏舒缩时，动脉管壁有节奏地、周期性地起伏叫脉搏。检查脉搏通常用两侧桡动脉。正常脉搏次数与心跳次数一致，节律均匀，间隔相等。白天由于进行各种活动，血液循环加快，因此脉搏快些，夜间活动少，脉搏慢些。成人一般60~100次/分，儿童一般100~120次/分，婴儿一般120~140次/分。

（一）脉搏的计数法

检查脉搏通常用两侧桡动脉。先让病人安静休息5~10分钟，手平放在适当位置，坐卧均可。检查者将右手食指、中指、无名指并齐按在病人手腕段的桡动脉处，压力大小以能感到清楚的动脉搏动为宜，数半分钟的脉搏数，再乘以2即得1分钟脉搏次数。脉搏微弱或者病人病情危重的时候可检测颈动脉。

（二）常见的异常脉搏

（1）脉搏增快（≥ 100 次 / 分）：生理情况有情绪激动、紧张、剧烈体力活动（如跑步、爬山、爬楼梯、扛重物等）、气候炎热、饭后、酒后等；病理情况有发热、贫血、心力衰竭、心律失常、休克、甲状腺机能亢进等。

（2）脉搏减慢（≤ 60 次 / 分）：颅内压增高、甲状腺机能减退等。

（3）脉搏消失（即不能触到脉搏）：多见于重度休克、重度昏迷病人等。

三、呼吸

呼吸是呼吸道和肺的活动。人体通过呼吸，吸进氧气，呼出二氧化碳，是重要的生命活动之一，一刻也不能停止，也是人体内外环境之间进行气体交换的必要过程。正常人的呼吸节律均匀，深浅适宜。成年人每分钟 16~20 次，儿童稍快。

（一）呼吸测量方法

（1）听：有无呼气声；

（2）看：观察伤者胸腹部有无起伏；

（3）感觉：脸颊贴近伤者口鼻，感受有无呼吸；

（4）测量呼吸最好与测量脉搏同时进行，一般数病人的胸、腹起伏运动次数就可以，也可把手放在病人的胸或腹部检查。

（二）常见的异常呼吸

呼吸次数不在正常范围内或出现呼吸费力，变浅乃至不规则，呈叹息样，甚至无呼吸均为异常表现。

四、血压

正常人体的血液在血管内流动对血管壁产生的侧压力称为血压，血压是衡量心血管功能的重要指标之一，血压用收缩压（高压）和舒张压（低压）两个数值来表示。

（一）成年人正常血压值

收缩压：90~140 毫米汞柱；舒张压：60~90 毫米汞柱。

（二）血压测量方法

（1）驱尽袖带内空气，平整地缠在上臂下 1/3 处（肘窝上 1 厘米处），松紧适度，以放入一指为宜。

（2）测量部位为上肢的肱动脉（肱二头肌肌腱的内侧，肘窝向上 2 厘米臂内侧）。

（3）将听诊器的耳管向外拉并向前推，然后将耳管戴在外耳道，将听诊器的听诊头放在肱动脉搏动处。

（4）关闭血压计气门，握住橡皮球打气至肱动脉搏动音消失时（一般 160~180 毫米汞柱），再慢慢放开气门，使指针缓慢下降，并注意指针所指的刻度。当袖带内压力逐渐下降与心收缩力相等时，即在心脏收缩时，血液能通过被压迫的血管，从听诊器中，可听到第一声搏动。此时所指的刻度即为收缩压读数。随后搏动声会继续存在并增大，当袖带内压力等于心舒张压力时，搏动声突然变得低而弱，此时所指的刻度即为舒张压读数。

（5）测量后，必须及时放尽袖带中的空气。

随时观察病人的生命体征（包括体温、脉搏、呼吸和血压）（见表 10–9–1）。

表 10–9–1　生命体征表

生命体征	正常表现	异常表现
脉搏	成人：60~100 次 / 分 儿童：100~120 次 / 分 婴儿：120~140 次 / 分	脉搏跳动次数不在正常范围内；脉搏跳动无规律或无跳动
呼吸	成人：16~20 次 / 分 儿童稍快	呼吸次数不在正常范围内；费力呼吸或无呼吸
血压	成人正常收缩压：90~140 毫米汞柱 成人正常舒张压：60~90 毫米汞柱	收缩压或舒张压不在正常范围内；血压测不出
体温	口腔体温正常值在 36.5~37.2℃ 皮肤颜色红润	体温不在正常范围内；皮肤苍白或发紫

第八节　防止交叉感染

交叉感染是天然宿主的病原体感染或传递给非天然宿主的现象，是指细菌、病毒、真菌、寄生虫等病原体侵入人体所引起的局部组织和全身性炎症反应。

交叉感染途径主要有空气、飞沫、接触、注射、输液等。乙型肝炎、流感、急性胃肠炎、细菌性痢疾、尿路感染、败血症等疾病较易发生。

提供急救时，注意保护自己和旅客以减少被感染的危险。

（1）避免皮肤或嘴巴直接接触血液和伤口等。

（2）采取某种类型的保护措施以防止皮肤直接接触任何体液。建议用手套、塑料袋、清洁袋、清洁纱布或餐巾等。

（3）急救时如怀疑患者有传染性疾病，应使用机上卫生防疫包来收集、隔离、清洁被体液污染的物品。

（4）提供急救后尽快洗手。

（5）如在提供急救时接触了任何体液，被接触的机组人员和客舱经理 / 乘务长应报告实情。

（6）擦拭过患者体液（血液、呕吐物、尿液等）的敷料和毛巾等应统一收集在专用垃圾袋内，交予地面检疫部门处理。

注意：一旦使用机上卫生防疫包，主任乘务长 / 乘务长必须填写紧急医学事件报告单、药箱使用反馈信息卡并上交。

第九节 机上死亡

一、死亡定义

死亡指丧失生命，生命终止，标志着新陈代谢的停止。人可因生理衰老而发生生理死亡或自然死亡；因各种疾病造成病死亡；因机械、化学或其他因素造成意外死亡。死亡过程又可分为临终状态、临床死亡和生物学死亡三个阶段。

（1）临床死亡：病人表现心跳、呼吸停止，意识丧失，瞳孔散大，对光反应消失等临床死亡现象，但是呼吸循环中断时间尚未超过脑细胞不可逆损伤极限，及时给予紧急心、肺、脑复苏措施，病人心跳、呼吸及脑功能仍可能恢复。一般认为，完全缺血缺氧 4 分钟，脑神经将发生不可逆损伤。

（2）生物学死亡：病人呼吸循环中断时间超过脑神经不可逆损伤极限，即使经过心、肺、脑复苏抢救措施，而脑细胞损伤已不可逆转，脑细胞功能不可能再恢复，则称之为生物学死亡。

客舱乘务员没有资格正式宣布旅客的健康状况。处理这种情况时，应像旅客处于严重情况下一样，不要张扬，以免惊吓其他旅客；参照并按威胁生命的事故或疾病的情形完成行政程序。

二、死亡旅客的处理

（1）起飞前发现旅客死亡时，立即报告机长，停止起飞。

（2）空中发现旅客死亡时，经医师确认后要记录死者的姓名、性别、年龄、国籍、职业、身份、抢救经过、死亡时间以及死亡前后的情况等，收集、保管和登记死者的遗物。

（3）将死者仰卧，头及四肢放正，用湿毛巾擦净脸部，若眼未闭，可按摩眼睑，使之闭合，若口未闭，托下颌使之闭合，有活动假牙者应按上，用棉花塞住口、鼻、耳、肛门，避免体液流出，并梳理头发；如条件允许，要把死者和其他旅客隔离，可将尸体缚在座位上或其他某个地方，应考虑将其遮盖以免引起其他旅客的恐惧和伤感，尽量疏散周围旅客。

（4）落地后，向有关部门如实汇报死者情况。

（5）抵达后，未得到当地有关部门的许可前，不要移动尸体。

（6）通知卫生部门对客舱进行消毒和处理。

注意：必须在航班结束后 24 小时内由机长或主任乘务长 / 乘务长上交紧急医学事件报告单。

第十节　空中紧急医学事件

一、呼吸道异物梗塞

（一）定义

气道异物，临床一般指喉、气管及支气管外入性异物。清醒患者突然不能讲话、咳嗽，并有窘迫窒息症状，或在头后仰或三步法开放气道（仰头、开口、托下颌）后仍不能进行有效正压通气，吹气有阻力或胸廓不能抬起，应考虑气道异物或分泌物阻塞。座舱的范围很小，彼此相隔很近，使得这种病例非常容易被识别出来。

（二）病因

（1）防御咳嗽力弱，反射功能差（婴幼儿、儿童多见）；
（2）饮食不慎；
（3）酗酒；
（4）自杀或精神病；
（5）昏迷或休克。

（三）症状和体征

呼吸道异物可造成呼吸道部分或完全阻塞。前者又可分为换气良好和换气不良两种类型。换气良好者，常能强力咳嗽，可闻及咳嗽间有喘鸣音和嘈杂的空气流动声；换气不良者，咳嗽微弱无力，吸气末带有高调喘鸣音，出现呼吸困难并逐渐加重，口唇和面色发绀或苍白。最严重的是呼吸道完全阻塞，患者突然不能说话、咳嗽或呼吸，不能回答询问，这是非常痛苦的，患者无例外地将一只手放在颈前部，脸色迅速发绀或苍白，尤其是唇部，呼吸极度困难，可发生缺气性昏迷（肺内残气耗尽）而死亡。

【案例】

在一次延吉飞往北京的航班上，一名16个月大的朝鲜族小旅客突然出现异物堵塞气管导致窒息的紧急状况，机组工作人员与旅客、地面急救通力协作，在万米高空架起生命桥梁，小旅客转危为安。

2017年冬季的一个早上，一架从延吉起飞的航班送餐服务结束后，客舱内旅客呼唤铃突然响起，乘务长立即上前了解情况，发现31排B座的一名小旅客脸憋得通红，浑身抽搐，身体开始僵硬。小旅客的妈妈在一旁急得手足无措失声痛哭，乘务长听到小旅客的妈妈陈述后初步判断为异物堵塞气管。情况紧急，乘务组立即上前疏通周边旅客，保证空气流动，一边广播寻找医生，一边向机长报告客舱情况。

6分钟，是孩子噎住窒息后的黄金抢救时间。如果窒息超过6分钟，可能会对孩子的脑部造成伤害，10分钟以上就会有生命危险。当班乘务长是一名资深乘务教员，经验丰富，她立刻为孩子急救，将孩子翻转过来，头朝下用手在宝宝的背部肩胛骨中间，快速用力地击打，配合心肺复苏循环直至将异物吐出。乘务长的迅速、专业施救，为孩子的生命安全赢得了宝贵的时间。

飞机抵达北京首都国际机场后，乘务组第一时间将旅客移交至地面医护人员。

经了解，原来，孩子患肠胃炎高烧两天没有进食，飞机起飞后，妈妈让孩子自己用吸管喝小米粥，也许是喝得太急，才发生了这种情况。

吐出异物后，孩子一直啼哭，并出现发热情况。乘务组将孩子和母亲调到了头等舱空座位方便照顾，并不停地用湿毛巾擦拭孩子的手、头、颈部，为他进行物理降温。当班机长徐超通过通信设备通知北京首都国际机场120急救人员在地面等候救援。孩子的母亲抱着孩子含泪致谢。

（四）处置

（1）简单询问病史，初步确定异物的种类、大小以及发生呼吸道阻塞的时间等。

（2）体格检查，主要检查患者意识清楚还是昏迷，面色是否青紫等，初步确定患者的病情。

（3）估计阻塞的种类，通过观察患者是否有呼吸、咳嗽、说话，以及气体交换是否充足等，以估计呼吸道是否完全阻塞。

（4）急救处理在作出初步诊断和估计病情程度后，应立即采取急救措施。

（五）海姆立克急救法

海姆立克腹部冲击法（Heimlich maneuver）也称为海氏手技，是美国医生海姆立克发明的。1974年，他首先应用该法成功抢救了一名因食物堵塞了呼吸道而发生窒息的患者，从此该法在全世界被广泛应用，拯救了无数患者，其中包括美国前总统里根、纽约前任市长埃德、著名女演员伊丽莎白·泰勒等。因此该法被人们称为“生命的拥抱”。

1. 成人／儿童窒息（有意识）——立位腹部冲击挤压法

（1）施救者站在病人后面，双臂环绕抱住病人腰部。

（2）嘱病人弯腰，头部前倾。

（3）施救者一手捏成空心拳，将大拇指侧面顶住病人腹部正中线、肚脐上方两横指、剑突下方处。另一手紧握此拳，快速向内、向上冲击5次。

（4）重复上述步骤直至通气。见图10.10.1。

2. 成人／儿童窒息（无意识）——仰卧位腹部冲击法

（1）让患者平躺，脸朝向一侧。

（2）分开两腿，骑跨于患者腿部。

（3）手掌根放在此人上腹部。

（4）另一只手放在第一只手上，两手的手指均指向其头部。

（5）快速向上向前推压上腹部 5 次。见图 10.10.2。

图 10.10.1　立位腹部冲击挤压法

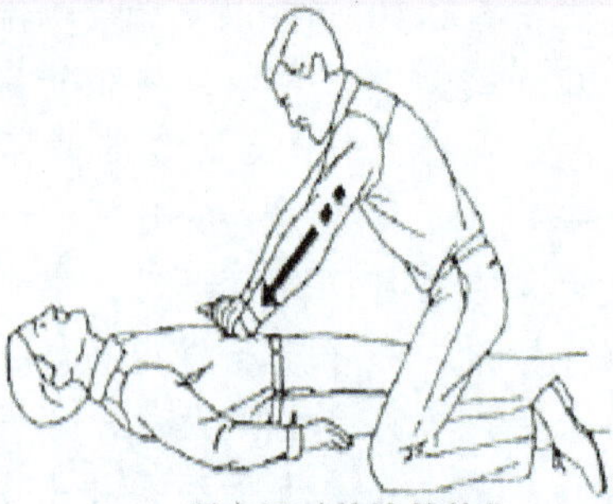

图 10.10.2　仰卧位腹部冲击法

3. 清除呼吸道异物

（1）跪在病人头部旁边。

（2）病人脸部朝上，打开病人嘴巴，用另一只手抬起下颌。见图 10.10.3。

（3）对于成人，用另一只手的手指伸入嘴巴，沿一侧的腮部至喉咙和舌根滑至另一侧，用掏钩似的动作清理可能存在的、能够得着的异物。见图 10.10.4。

（4）对于儿童，往嘴里看有无异物，如果能看到异物，小心拿掉。

图 10.10.3　打开嘴巴

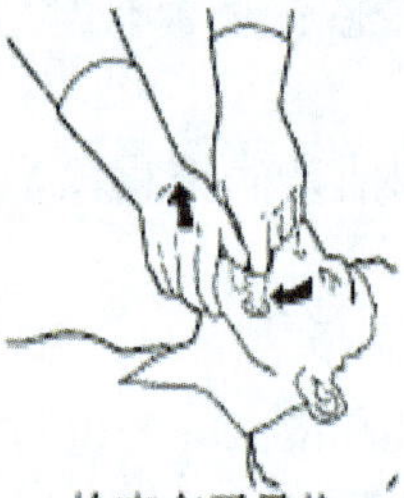

图 10.10.4　检查异物

图 10.10.5　打开呼吸道

（5）如患者无呼吸，则采用仰头抬颏法打开呼吸道。见图 10.10.5。

（6）成人：一次人工呼吸，持续 1.5~2 秒。儿童：一次人工呼吸，持续 1~1.5 秒。

（7）连续两次人工呼吸，观察胸部是否起伏。如果胸部仍然不起伏，则重复“仰卧位腹部冲击法”至“人工呼吸”步骤，直到通气。

（8）如果呼吸通畅，将此人放在侧卧体位（只要没有头部、颈部或背部受伤）。

（9）注意观察生命体征。

4. 婴儿窒息（有意识）

（1）一只手放在婴儿的背后，用手指把住头和后颈部。

（2）另一只手，抓住婴儿的下巴。

（3）将婴儿翻转，脸朝下放在前臂上。

（4）在背上拍击 5 下。见图 10.10.6。

（5）转换婴儿体位再试：如异物未排出，则用于拍击的那只手放在婴儿的头和背部，这样将婴儿夹在你的两前臂之间。

① 用手指托住婴儿的头和后颈部。

② 将婴儿翻转，脸朝上方。

③ 前臂放在大腿上。

④ 让婴儿的头低于他 / 她的胸部。

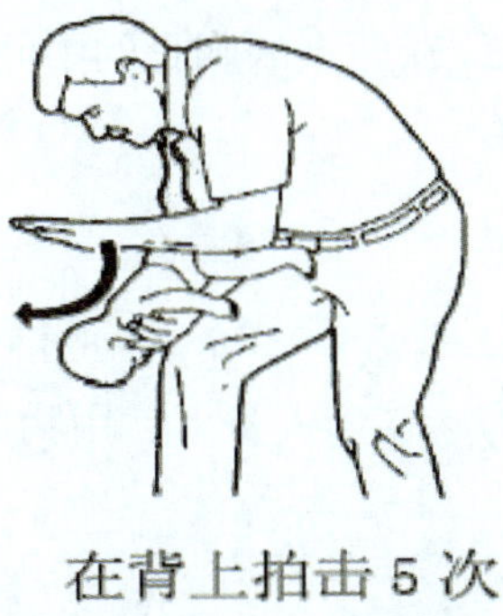

图 10.10.6　婴儿胸部拍击

图 10.10.7　婴儿背部拍击

⑤ 确定胸部推压位置：两乳头连线的中点下一指宽处。

⑥ 用两个手指压胸骨 1.5~2.5 厘米，连续按压 5 次。上下按压，按压时手指一直保持在胸部上。尽量使每次按压有效。见图 10.10.7。

⑦ 重复以上步骤程序，直到呼吸道通畅。

5. 婴儿窒息（无意识）——实施人工呼吸急救

（1）让婴儿平躺，打开他 / 她的嘴，抬起下巴。

（2）检查嘴里有无异物。如果看到异物，小心地拿掉。见图 10.10.8。（注意：除非看得见，别用手指掏婴儿的嘴巴。）

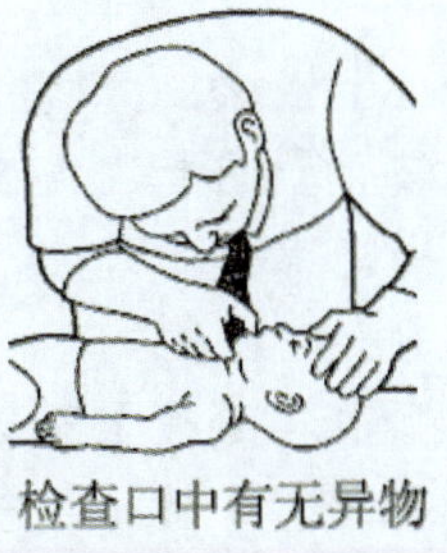

图 10.10.8　检查有无异物

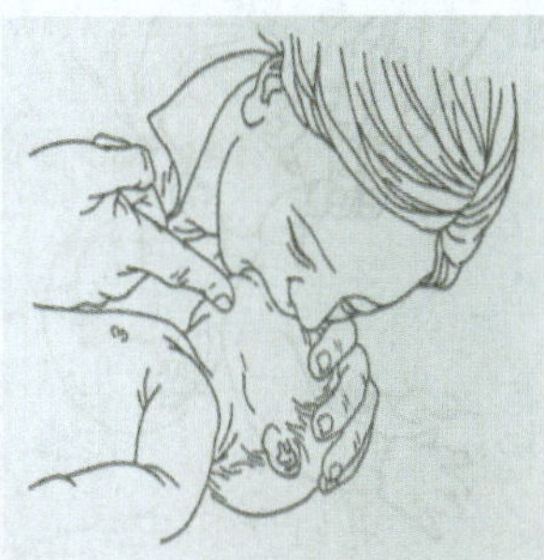
图 10.10.9　口对口鼻人工呼吸

（3）压头抬颏法，打开呼吸道。

（4）口对口鼻人工呼吸，见图 10.10.9。连续 2 次人工呼吸，查看胸部有无起伏。婴儿每 3 秒钟做 1 次人工呼吸。

（5）重复以上 3 步程序直到呼吸道畅通。

（6）婴儿恢复呼吸，将婴儿置于侧卧体位（只要没有头、颈部或背部受伤的情况）；

如果仍没呼吸，实施心肺复苏。

（7）注意观察生命体征。

6. 过于肥胖者 / 怀孕晚期窒息者（有意识）

如果病人是由于过度肥胖或怀孕晚期而窒息，可能无法将手臂放在他 / 她的腰上进行有效的上腹部按压。在这两种情况下，应进行胸部按压。

（1）站在此人背后，用手臂抱在此人腋下，环绕胸部；

（2）大拇指朝里握成拳头，将拳头的拇指边放在此人的胸骨的中间；

（3）用另一手抓住拳头；

（4）向胸部按压 5 次；

（5）重复胸部按压；

（6）注意观察生命体征。

注意：如果此人失去知觉，则让病人平躺，跨坐在病人身上，用胸部按压取代上腹部的挤压，接着进行心肺复苏抢救。

二、心肺复苏术（CPR）

心搏骤停是指各种原因引起的、在未能预计的情况和时间内心脏突然停止搏动，从而导致有效心泵功能和有效循环突然中止，引起全身组织细胞严重缺血、缺氧和代谢障碍，如不及时抢救即可立刻失去生命。心搏骤停不同于任何慢性病终末期的心脏停搏，若及时采取正确有效的复苏措施，病人有可能被挽回生命并得到康复。

心搏骤停一旦发生，如得不到及时的抢救复苏，4~6 分钟后会造成患者脑和其他人体重要器官组织的不可逆损害，因此心搏骤停后的心肺复苏必须在现场立即进行，为进一步抢救直至挽回心搏骤停伤病员的生命而赢得最宝贵的时间。

《大型飞机公共航空运输机载应急医疗设备配备和训练》（AC-121-102R1）规定：机组成员应进行紧急医学事件处置训练，客舱机组成员应重点掌握心肺复苏术等知识技能。

【案例】

“我要下飞机，我要下飞机。”喀什飞往乌鲁木齐的航班起飞约 5 分钟后，一名妇女突然从座位上站了起来，面色惊慌地哭喊。乘务员赶紧跑了过去。几秒钟后，乘务员向机上旅客宣布：有一名婴儿情况危急，需要急救。

“我是儿科医生！”某儿童医院儿内科副主任医师立即解掉了安全带，第一个冲到了妇女面前。他发现妇女怀中一个小婴儿心跳呼吸骤停，于是立即将孩子平放在地上进行心肺复苏。

“请大家都坐下，请儿科和急诊科的医生对小孩紧急治疗。”中医医院的副书记现场指挥。此时，中医医院急诊科主任、第一人民医院儿内科主治医师、中医医院急诊中心医生等 3 名医生也围了过来。4 名江苏籍医生迅速对孩子实施急救。人工呼吸、胸外按压、面罩吸氧……时间一秒秒流逝，婴儿仍没有恢复心跳呼吸，但 4 名医生没有放弃，依旧轮流跪在地上对孩子进行急救。

孩子母亲几乎崩溃，医生们不停劝她，请她安静下来，告诉她在场的每一个医生都会尽全力抢救她的孩子。渐渐地，孩子母亲坐到了座位上，情绪有所平复。

“请通知机长立即返航，让喀什急救站准备好抢救的药品和设备，立即派儿科医生在机场待命。请乘务员继续安抚好家属情绪，我们医生一定会全力抢救。全体旅客不要惊慌，大家保持镇静。”4名医生指挥着这场突如其来的“战斗”。

连续抢救了40多分钟后，飞机终于回到了喀什机场。飞机落地舱门打开的那一刹那，医生抱起孩子就往外冲，另外三名医生也一路跑着跟上，并且继续为孩子做心肺复苏和输送氧气。“我们一路跑到机场急救室，这时两名当地医生已经带着药品和急救设备等在那里了，碰面后马上对孩子进行插管、注射药品等急救措施。”

据了解，当天的飞机上一共有10名江苏的援疆医生，来自苏州和常州，参与急救的主要是急诊科和儿科的4名医生。因为飞机还要继续起飞前往乌鲁木齐，4名医生只好离开急救室，回到了机舱。

此时，大家发现每个医生都是满头大汗，因为一直跪在地上，有的人膝盖都破了。“膝盖很疼，特别是飞机降落的时候，感觉膝盖都要碎了，但当时也顾不了那么多了，心思都在孩子身上。”

乘务员应按照C—A—B的检查操作原则实施心肺复苏程序，即：

（1）C（compression）：胸外按压；

（2）A（airway）：开放气道；

（3）B（breathing）：人工呼吸。

如遇溺水昏迷患者应即刻清理口鼻异物，马上开放气道，进行人工呼吸，再实施胸外按压，即采用传统的A—B—C心肺复苏急救顺序。

心肺复苏的过程包括两个阶段：基本的生命支持和进一步的生命支持，我们在机上由于受环境、物品及人力的限制，只能进行基本的生命支持的抢救。

心肺复苏的基本生命支持包括以下内容：

（一）判定

（1）意识丧失：旅客对强刺激或大声说话无反应。可通过轻拍高喊的方法判断旅客有无意识；

（2）没有脉搏：触摸颈动脉，用5~10秒钟判断有无心跳；

（3）没有呼吸：可用听、看或感觉的方法，用5~10秒钟检查呼吸，亦可同步于脉搏的检查，以缩短判定指证的总时间。

（二）呼救

作为乘务员首先保持镇静，通知最近的乘务员或就近的旅客，广播找医生请求帮助。

（三）体位

（1）患者体位：若患者出现无脉搏，就必须施行心肺复苏，按压胸部和人工呼吸。由于客舱过道过于狭窄，因此把患者搬运至最近的服务舱内，为保证按压质量，把患者平放在坚硬的地板上，为保持呼吸道通畅，不要在颈下垫枕头。

（2）操作者体位：如单人操作，可跪于患者右侧，与其肩平齐；如双人操作，一人跪于患者左侧头部，另一人跪于患者右侧胸部。

（四）急救处理

1. 胸外心脏按压

1）对成人的急救

复苏抢救的早期一般不必强调病因鉴别，不论何种病因的抢救过程基本相同。

操作方法：病人仰卧在硬板上或地上，头部放平。操作者用一手掌根部平放在病人两乳头连线中点。如遇病人体型肥胖或乳房下垂等难以准确判断乳头位置的特殊情况时，可采用滑行法，即一手中指沿患者肋弓下方向上方滑行至两肋弓交汇处，食指紧贴中指并拢，另一手的掌根紧贴于第一只手的食指放平，使掌根横轴与胸骨长轴重合（即胸骨下半部）。用另一手掌叠放其上，双手掌根重叠，十指相扣，手指上翘，将双手臂伸直，利用身体的重力，连同双手的力量急促、垂直地向下压迫胸骨，使其下陷 5~6 厘米左右，然后放松（手不离开胸骨面），使胸壁弹起。见图 10.10.10。心脏被挤压后，心脏中的血液被压向动脉，当手放松时，胸廓恢复原位，心脏不再受压，血液即从静脉回流到心脏。这样一压一松可直接刺激心脏，帮助恢复心跳。无论是单人操作还是双人操作，先行心脏按压 30 次，再连续吹气 2 次；按压频率为每分钟 100~120 次，人工呼吸 10~12 次，每 5 个循环（约 2 分钟）后，检查一次有效指征。见图 10.10.11。

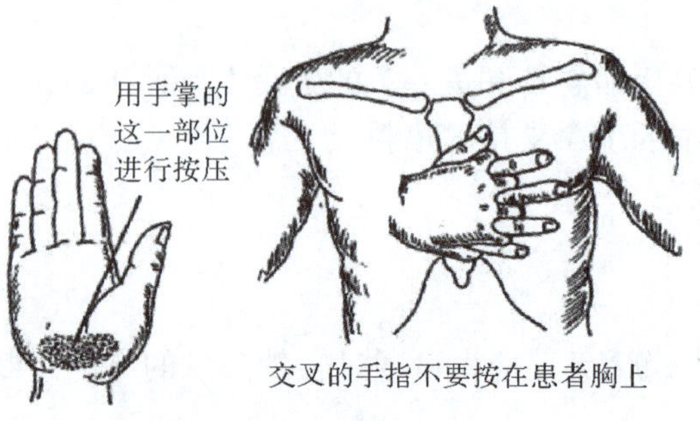

图 10.10.10　按压位置

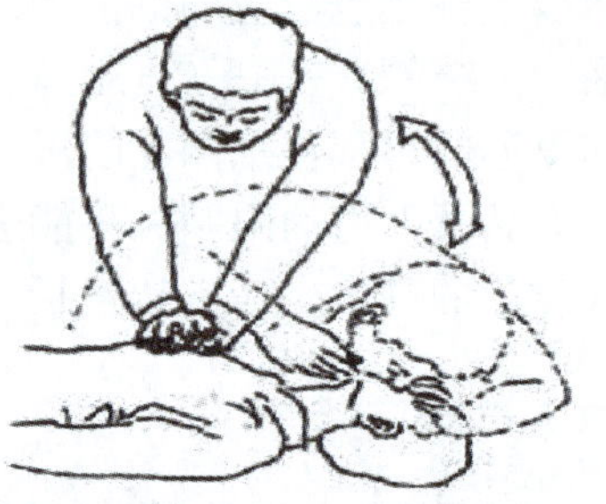

图 10.10.11　按压与吹气

2）对儿童的急救

12 岁以上的儿童抢救方法同成人。12 岁以下 1 岁以上的儿童用单手掌根在胸骨下 1/2 处进行按压。按压的频率为每分钟至少 100~120 次，按压的深度使胸骨下陷至少为胸廓前后径的 1/3（3~5 厘米）。

单人操作胸外心脏按压和人工呼吸的比例为：心脏按压 30 次，连续吹气 2 次。每 5 个循环（约 2 分钟）后，检查一次有效指征。

3）对于年龄小于 1 岁的婴儿的急救

婴儿胸外心脏按压的位置：胸部正中乳头连线下方水平，操作时用两手指进行。防止用力过度，损害婴儿内脏。按压的频率为每分钟 100~120 次，按压的深度至少为胸廓前后径的 1/3（2~4 厘米）。

单人操作胸外心脏按压和人工呼吸的比例为：心脏按压 30 次，连续吹气 2 次。每 5 个循环（约 2 分钟）后，检查一次有效指征。

胸外按压的注意事项：

（1）胸外心脏按压时，操作位置要准确，按压用力要均匀，不可过猛；

（2）按压时，手掌不能离开患者皮肤表面；

（3）按压时及时观察患者的反应及面色的改变；

（4）在实施心肺复苏术期间，无论是单人操作还是双人操作，中断心脏按压的时间应控制于 10 秒钟之内。

2. 开放气道

开放气道是人工呼吸前至关重要的一步，其目的是保持呼吸道通畅，从而保障气体自由出入。

（1）戴上手套，检查口腔，取出异物，包括血块、假牙、呕吐物；

（2）如怀疑呼吸道深部还有异物者可实施气道阻塞的急救方法（详见呼吸道异物阻塞章节）；

（3）使伤员仰卧，松开领口与裤带，头部置于后仰位，下颌角与耳垂的连线垂直于地面，使用仰头举颏法打开气道，以缓解因舌根后坠而引起的咽腔梗阻，见图 10.10.12；

（4）取单向活瓣嘴对嘴复苏面罩置于伤员口鼻处。

3. 口对口人工呼吸

对成人的急救：操作者吸一口气后，将口唇与患者口唇紧密结合，进行逐渐、均匀、连续地吹气，直至能看见胸廓隆起为有效。吹气 1 次后，应松开捏鼻翼的手，观察伤员胸廓复原，再进行第 2 次吹气，见图 10.10.13。人工呼吸每分钟 10~12 次，每次吹气的时间持续 1 秒，吹气不可过快或过度用力，推荐约 500~600 毫升潮气量。

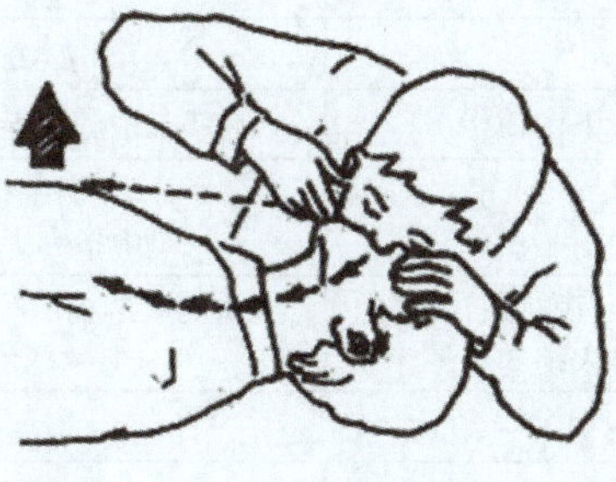

图 10.10.12　仰头抬颏法

图 10.10.13　观察患者胸部起伏

12 岁以上的儿童抢救方法同成人；1~12 岁的儿童人工呼吸每分钟 12~20 次。

对于年龄小于 1 岁的婴儿的急救：人工呼吸每分钟 12~20 次，可对口鼻同时吹气。每次吹气持续的时间为 1 秒。对婴儿进行人工吹气时，切勿用力过猛，吹气过度，以免损伤婴儿肺部。

1）人工呼吸的注意事项

（1）人工呼吸一定要在气道开放的情况下进行。如果气道无法开通，可暂时放弃吹气，但必须强调的是心脏按压不能停止。

（2）人工呼吸时，吹气量不能过大，用力过猛，以免损伤肺泡组织及引起胃扩张。

（3）操作人工呼吸时，乘务员应做好自我防护，使用应急医疗箱中的人工呼吸面罩，避免交叉感染。

2）有效指征

（1）神志逐渐清晰；

（2）大动脉（颈总动脉或肱动脉）摸到搏动；

（3）恢复自主呼吸；

（4）散大的瞳孔逐渐缩小，对光反射存在；

（5）面色由苍白或发紫转为红润；

（6）可测到血压，舒张压不低于 60 毫米汞柱。

3）注意事项

（1）前三项为重要指征（意识、脉搏、呼吸），如 5 个循环后检查三项重要指征依旧不存在，后三项次要检查可不实施，继续下一个 5 个循环，直到专业人员到达。

（2）有了以上的六项指征说明心肺复苏术成功，患者暂时脱离危险。可将患者置于复原体位，每隔数分钟检查一次患者生命体征，一旦再次出现无脉搏、无呼吸的体征，马上继续实施心肺复苏术。

4.CPR 的实施

心肺复苏术的实施过程归纳见表 10–10–1。

表 10–10–1　CPR 实施过程

项目 \ 分类		成人	儿童（1~12 岁）	婴儿（1 岁以内）
判断意识		轻拍肩膀 耳边呼唤	轻拍双肩 耳边呼唤	拍击足底
检查脉搏		颈动脉		肱动脉
胸外按压	部位	胸部正中乳头连线水平（胸骨下两横指）		胸部正中乳头连线下方水平
	方式	双手掌根重叠 （十指相扣手指上翘）	单手掌根	两手指 （中指和无名指）
	深度	5~6 厘米	至少为胸廓前后径的 1/3（大约 3~5 厘米）	至少为胸廓前后径的 1/3（大约 2~4 厘米）
	频率	100~120 次 / 分		
人工呼吸	开放气道	下颌角与耳垂的连线与地面呈 90°	下颌角与耳垂的连线与地面呈 60°	下颌角与耳垂的连线与地面呈 30°
	方式	口对口		口对口鼻
	吹气量	胸廓略微隆起		
	频率	10~12 次 / 分	12~20 次 / 分	12~20 次 / 分
按压与呼吸比例		30：2		
循环次数		5 次		

三、心绞痛

（一）定义

心绞痛是冠状动脉供血不足，心肌急剧的暂时缺血与缺氧所引起的以发作性胸痛或胸部不适为主要表现的临床综合征。

心绞痛是心脏缺血反射到身体表面所感觉的疼痛，特点为前胸阵发性、压榨性疼痛，可伴有其他症状，疼痛主要位于胸骨后部，可放射至心前区与左上肢，劳动或情绪激动时常发生，每次发作持续3~5分钟，可数日一次，也可一日数次，休息或用硝酸酯类制剂后消失。本病多见于40岁以上男性，劳累、情绪激动、饱食、受寒、阴雨天气、急性循环衰竭等为常见诱因。

【案例】

航班关门后，乘务组按各自任务进行起飞前的准备工作。突然，宁静的客舱内被一阵骚乱声打破，紧接着有旅客按响了呼唤铃，原来是有位旅客突然晕倒，乘务员立刻赶往现场。此时这位女性旅客已满头冷汗，并不停地大声喘气，表示自己的心脏很不舒服，乘务员将她头上的通风口打开，广播员也在第一时间通过广播寻找医生。乘务长及时到达现场与旅客沟通，经了解，该旅客心脏曾出现过此类情况，但此时的她未随身携带任何药物。意识到事情的严重性，乘务长马上报告机长，机长得知后决定终止起飞，同时通知机场急救人员。

此时病人的身体非常虚弱，呼吸也很微弱，乘务组立即取下就近的氧气瓶为旅客输氧。5分钟后，病人的呼吸逐渐稳定，乘务长也从药箱中取出速效救心丸为旅客服下，旅客症状逐步得到缓解。地面救护人员到达与乘务长交接后，用担架把病人抬下了飞机。

整个救护过程得到旅客们的大力支持和配合，虽然航班因此而延误，但旅客们没有任何怨言，不仅如此还纷纷向乘务组表示“你们辛苦了”。面对紧急情况，乘务组与机组紧密配合，大家合理分工，处置得当，挽回了突发急病旅客的生命。

（二）症状

（1）突然发作胸口不适或疼痛，常放射到左肩、左上肢内侧；
（2）疼痛是带有压迫或紧缩感觉的持续性闷痛，常有窒息感；
（3）精神异常，焦虑不安，烦躁易怒；
（4）出汗，恶心，呕吐；
（5）呼吸极为短促，咳嗽；
（6）有濒临死亡之感。

（三）处置

（1）广播找医生；

（2）帮助病人服用随身携带的药物或提供机上急救箱内的硝酸甘油片，舌下含服；

（3）松开紧身的衣服，让其卧位休息；

（4）尽快吸氧。

四、心肌梗死

急性心肌梗死是冠状动脉急性、持续性缺血缺氧所引起的心肌坏死。临床上多有剧烈而持久的胸骨后疼痛，休息及硝酸酯类药物不能完全缓解，伴有血清心肌酶活性增高及进行性心电图变化，可并发心律失常、休克或心力衰竭，常可危及生命。本病在欧美最常见，美国每年约有 150 万人发生心肌梗死。中国近年来呈明显上升趋势，每年新发至少 50 万，现患至少 200 万。

（一）病因

1. 过劳

过重的体力劳动，尤其是负重登楼，过度体育活动，连续紧张劳累等，都可使心脏负担加重，心肌需氧量突然增加，而冠心病患者的冠状动脉已发生硬化、狭窄，不能充分扩张而造成心肌缺血。剧烈体力负荷也可诱发斑块破裂，导致急性心肌梗死。

2. 激动

由于激动、紧张、愤怒等激烈的情绪变化诱发。

3. 暴饮暴食

不少病例发生于暴饮暴食之后。进食大量含高脂肪高热量的食物后，血脂浓度突然升高，导致血黏稠度增加，血小板聚集性增高。在冠状动脉狭窄的基础上形成血栓，引起急性心肌梗死。

4. 寒冷刺激

突然的寒冷刺激可能诱发急性心肌梗死。因此，冠心病患者要十分注意防寒保暖，冬春寒冷季节是急性心肌梗死发病较高的时间段。

5. 便秘

在老年人当中十分常见。临床上，因便秘时用力屏气而导致心肌梗死的老年人并不少见。必须引起老年人足够的重视，要保持大便通畅。

6. 吸烟、大量饮酒

吸烟和大量饮酒可通过诱发冠状动脉痉挛及心肌耗氧量增加而诱发急性心肌梗死。

（二）主要临床表现

约半数以上的急性心肌梗死患者，在起病前 1~2 天或 1~2 周有前驱症状，最常见的是原有的心绞痛加重，发作时间延长，或硝酸甘油对病症的治疗效果变差；或继往无心绞痛者，突然出现长时间心绞痛。典型的心肌梗死症状包括：

（1）突然发作剧烈而持久的胸骨后或心前区压榨性疼痛，休息和含服硝酸甘油不能缓解，常伴有烦躁不安、出汗、恐惧或濒死感。

（2）少数患者无疼痛，一开始即表现为休克或急性心力衰竭。

（3）部分患者疼痛位于上腹部，可能误诊为胃穿孔、急性胰腺炎等急腹症；少数患者表现颈部、下颌、咽部及牙齿疼痛，易误诊。

（4）神志障碍，可见于高龄患者。

（5）全身症状：难以形容的不适、发热。

（6）胃肠道症状，表现为恶心、呕吐、腹胀等，下壁心肌梗死患者更常见。

（7）心律失常：见于 75%~95% 患者，发生在起病的 1~2 周内，以 24 小时内多见，前壁心肌梗死易发生室性心律失常，下壁心肌梗死易发生心率减慢、房室传导阻滞。

（8）心力衰竭：主要是急性左心衰竭，在起病的最初几小时内易发生，也可在发病数日后发生，表现为呼吸困难、咳嗽、发绀、烦躁等。

（9）低血压、休克：急性心肌梗死时由于剧烈疼痛、恶心、呕吐、出汗、血容量不足、心律失常等可引起低血压，大面积心肌梗死（梗死面积大于 40%）时心排血量急剧减少，可引起心源性休克，收缩压小于 80 毫米汞柱，面色苍白，皮肤湿冷，烦躁不安或神志淡漠，心率增快，尿量减少（小于 20 毫升 / 小时）。

（三）一般处理原则

（1）急性心肌梗死的就地抢救在治疗中占重要地位；

（2）保持绝对安静，平卧，禁止搬动；

（3）立即吸氧，并给予镇静、止痛药；

（4）广播请旅客中的医师参加抢救工作，并立即通知到达站做好急救工作；

（5）如呼吸、心跳停止则应迅速采取心肺复苏术。

五、支气管哮喘急性发作

支气管哮喘是一种常见病、多发病，主要症状是发作性的喘息、气急、胸闷、咳嗽。支气管哮喘是由多种细胞和细胞组分参与的气道慢性炎症性疾病，这种慢性炎症与气道高反应性相关，通常出现广泛而多变的可逆性气流受限，导致反复发作的喘息、气促、胸闷和（或）咳嗽等症状，多在夜间和（或）清晨发作、加剧，多数患者可自行缓解或经治疗缓解。

大家熟知而又非常喜爱的著名歌星邓丽君就被哮喘夺去了生命，目前，全球哮喘患者约 3 亿人，中国哮喘患者约 3000 万。哮喘是影响人们身心健康的重要疾病。治疗不及时、不规范，哮喘可能致命，而规范化治疗可使接近 80% 的哮喘患者得到非常好的效果，工作生活几乎不受疾病的影响。每年 5 月的第一个周二为世界哮喘日，旨在提醒公众对疾病的认识，提高对哮喘的防治水平。

（一）病因

患者多有反复发作史或致敏原接触史。化学纤维的涤纶、维棉、腈纶、鸭绒滑雪衫或动物毛皮制成的衣服都会引起哮喘，毛毯或地毯有可能也是致病原因。

（二）主要临床表现

（1）呼吸困难：出现胸闷、胸部紧迫甚至窒息感，胸部似被重石所压，10~15 分钟后发生呼吸困难，并带有哮鸣音。病人被迫端坐，不能平卧，头向前俯，两肩耸起，两手撑膝，用力喘气。发作可持续几十分钟到数小时，自行或治疗后缓解。

（2）咳嗽、咯痰：于先兆期因支气管黏膜过敏引起咳嗽。一般为干性无痰咳嗽，程度不等。至发作期咳嗽减轻，以喘息为主。待发作接近尾声时，支气管痉挛及黏膜水肿减轻，大量分泌物得以排出，而咳嗽、咯痰症状加重，咯出较多稀薄痰液或黏液性痰栓。若合并感染时，可咯出脓性痰。少数病人可以咳嗽为唯一的表现。

（3）其他：支气管哮喘发作较严重、时间较久者，可有胸痛。部分病人也可有呕吐甚至大小便失禁等症状。当呈重度持续发作时，有头痛、头昏、焦虑和病态行为，以及神志模糊、嗜睡和昏迷等精神神经症状。若合并感染，则可有发热。发作过后多有疲乏、无力等全身症状。

（三）急救处理原则

（1）吸入湿化氧气，以纠正缺氧，使痰液变稀薄；

（2）如用病人自备气雾剂则起效较快，按压气雾器阀门 2 次吸入，往往在吸入后 2 ~ 5 分钟内即可起到平喘效果，手控和吸入同步进行；

（3）广播找医生；

（4）适当休息，消除紧张恐惧心理；

（5）如出现呼吸停止，应立即进行人工呼吸。

六、晕厥

（一）病因

多数是由于久立不动或久蹲、站立排尿、过度疲劳、剧痛、受惊、恐惧、过度悲伤、出血或血糖过低等情况。

（二）症状

（1）头晕，眼前发黑；

（2）全身虚弱乏力，皮肤湿冷；

（3）突然跌倒，很快失去知觉；

（4）脉搏细弱，或快或慢，浅呼吸；

（5）出冷汗，手足变凉。

（三）处置

（1）把病人平卧，置于头低脚高体位；

（2）松开紧身衣物，注意保暖；

（3）用手掐病人的人中穴、合谷穴等，促使其苏醒；

（4）吸氧；

（5）如果病人有呼吸和心跳，用清醒剂放在病人鼻下使其清醒；

（6）当病人恢复知觉时，给其提供温糖水或热饮料；

（7）观察生命体征。

注意：如果失去知觉较长，则立即通知机长，并考虑其他的严重情况。

七、休克

休克是机体遭受强烈的致病因素侵袭后，由于有效循环血量锐减，机体失去代偿，组织缺血缺氧，神经—体液因子失调的一种临床症候群。其主要特点是重要脏器组织中的微循环灌流不足，代谢紊乱和全身各系统的机能障碍。

（一）病因

低血容量性（失血、烧伤、创伤）休克，血管扩张性（感染、过敏、神经源性）休克，心源性休克。

（二）临床表现

初期：神志尚清、指端和面容苍白、恶心、呕吐、出冷汗、脉搏细而快、脉压差小；

中期：表现为神志淡漠，皮肤、四肢湿冷，口唇、四肢轻度发绀，呼吸深而快，血压下降；

晚期：昏迷状态，呼吸急促表浅，脉搏细弱或不能触及，血压降低或测不出。

（三）一般处理原则

（1）安静平卧，下肢略抬高，有利于静脉回流。如有呼吸困难者，可将头部和躯干适当抬高。

（2）立即吸氧。

（3）保持呼吸道通畅，防止分泌物误吸入呼吸道。

（4）广播找医生。

（5）密切观察体温、脉搏、呼吸、血压和尿量的变化。

（6）体温过低的休克病人要注意保暖，但伴高烧的感染性休克的病人应给予物理降温。

（7）病人因外伤失血引起的失血性休克应积极采取适当方法止血。

（8）立即报告地面，做好急救准备。

八、急性酒精中毒

酒精中毒俗称醉酒，是指患者一次饮大量酒精（乙醇）后发生的机体机能异常状态，对神经系统和肝脏伤害最严重。医学上将其分为急性中毒和慢性中毒两种，前者可在短时间内给患者带来较大伤害，甚至可以直接或间接导致死亡。后者给患者带来的是累积性伤害，如酒精依赖、精神障碍、酒精性肝硬化及诱发某些癌症（口腔癌、舌癌、食管癌、肝癌）等。

我国的酒文化称为糟粕文化并不过分，在这种不良文化的影响下，很多人把喝不喝酒、喝多少酒与是否诚信、是否讲义气、是否有能力联系起来，这是国人酒精中毒屡屡发生的重要原因之一。如果不遏制并铲除这种文化，我国居民的酒精中毒发生率将永远得不到控制。

饮酒后的酒精约 20% 在胃内吸收，80% 在十二指肠及小肠吸收。酒精的中毒量和致死量因人而异，中毒量一般为 70~80 克，致死量为 250~500 克。是否发生中毒与下述因素有关：胃内有无食物（空腹者吸收快）、是否食入了脂肪性食物（脂肪性食物可减慢酒精的吸收）、胃肠功能好坏（胃肠功能好的吸收迅速）、人体转化剂处理酒精的能力（能迅速将乙醇转化为乙酸的不易中毒）。

（一）病因

酒精吸收后在体内的代谢主要分为三步：首先经肝代谢酶系统的乙醇脱氢酶转化为乙醛，再经乙醛脱氢酶催化氧化生成乙酸，最后代谢分解为二氧化碳和水。其中乙醛可刺激肾上腺素、去甲肾上腺素等的分泌，此时患者表现为面色潮红、心跳加快等。酒精具有直接的神经系统毒性、心脏毒性和肝脏毒性，因此中毒后患者具有一系列神经系统表现异常，甚至发生昏迷及休克，此外还可发生心脏病、低血糖和代谢性酸中毒。

酒精的致死作用有如下情况：

（1）窒息：酒精中毒昏迷者失去了自我防护功能，如果处于仰卧位或呕吐物堵塞呼吸道，就可导致窒息缺氧死亡。

（2）诱发心脏病：酒精可诱发冠状动脉痉挛及恶性心律失常，进而导致心源性猝死。

（3）诱发脑出血：酒精可兴奋交感神经，造成血压急剧升高，进而导致脑出血发生。据统计，我国每年有 11 万人死于酒精中毒引起的脑出血，占总死亡的 1.3%。

（4）酒精可以诱发胰腺炎、低血糖昏迷、代谢紊乱等，这些都和患者死亡有关。

（二）症状

（1）有一次性大量饮入含有酒精的饮料史；

（2）呼气或呕吐物有酒精气味；

（3）部分或完全失去意识；

（4）脸红、脉搏跳动强烈；

（5）行为神志不清，讲话含糊，协调功能下降，恶心、呕吐；

（6）兴奋期：面色潮红或苍白、眼球结膜充血、眩晕、欣快多语，可有呕吐及上消化道出血；

（7）共济失调期：步态不稳、动作笨拙、语无伦次、言语含糊不清；

（8）昏睡期：皮肤湿冷，口唇微紫，心率快，呼吸缓慢，可有大、小便失禁，瞳孔散大，昏睡，惊厥或昏迷，甚至可因呼吸、循环衰竭而死亡。

（三）急救治疗

（1）不允许再喝酒，轻症无须治疗，但要注意保暖让其休息；

（2）提防呕吐或抽搐，呕吐时防止呕吐物误入呼吸道；

（3）可提供无酒精的饮料，建议不要进食咖啡因；

（4）鼓励进食，特别是高蛋白食品，如花生仁等；

（5）鼓励睡觉；

（6）观察重要体征。

九、糖尿病急性发作——糖尿病昏迷

（一）病因

糖尿病昏迷可有高渗性非酮症性昏迷和糖尿病酮症酸中毒昏迷等等。最初阶段客舱乘务员很难进行鉴别。但一旦出现以下这些症状就要引起注意，如得不到及时治疗，可引起昏迷、休克，甚至死亡。

（二）症状

（1）严重高血糖，尿糖强阳性，糖尿病症状明显加重，烦渴、多饮、多尿、乏力加重。

（2）严重脱水或休克。

（3）如神经系统呈进行性神志障碍，可表现为嗜睡、反应迟钝、定向障碍，以致昏迷；肢体活动不利，反射亢进或消失时，可怀疑高渗性非酮症性昏迷。

（4）如出现厌食、呕吐、烦躁不安、口唇干裂、呼吸深大、血压下降、有烂苹果味，个别病人还出现腹痛时，可怀疑糖尿病酮症酸中毒。

（三）处置

（1）纠正脱水，神志清楚者可尽量饮水，并记录饮水量、进食量、尿量、呕吐量等；

（2）神志不清的患者，将头部偏向一侧，以免呕吐造成窒息；

（3）因急救条件限制，如无把握，不可贸然给予胰岛素注射；

（4）广播找医生，可吸氧；

（5）严密监控患者的神志、呼吸、心率、血压及周围循环等病情变化；

（6）尽快通知机组寻求医疗救护。

十、糖尿病急性发作——胰岛素性反应

（一）病因

为胰岛素使用不当所致，胰岛素过量、注射胰岛素后未及时进餐或进行较剧烈的体力活动（肌肉摄取葡萄糖增加）时，易发生低血糖反应甚至休克。

（二）症状

低血糖反应的早期症状为无力、饥饿、眼花、出冷汗、皮肤苍白、心悸、兴奋、手抖、神经过敏、头痛、颤抖等类似交感神经兴奋的症状；进一步发展为抑郁、注意力不集中、嗜睡、缺乏判断和自制力、健忘，也可有偏瘫、共济失调、心动过速、复视、感觉异常，严重者可惊厥和昏迷。

（三）处理

（1）为预防低血糖反应，一般患者会在每餐餐前半小时皮下注射胰岛素，如患者是在机上注射的，注射后乘务员要注意观察。

（2）一旦出现低血糖反应要及时处理，首先使病人平卧，给氧。

（3）及时广播找医生。

（4）给予高糖饮料：

① 神志清醒的病人：给病人一杯含有糖的饮料，急救药物或糖果，等 15 分钟如果没有改善，则重复之。

② 神志不清醒的病人：要避免给予液体，缓慢地在面颊内放 2~3 包砂糖，等 15 分钟如果没有改善，则重复之观察重要体征。注意：乘务员无法鉴别病人昏迷的性质，即高血糖昏迷和低血糖昏迷时，不要贸然采取给糖措施，因两者的抢救方法是相反的。

（5）观察重要体征。

十一、毒品反应

人脑中本来就有一种类吗啡肽物质，维持着人体的正常生理活动。吸毒者吸食海洛因，外来的类吗啡肽物质进入人体后，减少并抑制了自身吗啡肽的分泌，最后自身的类吗啡肽物质完全停止分泌，只能靠外界的类吗啡肽物质来维持人体的生理活动。那么，一旦外界也停止了供应吗啡肽物质，则人的生理活动就出现了紊乱，出现医学上说的“反跳”或“戒断症状”，此时，只有再供给吗啡物质，才可能解除这些戒断症状，这就是所谓的“上瘾”。

（一）症状

（1）失去协调能力；

（2）瞳孔大小异常、幻觉、饥饿；

（3）对疼痛的敏感性降低；

（4）昏迷、恶心；

（5）神经过敏；

（6）初为心跳加快，呼吸急促，后呼吸虚弱；

（7）流泪，流鼻涕。

（二）急救

（1）检查重要体征；

（2）防备呼吸停止，呕吐和 / 或抽搐；

（3）请不要引发呕吐；

（4）如必要的话，给氧；

（5）与病人交谈，以得到他的信任并帮助其保持意识清楚；

（6）询问病人的病史；

（7）请不要给咖啡因的饮料，咖啡因可引起人体兴奋、心跳加快等，从某种角度来讲会加重病情；

（8）为休克病人提供急救；
（9）观察重要体征；
（10）必要时可给予镇静剂。

十二、过度通气综合征

过度通气综合征是呼吸中枢调节异常，过度通气超过生理代谢所需而引起的一组症候群。常表现为呼吸困难、肢体麻木、头晕眼花，严重者可有晕厥、抽搐等症状。

这类病人多有焦虑及癔病性格倾向，发作常与不安、过度紧张、恐惧等情绪因素有关。

（一）症状

呼吸急促、感觉异常、头晕、视物模糊、憋气，严重者有意识障碍及周身抽搐。

（二）急救

（1）此症一般无须送医院治疗，可让病人平卧，安静休息；通过高声讲话，让病人有意识地放慢呼吸的速度，让病人把气缓慢呼入一个密封袋中，再缓慢回吸呼出的二氧化碳，改善碱中毒现象；

（2）吸氧，恢复和改善脑部血氧供应；

（3）如果对是通气过度还是呼吸系统疾病持有疑虑，则给予氧气，因为氧气不会加重病情。

十三、呼吸系统疾病

呼吸系统疾病是人们熟悉的病种之一，是一种常见病、多发病，主要病变在气管、支气管、肺部及胸腔，病变轻者多咳嗽、胸痛、呼吸受影响，重者呼吸困难、缺氧，甚至呼吸衰竭而死。在城市的死亡率占第 3 位，在农村则占首位。更应重视的是由于大气污染、吸烟、人口老龄化及其他因素，国内外的慢性阻塞性肺病（简称慢阻肺，包括慢性支气管炎、肺气肿、肺心病）、支气管哮喘、肺癌、肺部弥散性间质纤维化，以及肺部感染等疾病的发病率、死亡率有增无减。

【案例】

北京时间 5 月 27 日 04:37，某航空公司航班在温哥华国际机场起飞。

05:20，乘务员在给旅客发餐的过程中，发现洗手间区域有一名男性旅客脸色发青、呼吸困难，于是马上通知主任乘务长。

主任乘务长立即将旅客情况通知机长，并启动应急预案，一方面协助旅客回到座位休息和询问病情，一方面立即通过广播寻找医生。听到广播后，一对外籍夫妇（丈夫是医生，妻子是护士）以及一名华裔医生前来帮忙。

这时乘务员观察到旅客无法正常呼吸，于是取来了机上备用的氧气瓶，协助旅客吸氧。

医生上前询问，旅客的家属表示该旅客有哮喘病史，在5天之前曾去过医院。医生也诊断旅客应是哮喘发作。随后，乘务员拿来应急医疗箱，取出听诊器和血压计供医生使用。

06:00，旅客在使用了第一瓶氧气之后仍未见好转，接着开始吸第二瓶氧气。

15分钟后，旅客面色相对恢复，病情有所好转，但仍咳嗽不止。医生建议为病人提供哮喘吸入器。但机上两名旅客提供的仪器类型以及药用性质与病人本身使用的并不一致，因此未予使用。

06:30，在第二瓶氧气接近用完之后，旅客脸色再度变白，病情加重，乘务员立刻为其提供第三瓶氧气，同时将旅客移至较为宽敞的区域休息。经医生们商讨，均认为此时旅客应到地面就医，旅客本人及家属均同意此建议，主任乘务长立即将此情况告知机长。

机长立即与地面取得联系，决定选择在最近的安克雷奇机场备降。该公司北美区域安克雷齐航站仅有的两名内派员工，航务经理和机务代表，立即通知了安克雷齐机场运行中心做好航班备降和地面救助准备工作，并协调海关、消防、警察和急救中心提前20分钟全部就位。

06:45，机长通知乘务组飞机将备降美国安克雷奇机场，乘务组开始准备备降事宜，并广播通知旅客，旅客们对此表示理解和支持。在此期间，乘务长专门安排一名乘务员一直陪伴在患病的旅客身旁，前来协助的医生连饭都没有来得及吃，也一直全程协助并关注旅客情况。

07:39，飞机平稳降落在安克雷奇机场。机组与地面救护人员协作配合，在5分钟内使用机载轮椅将患病旅客送出客舱，送进救护车实施现场救助。

09:57，飞机在安克雷奇重新滑出起飞，于北京时间27日晚20:12抵达广州。

经过3个小时的抢救，旅客终于度过危险期，并转入当地医院进行后续治疗。家属表示，如果再晚半小时实施地面求助，病人将会出现生命危险，并一再感谢航班上和地面工作人员敬业态度和专业服务。

（一）症状

呼吸系统的咳嗽、咳痰、咯血、气急、哮鸣、胸痛等症状，虽为一般肺部疾病所共有，但仍各有一定的特点，可为诊断提供参考。

（1）咳嗽：急性发作的刺激性干咳常为上呼吸道炎引起，若伴有发热、声嘶，常提示急性病毒性咽喉、气管、支气管炎。

（2）咳痰：痰的性质（浆液、黏液、黏液脓性、脓性）、量、气味，对诊断有一定帮助。

（3）咯血：咯血可以从痰中带血到整口鲜红血。此外，咯血应与口鼻喉和上消化道出血区分。

（4）呼吸困难：按其发作快慢分为急性、慢性和反复发作性。

（5）胸痛：肺和脏层胸膜对痛觉不敏感，肺炎、肺结核、肺梗塞、肺脓肿等病变累及壁层胸膜时，方发生胸痛。胸痛伴高热，考虑肺炎。肺癌侵及胸壁层胸膜或骨，出现隐痛，持续加剧，乃至刀割样痛。亦应注意与非呼吸系疾病引起的胸痛区分，如心绞痛、纵膈、食管、膈和腹腔疾患所致的胸痛。

（二）急救

（1）询问病史，通常从病人过去的病史中了解症状以确定属于哪种疾病；
（2）用现成专用药物帮助病人；
（3）保持呼吸道通畅；
（4）可以供氧，并且有必要长时间连续供氧；
（5）广播找医生；
（6）注意观察生命体征。

十四、中暑

中暑是指长时间暴露在高温环境中、或在炎热环境中进行体力活动引起机体体温调节功能紊乱所致的一组临床症候群，以高热、皮肤干燥以及中枢神经系统症状为特征。核心体温达 41℃是预后严重不良的指征，体温超过 40℃的严重中暑病死率为 41.7%，若超过 42℃，病死率为 81.3%。

（一）症状

（1）体温高；
（2）皮肤热、红、干燥；
（3）呼吸、脉搏紊乱；
（4）可能抽搐；
（5）意识丧失。

（二）处置

（1）将其置于阴凉通风处；
（2）降低体温，如在腹股沟、腋下、颈部进行冷敷；
（3）如有必要，提供氧气；
（4）观察生命体征；
（5）为休克病人提供急救。

十五、鼻出血

鼻出血是临床常见的症状之一，可由鼻部疾病引起，也可由全身疾病所致。

（一）症状

鼻出血由于原因不同，其表现各异，多数鼻出血为单侧，亦可为双侧；可间歇反复出血，亦可呈持续性出血。出血量多少不一，轻者涕中带血、数滴或数毫升，重者可达几十毫升甚至数百毫升以上，导致失血性休克。反复出血可引发贫血。少数少量出血可自止或自行压迫后停止。

（二）处置

（1）病人的头稍前倾；

（2）捏住鼻子，以控制出血，儿童鼻出血多在鼻腔前部，40 岁以后多在鼻腔后部，施加压力不少于 10 分钟；

（3）冰敷鼻部的周围，前额及后颈部，用冷水袋或湿毛巾敷 10~15 分钟；

（4）让病人休息好，一般取坐位，有休克时取头低脚高位；

（5）提醒病人不要擤鼻，吐出口中积血。

注意：如果怀疑头部、颈部或背部受伤的话，请不要尝试控制流血。相反，要固定病人的头部并使他 / 她保持安静。

十六、压耳

即耳内堵塞感，日常生活中有很多人常常感到耳闷，就像是耳朵里塞了一团棉花一样，自己讲话似乎感觉到声音在耳朵里，另外，耳闷时常伴听力下降、耳鸣等，甚是难受。出现耳闷后应及时处理、治疗，例如，咽鼓管功能异常引起的耳闷者，时间较久可发生分泌性中耳炎。

（一）症状

（1）疼痛；

（2）耳鸣，听力下降；

（3）头晕，有时眩晕。

（二）处置

（1）鼓励病人做吞咽动作，打呵欠，嚼口香糖；

（2）指导病人学会捏鼻鼓气法，但如果有上呼吸道感染，禁止用此法；

（3）对已有严重症状且使用上述方法效果不好时，建议下机后去医院耳鼻喉科检查。

十七、烧伤、烫伤

烧伤一般是指由热力（包括热液、蒸气、高温气体、火焰、电能、化学物质、放射线、灼热金属液体或固体等）所引起的组织损害，主要是指皮肤和 / 或黏膜的损害，严重者也可伤及其下组织。也有将热液、蒸气所致之热力损伤称为烫伤，火焰、电流等引起者称为烧伤。临床经验证明，烧伤达全身表面积的 1/3 以上时则可有生命危险。

（一）症状

1. Ⅰ度烧伤、烫伤

（1）局部呈红斑，轻度红、肿、热、痛、干燥、无水泡、拔毛痛；

（2）皮肤泛红、充血。

2. Ⅱ度烧伤、烫伤

（1）破的或鼓起的水疱，基底均匀发红或苍白；
（2）皮肤深红或有红点；
（3）水肿明显；
（4）皮肤潮湿；
（5）疼痛（越痛烧伤度越轻）。

3. Ⅲ度烧伤、烫伤

（1）皮肤苍白，焦黄炭化，干燥、无水泡、无弹性、焦痂下水肿，拔毛及针刺无痛；
（2）组织或骨骼可能暴露，人可能休克；
（3）痛觉消失。

（二）急救

（1）烧烫伤现场急救原则：去除伤因、脱离现场、保护创面、保持呼吸道通畅，针对不同症状分别采取相应的措施。

（2）皮肤无破损时，在烧烫伤部位尽快给予冷水冲洗或浸泡至少 15 分钟，直至疼痛消失，涂上烫伤药膏用消毒绷带轻轻包扎。表皮水泡不要刺破；皮肤有破损时，不能用水浸泡和冲洗，因为它会增加休克和感染的危险。降低受伤部位表面温度后，不要在创面涂油脂类烫伤药膏，应用干的消毒绷带轻轻覆盖以保护伤口，防止感染。将烧伤肢体轻轻抬起。

（3）为休克病人提供急救。

（4）如烫伤面积较大而且出现严重口渴者，可口服淡盐水。

（5）如有疼痛剧烈，烦躁不安可服镇静止痛药。

十八、受伤——割伤或撞伤

受伤通常指身体受到损伤，在生活工作中常常因为各种意外导致身体损伤。例如，运动训练中肌肉的拉伤，工作岗位上被机器设备弄伤，军事战争、交通事故、斗殴中都会发生受伤。常见的损伤有跌伤（摔伤）、扭伤、撞伤、挫伤、碰伤、擦伤、压伤、割伤、刺伤、冻伤、烧烫伤、灼伤、外击伤、骨折、脱臼。医学上病理反应有疼痛、血肿、硬肿、水肿、出血、红肿、瘀青。

（一）症状

（1）在受伤处有刺痛，灼痛或疼痛；
（2）由于打击引起皮肤改变颜色；
（3）可能有肿块；
（4）流血；
（5）存在伤口；
（6）因损伤可能引起麻木。

（二）急救

（1）轻微割伤或擦伤——消毒。轻微的割伤和擦伤只伤及皮肤的浅表层，只要用湿纸巾或者流动的清水轻轻地将伤口周围擦洗干净即可。伤口的周围可用含碘消毒剂如碘酒、碘伏、红药水、紫药水或酒精消毒，创伤面积较大时创面可适当使用抗生素软膏。

（2）中度受伤——冷敷。碰伤或扭伤后，会表现为局部肿胀疼痛、皮肤青紫或有瘀斑，这是因为皮下血管破裂出血所致，早期（24 小时以内）可使用冷敷或绷带包扎以减轻血管出血，中后期可采用热敷。

（3）磕伤。磕伤发生后，第一反应就是去揉。其实这是最不好的。正确的应该是回到家里面把它外面稍微用冷水冲一冲，然后用冷水敷。因为磕伤实际上是有一些血管破裂，而血没有流出表面，如果用热水就会造成再次损伤，把原本的青包变成血包。因此我们必须用冷水敷，如果没有特殊情况，几天后就会消肿。

（4）扭伤。扭伤多发生在手腕、踝关节等部位，皮肤青紫肿胀，局部压痛很明显，受伤的关节不能转动。首先限制受伤关节的活动，特别是踝关节扭伤后，应将小腿垫高。早期处理宜冷敷，24 小时后用热敷。一般 1~2 天后，可在患处进行按摩，促使血液循环加速。此外，发生扭伤后要注意关节韧带有无裂伤、骨折和关节脱位，当疼痛难忍、患侧手臂不能动弹时，应去医院诊治。

十九、急腹症

急腹症是指腹腔内、盆腔和腹膜后组织和脏器发生了急剧的病理变化，从而产生以腹部疼痛为主要症状和体征，同时伴有全身反应的临床综合征。常见的急腹症包括：急性阑尾炎、溃疡病急性穿孔、急性肠梗阻、急性胆道感染及胆石症、急性胰腺炎、腹部外伤、泌尿系结石及异位妊娠子宫破裂等。

（一）病因

1. 外科急腹症

（1）感染与炎症：急性阑尾炎、急性胆囊炎、急性胆管炎、急性胰腺炎、急性肠憩室炎等。

（2）空腔器官穿孔：胃、十二指肠溃疡穿孔，胃癌穿孔、伤寒肠穿孔、坏疽性胆囊炎穿孔、腹部外伤致肠破裂等。

（3）腹部出血：创伤所致肝、脾破裂或肠系膜血管破裂，自发性肝癌破裂，腹或腰部创伤致腹膜后血肿等。

（4）梗阻：胃肠道、胆道、泌尿道梗阻等。

（5）绞窄：胃肠道梗阻或卵巢肿瘤扭转致血液循环障碍，甚至缺血坏死，常导致腹膜炎、休克等。

（6）血管病变：血管栓塞，如心房纤颤、亚急性细菌性心内膜炎、心脏附壁血栓脱落致肠系膜动脉栓塞、肾栓塞等。血栓形成，如急性门静脉炎伴肠系膜静脉血栓形成。动脉瘤破裂，如腹主动脉、肝、肾、脾动脉瘤破裂出血等。

2. 内科疾病

（1）急性胃肠炎、急性肠系膜淋巴结炎、急性病毒性肝炎、原发性腹膜炎、腹型紫癜、镰状细胞贫血危象、铅中毒、糖尿病、尿毒症。

（2）由神经牵涉致放射性腹痛，常见有急性肺炎、急性胸膜炎、心绞痛、心肌梗死、肺动脉栓塞。

（3）脊椎增生性骨关节炎，脊柱结核、肿瘤、损伤致脊神经受压迫或刺激等。

3. 妇产科疾病

急性附件炎、急性盆腔炎、卵巢黄体破裂、卵巢肿瘤扭转、异位妊娠破裂。

（二）临床表现

1. 腹痛的部位

最先发生的部位可能是病变的原发部位。如胃、十二指肠溃疡穿孔开始在上腹部痛，当穿孔后消化液流向下腹，此时腹痛扩展至右下腹乃至全腹，易与阑尾炎穿孔相混。

急性阑尾炎为转移性腹痛，开始在脐周或上腹部，为炎症刺激性内脏痛，当炎症波及浆膜或阑尾周围壁层腹膜时，则表现为右下腹痛。

腹痛最明显的部位，常是病变最严重的部位，如有腹膜刺激征，则常提示该部位有腹膜炎。

2. 腹痛的性质

持续性剧烈钝痛，病人为了减轻腹痛采用侧卧屈膝体位，咳嗽、深呼吸和大声说话均加重疼痛，定位准确，提示该部位壁层腹膜炎症刺激，是急性腹膜炎。

持续性胀痛常为脏层腹膜受扩张牵拉所致，按压腹部疼痛加重，如麻痹性肠梗阻、肝脏肿瘤等。

阵发性绞痛，为空腔脏器平滑肌阵发性痉挛所致，常提示消化道、胆道或输尿管存在梗阻因素，如机械性肠梗性，胆道结石、蛔虫、肿瘤，输尿管结石等。

持续性疼痛阵发性加剧，表现梗阻与炎症并存，常见于绞窄性肠梗阻早期，胆道结石合并胆管炎，胆囊结石合并胆囊炎等。

3. 腹痛的程度

分轻度（隐痛）、中度和重度（剧痛），表示病变的轻、中、重，但也因个人耐受程度有所差异。

（三）处理原则

（1）首先应仔细地询问病史和体检，对患者应分清轻重缓急进行诊断和治疗：有腹膜刺激征（腹部压痛、肌紧张、反跳痛）时应立即通知机组应急备降、应急治疗；先考虑常见病，后考虑少见病。

（2）诊断未明确前，不要使用止痛剂和麻醉药。

（3）禁止提供食物。

（4）广播找医生。

（5）保持安静，让患者尽量采取卧位或侧卧位休息，使腹肌放松。

（6）如出现呕吐，要防止呕吐物被吸入呼吸道，保持呼吸道通畅。

（7）密切观察患者的生命体征，一旦出现异常应立即对症处理。

二十、癫痫

【案例】

一架飞机由青岛飞往昆明，距离昆明长水国际机场还有40分钟时，42J座位的一位男性旅客突然抽搐。得到消息后乘务长第一时间上前查看旅客病情，当时该旅客已逐渐丧失意识，全身抽搐，口吐白沫。乘务长根据多年的工作经验立即判断此旅客症状为疑似癫痫，果断采取措施，取来了干净的小毛巾，把毛巾塞入旅客口中，避免他咬伤自己，并掐人中为其进行急救。同时，乘务长立即安排乘务员在机上进行广播寻找医护人员，并将情况及时报告机长。通过机上广播，乘务组找到一名工作于青岛社区医院的护士，她表示可以帮助救助患病旅客。在这名护士旅客的指导帮助下，乘务组将旅客放平躺下，为保持呼吸顺畅解开患病旅客的衣领，然后采取继续掐人中，给旅客吸氧等方法进行救助。救助工作有条不紊地进行着。十几分钟后，该旅客意识逐渐恢复，经测量，体温、血压、脉搏开始趋于正常。20分钟后，飞机顺利抵达昆明机场，此时在乘务组的悉心照顾下，旅客已意识清晰，可自行下机，并表示不需地接服务，对乘务组表达了衷心感谢。同机旅客对乘务组的救助工作提出一致赞扬，并留下表扬信。整个救助过程中，全体乘务组面对突发情况时有条不紊、团结协作、分工明确、配合默契，表现出了高度的职业精神与专业技能。

（一）癫痫的定义

癫痫即俗称的“羊角风”或“羊癫风”，是大脑神经元突发性异常放电，导致短暂的大脑功能障碍的一种慢性疾病。

中国最新流行病学资料显示，国内癫痫的总体患病率为7.0‰，年发病率为28.8/ 10万，1年内有发作的活动性癫痫患病率为4.6‰。据此估计中国约有900万左右的癫痫患者，其中500万~600万是活动性癫痫患者，同时每年新增加癫痫患者约40万，在中国癫痫已经成为神经科仅次于头痛的第二大常见病。

（二）病因

癫痫病因复杂多样，包括遗传因素、脑部疾病、全身或系统性疾病等，见表10–10–2。

表 10-10-2　癫痫发病原因

新生儿及婴儿期	先天以及围产期因素（缺氧、窒息、头颅产伤）、遗传代谢性疾病、皮质发育异常所致的畸形等
儿童以及青春期	特发性（与遗传因素有关）、先天以及围产期因素（缺氧、窒息、头颅产伤）、中枢神经系统感染、脑发育异常等
成人期	头颅外伤、脑肿瘤、中枢神经系统感染性因素等
老年期	脑血管意外、脑肿瘤、代谢性疾病、变性病等

（三）临床表现

由于异常放电的起始部位和传递方式的不同，癫痫发作的临床表现复杂多样。

典型的大发作表现是：突然意识丧失，尖叫一声倒地，全身抽搐，口吐白沫，翻白眼，有时可咬破唇舌，尿失禁，瞳孔散大，发作后可有头痛。

另外，还有不同原因引起的癫痫小发作，表现形式各异，易被忽视，在空勤人员中应特别引起注意和重视。对怀疑有此病者，应做全面检查，严防空中突然失能。

（四）处理原则

（1）迅速取下身上尖锐物品；

（2）在现场周围铺放一些柔软的织物，防止发生外伤；

（3）迅速在口中塞上一些软的物品，以防咬伤口唇及舌部；

（4）可给予镇静剂、止痛药。

二十一、急性阑尾炎

【案例】

2016 年 8 月 8 日晚 23:58，兰州中川国际机场消防护卫部急救中心值班人员接到电话，称次日凌晨 00:10 落地的 MU2128 航班上有位重症旅客需要急救，接到通知后，急救中心值班主管立刻组织医务人员和救护车迅速到达 114 停机位。凌晨 00:28，随着上海飞往兰州的 MU2128 航班的平稳降落后，早已在一旁等候的医护人员迅速进入客舱，对患者进行救护。记者了解到，在上海务工的马先生乘机前的一天就感觉到腹痛，当地医院查出其患有急性阑尾炎。在上海孤身一人的马先生打算回家治疗，谁料却在飞机上病情突然加重，呼吸困难。鉴于患者病情严重，值班主管派救护车及医护人员将其紧急送往省人民医院并及时进行手术治疗。据省医医生介绍，幸好患者转送及时，若晚到半小时将会危及病人生命。其间，机场急救中心值班主管多次与患者家属联系，询问患者病情及手术进展。直到 9 日 08:10，患者家属打来电话，称患者手术成功，脱离危险，并感谢为救治小马付出努力的医护人员。

（一）急性阑尾炎医学释义

急性阑尾炎又称盲肠炎，是最常见的急腹症。转移性右下腹痛及阑尾点（麦氏点，见图

10.10.14）压痛、反跳痛为其常见临床表现，但是急性阑尾炎的病情变化多端。

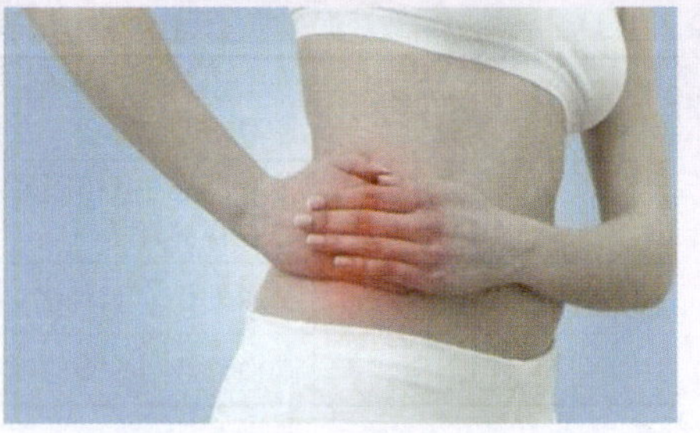

图 10.10.14　麦氏点

急性阑尾炎一般分四种类型：急性单纯性阑尾炎，急性化脓性阑尾炎，坏疽及穿孔性阑尾炎和阑尾周围脓肿。

1. 急性单纯性阑尾炎

为早期的阑尾炎，病变以阑尾黏膜或黏膜下层较重。阑尾轻度肿胀、浆膜面充血、失去正常光泽。黏膜上皮可见一个或多个缺损，并有嗜中性粒细胞浸润和纤维素渗出。黏膜下各层有炎性水肿。

2. 急性蜂窝织炎性阑尾炎

又称急性化脓性阑尾炎，常由单纯阑尾炎发展而来。阑尾显著肿胀，浆膜高度充血，表面覆以纤维素性渗出物。镜下可见炎性病变呈扇面形由表浅层向深层扩延，直达肌层及浆膜层。阑尾壁各层皆为大量嗜中性粒细胞弥漫浸润，并有炎性水肿及纤维素渗出。阑尾浆膜面为渗出的纤维素和嗜中性粒细胞组成的薄膜所覆盖，即有阑尾周围炎及局限性腹膜炎表现。

3. 急性坏疽性阑尾炎

是一种重型的阑尾炎。阑尾因内腔阻塞、积脓、腔内压力增高及阑尾系膜静脉受炎症波及而发生血栓性静脉炎等，均可引起阑尾壁血液循环障碍，以致阑尾壁发生坏死。此时，阑尾呈暗红色或黑色，常导致穿孔，引起弥漫性腹膜炎或阑尾周围脓肿。

（二）主要表现症状

1. 腹痛

典型的急性阑尾炎初期有中上腹或脐周疼痛，数小时后腹痛转移并固定于右下腹。早期阶段为一种内脏神经反射性疼痛，故中上腹和脐周疼痛范围较弥散，常不能确切定位。当炎症波及浆膜层和壁腹膜时，疼痛即固定于右下腹，原中上腹或脐周痛即减轻或消失。因此，无典型的转移性右下腹疼痛史并不能除外急性阑尾炎。

单纯性阑尾炎常呈阵发性或持续性胀痛和钝痛，持续性剧痛往往提示为化脓性或坏疽性阑尾炎。持续剧痛波及中下腹或两侧下腹，常为阑尾坏疽穿孔的征象。有时阑尾坏疽穿孔，腹痛反而有所缓解，但这种疼痛缓解的现象是暂时的，且其他伴随的症状和体征并未改善，甚至有所加剧。

2. 胃肠道症状

单纯性阑尾炎的胃肠道症状并不突出。在早期可能由于反射性胃痉挛而有恶心、呕吐。盆腔位阑尾炎或阑尾坏疽穿孔可有排便次数增多。

3. 发热

一般只有低热，无寒战，化脓性阑尾炎一般亦不超过 38℃。高热多见于阑尾坏疽、穿孔或已并发腹膜炎。伴有寒战和黄疸，则提示可能并发化脓性门静脉炎。

4. 压痛和反跳痛

腹部压痛是壁腹膜受炎症刺激的表现。阑尾压痛点通常位于麦氏点，即右髂前上棘与脐连线的中、外 1/3 交界处。随阑尾解剖位置的变异，压痛点可相应改变，但关键是右下腹有一固定的压痛点。肥胖或有盲肠后位阑尾炎的病人，压痛可能较轻，但有明显的反跳痛。

5. 腹肌紧张

阑尾化脓即有此体征，坏疽穿孔并发腹膜炎时腹肌紧张尤为显著。但老年或肥胖病人腹肌较弱，须同时检查对侧腹肌进行对比，才能判断有无腹肌紧张。

6. 皮肤感觉过敏

在早期，尤其在阑尾腔有梗阻时，可出现右下腹皮肤感觉过敏现象，范围相当于第 10~12 胸髓节段神经支配区，位于右髂嵴最高点、右耻骨嵴及脐构成的三角区，它并不因阑尾位置不同而改变，如阑尾坏疽穿孔则在此三角区的皮肤感觉过敏现象即消失。

（三）一般处理原则

（1）乘务组应记录各种情况及时报告机长，通告地面准备救护车、医生到站接机。到站后将旅客和情况记录单交医务人员送往医院。

（2）客舱一般处理原则为平躺休息、禁食。

（3）对症处理，如镇静、止吐，必要时放置胃减压管等。

（4）抗生素应用：阑尾炎绝大多数属混合感染，应用氨苄青霉素、庆大霉素与甲硝唑联合。

（5）止痛药应用：适用于已决定手术的病人，但禁用于一般情况，尤其是体弱者。

（6）当急性阑尾炎处在早期单纯性炎症阶段时，可用抗生素抗感染治疗。一旦炎症吸收消退，阑尾能恢复正常。当急性阑尾炎诊断明确，有手术指征，但因病人周身情况或客观条件不允许，也可先采取非手术治疗，延缓手术。若急性阑尾炎已合并局限性腹膜炎，形成炎性肿块，也应采用非手术治疗，使炎性肿块吸收，再考虑择期阑尾切除。

二十二、泌尿系结石

（一）泌尿系结石医学释义

泌尿结石（见图 10.10.18）是泌尿系的常见病。结石可见于肾、膀胱、输尿管和尿道的任何部位。但以肾与输尿管结石为常见。临床表现因结石所在部位不同而有异。肾与输尿管结石的典型表现为肾绞痛与血尿，在结石引起绞痛发作以前，病人没有任何感觉，由于某种诱因，如剧烈运动、劳动、长途乘车等，突然出现一侧腰部剧烈的绞痛，并向下腹及会阴部放射，

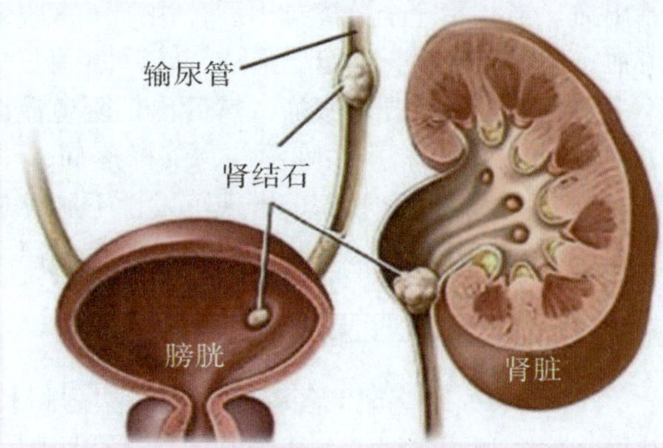

图 10.10.15　泌尿结石

伴有腹胀、恶心、呕吐、不同程度的血尿；膀胱结石主要表现是排尿困难和排尿疼痛。

（二）主要表现症状

（1）其表现症状为发病突然，剧烈腰痛，疼痛多呈持续性或间歇性，并沿输尿管向髂窝、会阴及阴囊等处放射。

（2）出现血尿或脓尿，排尿困难或尿流中断等。

（3）患者发病时往往经受不住疼痛，会脸色发白，嘴唇青紫，额头冒汗。

（三）一般处理原则

（1）乘务组应记录各种情况，及时报告机长，通告地面准备救护车、医生到站接机。到站后将旅客和情况记录单交医务人员送往医院。

（2）可以在他人搀扶下来回走动缓解疼痛。

（3）建议多喝橙汁、酸果蔓汁和柠檬水，因为里面含有枸橼酸盐，能有效溶解石头，避免饮用咖啡因、红茶、葡萄汁、苹果汁以及可乐。

（4）平时要注意多喝水，每天保持喝水量在 2000~3000 毫升，正常成人 24 小时尿量应保持在 2000 毫升以上，另外，晚上临睡前喝一杯水，这能有效地减少泌尿结石的发生。

二十三、机上流产

（一）机上流产医学释义

妊娠不足 28 周、胎儿体重不足 1000 克而终止妊娠者称流产。流产发生于妊娠 12 周前者称早期流产，发生在妊娠 12 周至不足 28 周者称晚期流产。流产又分为自然流产和人工流产，自然流产的发病率占全部妊娠的 15% 左右，多数为早期流产。还有两种特别流产类型：稽留流产和习惯性流产。

（二）主要表现症状

流产的主要症状是阴道流血和腹痛。

（1）阴道流血发生在妊娠 12 周以内流产者，开始时绒毛与蜕膜分离，血窦开放，即开始出血。当胚胎完全分离排出后，由于子宫收缩，出血停止。早期流产的全过程均伴有阴道流血；晚期流产时，胎盘已形成，流产过程与早产相似，胎盘继胎儿娩出后排出，一般出血不多，特点是往往先有腹痛，然后出现阴道流血。

（2）流产时腹痛系阵发性宫缩样疼痛，早期流产出现阴道流血后，胚胎分离及宫腔内存有的血块刺激子宫收缩，出现阵发性下腹疼痛，特点是阴道流血往往出现在腹痛之前。晚期流产则先有阵发性子宫收缩，然后胎盘剥离，故阴道流血出现在腹痛之后。

（三）一般处理原则

（1）乘务组应记录各种情况及时报告机长，通告地面准备救护车、医生到站接机。到站后将旅客和情况记录单交医务人员送往医院。

（2）绝对平卧休息。

（3）应用镇静剂。

（4）内分泌治疗用黄体酮。

（5）维生素 E 治疗，严密观察。约 60%病人经适当治疗均有效。

若是大量出血，阵缩变剧，腹部剧痛有块物排出，出血不停，可能为不完全流产，有条件可先应用宫缩剂，保留块物即刻转院处理以防大出血引起休克，危及生命。

二十四、机上分娩

【案例】

在昆明飞往上海的一架航班上，一名孕妇突然临产，飞机因此紧急备降长沙黄花国际机场。经乘务人员和旅客倾力救助，孕妇终于在机上顺利分娩。事情的经过是这样的：

前晚 10 时 35 分，在昆明飞往上海虹桥的航班上，乘务员突然发现一名孕妇脸色异常，不断呻吟。经询问，这位名旅客感到小腹剧痛，极有可能临产。机组当即与长沙空中管制中心取得联系，要求把飞机紧急备降黄花机场。

新的生命即将诞生，刻不容缓！长沙空管立即将这一情况告知了黄花机场指挥中心，一场应急救援的战斗立即打响：服务人员、医务人员、救护车……短短几分钟内，相关人员和设备全部到达预定地点，等待飞机降落。

就在飞机降落过程中，孕妇的情况越来越紧急。机组人员商量后，立即动员后排的旅客腾出位置，开始为她接生。11 时 08 分，孕妇顺利产出一名女婴，母子平安。两分钟后，飞机降落在黄花机场。机场医务人员立即登机为母婴俩进行了初步护理：剪断婴儿脐带，消毒包扎……随后，救护车将产妇和婴儿送往湖南省人民医院住院看护。

由于飞机中分娩有危险，同时空中旅行有可能导致早产，故接近产期的孕妇是不能乘坐飞机旅行的。尽管如此，机上乘务人员还是应当了解一些分娩处理方法，以备急需时使用。一旦遇上孕妇在机上分娩时，应立即广播请旅客中的医护人员或有接生经验的人帮助接生。如无人帮助时，就得由乘务人员就地取材做好接生工作。

（一）分娩的定义

分娩，特指胎儿脱离母体成为独立存在的个体的这段时期和过程。

（二）分娩四要素

（1）产力：子宫收缩力、腹肌收缩力；

（2）产道：骨产道、软产道；

（3）胎儿：胎位、胎儿大小；

（4）精神心理因素。

（三）临产指征

（1）腰背部有酸痛、腹部阵发性疼痛；

（2）可能有少量黏液或少量见血（不是出血）；

（3）腹部像痉挛般地疼痛，出现以 10~20 分钟的间隔持续 30~60 秒的有规律的宫缩；

（4）子宫底下降；

（5）尿频；

（6）胎膜可能先破裂，造成羊水喷流或缓慢地流出。

注意：如果疼痛是以 20 分钟或者更长时间的间隔，则有足够的时间让飞机着陆。

（四）处置措施

（1）把孕妇的座位换到门附近，但不是应急出口处，这样在着陆后更方便医务人员的工作；

（2）保持尽可能的舒适环境；

（3）给些高能量食物或饮料以使其有足够的能量；

（4）告诉孕妇不能用力太猛，以避免撕裂会阴部组织；

（5）不允许孕妇独自进入洗手间；

（6）和孕妇待在一起并给予她信心；

（7）需要获得以下信息，以便让机长通知地面：

① 孕妇的姓名及年龄；

② 是第几次分娩；

③ 预产期；

④ 分娩疼痛持续的时间及频率；

⑤ 羊水是否已经破裂流出。

（8）如果疼痛是以 2~3 分钟的间隔出现的话，则必须准备为其分娩。

（五）分娩全过程的处置

分娩全过程分三期：宫口扩张期、胎儿娩出期和胎盘娩出期。

1. 宫口扩张期

初产妇一般需 8~10 小时，不能超过 12 小时。经产妇 3~4 小时。在此期间要做以下准备：

1）对产妇的准备

（1）临时搭建一个分娩的场所，在地上铺上毛毯和塑料布，防止羊水和血液污染机上地毯；

（2）让产妇仰天躺下，双腿分开，双膝弯曲，双脚平放；

（3）使用一个或两个枕头来垫高她的头部和肩部，在她的双臂下分别垫上折叠的毛毯，使其分娩容易些；

（4）进行对产妇的消毒；

（5）给予高能量的食物；

（6）让一名有经验的乘务员待在她的身边密切观察，并给予她信心。

2）物品的准备

干净的毛毯、内衣裤；面盆 1 ~ 2 个，装入烧开的热水；卫生纸数包；干净（消毒）布 4 块，用于垫臀部、盖耻骨联合上缘、铺外阴两侧；小布巾（或毛巾）2 块（用于保护会阴及新生儿保温）；消毒纱布；脱脂棉；肥皂；剪刀一把；粗丝线或其他结实的线 2 根，长约 33 厘米；浓度为 75% 的酒精（如无，可用白酒）；2.5% 的碘酒；镊子；体温计；急救工具包；乳胶手套；清洁袋；卫生巾等。

3）接生者的准备

（1）如没有医生的协助，则必须挑选最具经验的乘务员担任助产的工作；

（2）至少有两名人员参加助产工作；

（3）助产者进行手部的消毒。

2. 胎儿娩出期

从宫口开全到胎儿娩出，初产妇需 1~2 小时，经产妇只需几分钟。在此期间应指导产妇正确使用腹肌，保护会阴。

（1）让新生儿自己出生。

（2）新生儿在出生时可能面部朝下，并且将自然地转到耻骨之下。

（3）当新生儿生出来时，用手臂支撑其头部和身体，把其引导出来，但是不要拉。不要接触到产妇的皮肤。

（4）如果是头在胎膜内的情况下生出来的，则在头的后枕部用钝头剪刀轻轻把胎膜撕裂。

（5）如果脐带绕在新生儿的颈上，则轻柔地把它移出新生儿的头部。

（6）当脚出来时，侧着放下新生儿，让其头部稍低于其身体。这样做是为使得血、液体和黏液从嘴和鼻子中流出来，从鼻子和嘴上擦掉。

（7）记录婴儿出生的时间。

（8）促使婴儿呼吸：轻柔但有力地拍婴儿的脚底或背部，以使其哭泣或呼吸。若婴儿大声啼哭，表示呼吸道已畅通；如果婴儿不哭也不呼吸，则进行人工呼吸急救，有关程序请参阅“口对口人工呼吸——对婴儿的急救”这一部分。

（9）对脐带的处理：

① 如果离着陆的时间在两小时之内，则可以不用剪脐带。婴儿通过脐带仍保持和胎盘联系在一起，直到产妇抵达医院，不会造成大的伤害。

② 如果离着陆的时间在两小时以上，则需处理脐带。

③ 待脐带搏动停止后，用酒精擦脐根周围，在距脐根 1.5 ~ 2.0 厘米处用粗线结扎第一道（扎两个死结），在此线外 1 厘米处结扎第二道，应扎紧以防脐出血，但也不能用力过猛，致脐带断裂。在两结扎线中间剪断脐带，挤出残血，用无菌纱布包好，再用脐带布包扎。

3. 胎盘娩出期

胎儿娩出后 15 分钟，胎盘会娩出，不能超过 30 分钟。要注意保持胎膜、胎盘的完整。

（1）当婴儿出生时，停止的分娩疼痛再次短暂出现时，胎盘开始产出，当胎盘娩出至阴道口时，接产者用双手抱住胎盘，向一个方向旋转并缓慢向外牵拉，以助胎膜完整排出；

（2）在大多数情况下，胎盘将在婴儿出生后的数分钟内排出；

（3）让产妇轻柔地在靠近脐部的子宫顶部之上进行按摩；

（4）把产出的胎盘放在干净的塑料袋内保存好。

4. 产后的工作

（1）控制流血；

（2）产出胎盘后始终伴随着一些子宫流血，因此在产妇身下放一块卫生巾；

（3）在不进行挤压的情况下，让产妇放低双腿并让它们合拢在一起，垫高她的脚；

（4）让产妇轻柔地按摩她子宫顶部，以帮助子宫收缩减少流血。

5. 对产妇和婴儿的护理

产后应给软、热、多汤饮食，安静休息。婴儿要注意保温，防止吹风受凉。通知到达站，做好交接工作。

第十一节　止血

一、失血的危险

正常人的全身血量约占体重的 8%，正常成人的全身血量约 5 升左右，如果一次出血量超过全身血容量的 30% 时，就会威胁人的生命，甚至引起死亡。因此，无论在什么情况下，如果发现伤员出血，必须立即止血。

二、出血的种类

（1）动脉出血：血色鲜红，出血如喷泉一样随着动脉搏动，从伤口喷出。出血急，出血量大，不及时止血，危险性极大。

（2）静脉出血：血色暗红，出血像流水一样，从伤口流出。出血随血管口径和伤口大小而不同，如不止血亦有危险。

（3）毛细血管出血：血色鲜红，出血像水珠一样，从整个伤口面慢慢渗出。时间稍久，出血自止，危险性不大。

三、止血的方法

（一）加压包扎止血法

用消毒纱布或干净毛巾压住伤口，再用绷带或三角巾适度用力包扎。适用于毛细血管、静脉或小动脉的出血，见图 10.11.1。

注意：包扎范围要足够大，包扎后应将伤肢抬高。

（二）指压止血法

适用于较大的动脉出血，立即用手指把伤口近心端的动脉压在骨面上，达到迅速止血的目的，随后换上止血带。小的动脉出血，指压后可用加压包扎，见图 10.11.2。

（1）头顶部出血压迫法：在耳前对准下颌关节上方压颞浅动脉；

（2）面部出血压迫法：在下颌骨下缘中部压面动脉；

（3）上肢出血压迫法：在上臂中点肱二头肌内侧，将肱动脉压于肱骨上；

（4）手掌部出血压迫法：用手指分别压在腕部尺桡动脉上；

（5）下肢出血压迫法：在腹股沟中点，将股动脉用力压在股骨上。

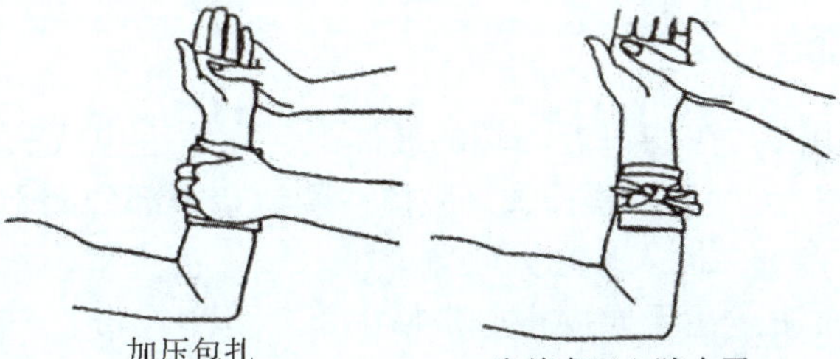

图 10.11.1　加压包扎止血法

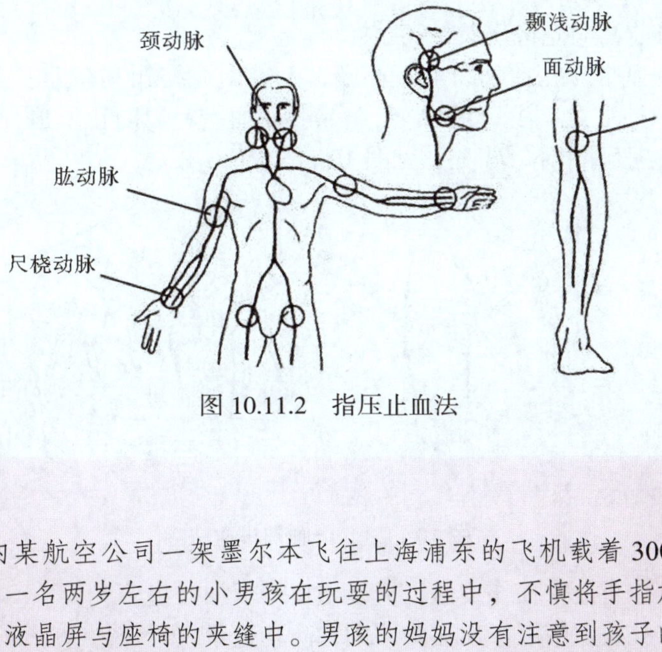

图 10.11.2　指压止血法

【案例】

2013 年国内某航空公司一架墨尔本飞往上海浦东的飞机载着 300 多名旅客起飞后，经济舱内的一名两岁左右的小男孩在玩耍的过程中，不慎将手指放入了前排座椅靠背后可旋转的液晶屏与座椅的夹缝中。男孩的妈妈没有注意到孩子的这一动作，在试图将其抱起时，孩子被缝隙夹住的手指被拉伤。听到孩子失声痛哭后，妈妈才注意到事情不妙。机组通过机上广播，幸运地在旅客中找到一名医生。经检查，孩子的手指骨没有折断，但从外表观察，皮肉全部拉开，只有骨头相连。在为孩子进行简单包扎后，医生提出了专业建议——孩子的伤指有出血症状，且年龄过小，需要在 4 小时内就医，否则手指可能会有坏死或残疾的危险。

当时飞机仍在澳洲境内，还要飞 9 到 10 个小时才能正常降落，距离最近的备降地新加坡机场也需要飞行 5 小时。为了让孩子得到及时救助，机组将返航墨尔本机场的决定告知机上旅客，得到了全体旅客无条件的支持。

MU738 航班的执飞机型是空客双通道大型宽体客机 A330-200E，起飞时加满了油，考虑到飞机在大油量情况下降落可能会引发冲出跑道等不安全事件，机组于返航途中在空中排放了 60 吨航油，直接经济损失超过 40 万元。该航班安全返回墨尔本机场后，受伤的孩子被立即送往当地医院治疗。

（三）止血带止血法

（1）橡皮止血带用法：在伤口近心端的肢体上，先用毛巾或病员衣服垫好，左手拿止血带，一端留下五寸左右，右手拉紧长头绕肢体一圈，余下部分交于左手，用中食指夹持，顺势向下拉出一环套，将短头插入环套并收紧。

（2）临时绞棒止血法：在无橡皮止血带情况下，可用绷带、三角巾、手帕或绳带等，在止血部位近心端绕一圈打结，然后用笔杆或小木棒在结下穿过，旋转绞紧直至止血为止，把绞棒固定在肢体上，并标明具体时间。

使用止血带注意事项：

（1）上止血带前，应先将伤肢抬高。

（2）部位：止血带应扎在伤口的近心端，上臂出血结扎应在上臂上 1/3 处。前臂及手部大出血应在上臂下 1/3 处，上臂的中 1/3 处禁扎止血带，以防止压迫神经引起麻痹。下肢大出血结扎部位应在股骨中下 1/3 处，见图 10.11.3。

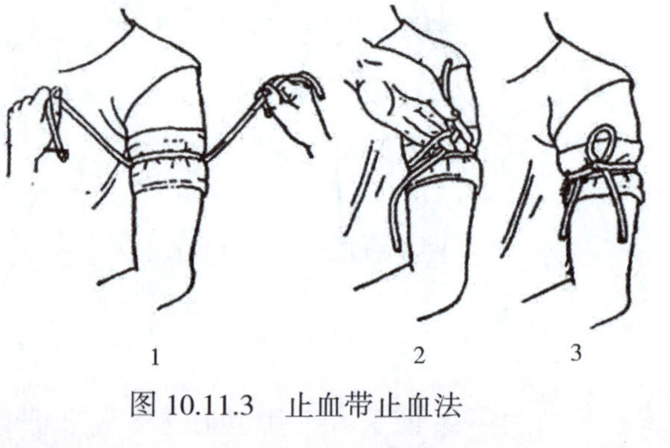

图 10.11.3　止血带止血法

（3）衬垫：避免止血带损伤皮肤，应在止血带下加衬垫。

（4）松紧度：扎止血带以不出血为原则，防止过紧或过松。

（5）结扎时间：至少在 30 分钟内松开一次，每次 1~2 分钟。总时间尽量不超过 5 小时。其间用指压止血法代替。

（6）标记：扎好止血带后，应加显著标记，注明启用和放松的时间，以便随时观察。

（7）使用止血带用六个字概括：准、垫、近、宜、标、放。

第十二节　包扎

可以压迫止血、保护伤口、固定骨折和敷料；机上主要有三角巾、绷带两种包扎用品。

一、绷带包扎

（一）环形包扎

即把绷带做环形重叠的缠绕。多用于胸、腹部和粗细相等的部位。各种不同绷带的开始和结束都用这种缠法。

（二）蛇形包扎

先把绷带做环形缠绕，再以同样宽度的间隔斜着向上卷。在用少量绷带固定棉花或夹板时，可使用这种包扎法，见图 10.12.1。

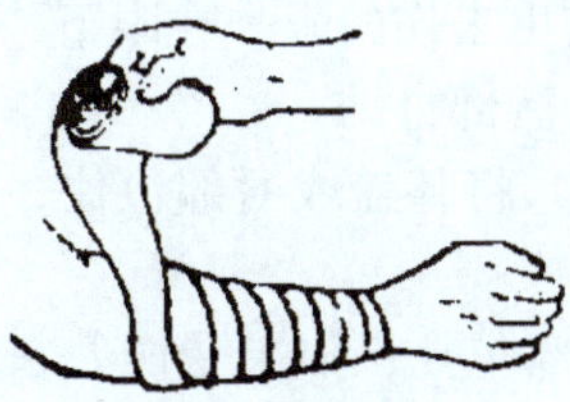

图 10.12.1　蛇形包扎

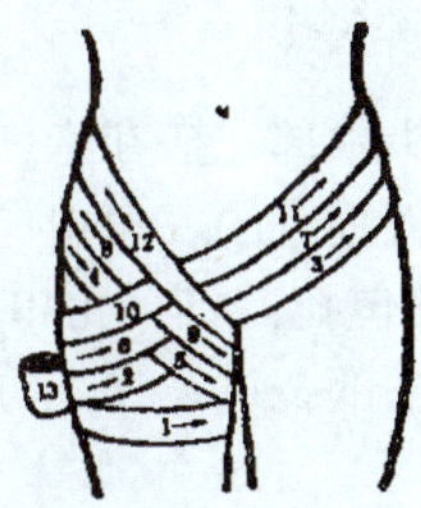

图 10.12.2　人字包扎

（三）人字带包扎

在肩头、腹股沟（大腿根）等部位，把绷带先照 8 字形缠绕，再就 8 字形一圈大一圈地缠下去，成为重叠的人字形，见图 10.12.2。

（四）扇形包扎

在关节部以关节为中心照 8 字形上、下缠绕，成为扇形，见图 10.12.3。

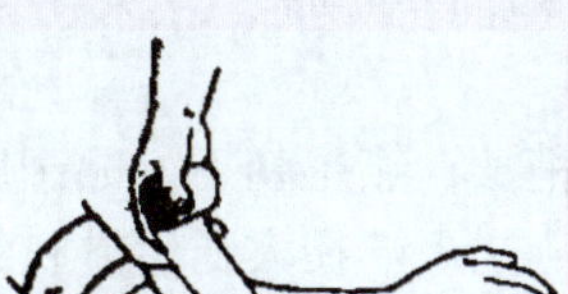

图 10.12.3　扇形包扎

图 10.12.4　螺旋反折包扎

（五）螺旋反折包扎

在粗细不等的四肢，先用螺旋形绷带，到渐粗的地方，每圈把绷带反折一下，并盖住前圈 1/3 ~ 2/3，如此由下而上缠绕，见图 10.12.4。

二、三角巾包扎法

（1）头部包扎：先将三角巾的长边折叠成两层，约两指宽，从前额包起，把顶角及左右两角拉到后脑部，先打半结，将顶角塞到结里，最后把左右两角拉到前额打结，见图 10.12.5。

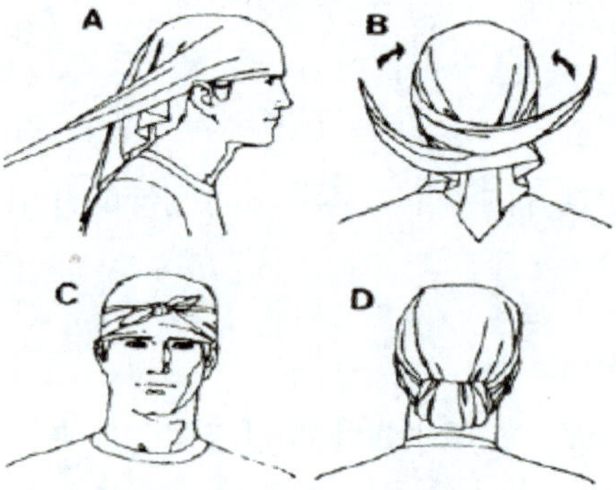

图 10.12.5　头部包扎

（2）面部包扎：把三角巾的顶部打结，在预计遮盖眼、鼻、嘴的地方剪成小洞，然后包扎头面，把左右两角拉到颈后，再绕到前面打结，常用于面部烧伤。

（3）耳部包扎：先将三角巾折成条状，从头部至下巴绕一周，在未伤的耳部扭一下，从额部再绕一周，在伤耳的上方打结。注意不要压迫伤耳。

（4）眼部包扎：将三角巾折成条状，包住伤眼，将未伤的眼露出，在头后部打结。或用两条折成条状的三角巾，一条从头顶部，搭在未伤的眼，露出未伤的眼，在眼下，再将另一条斜包在伤眼上，头侧部打结，将垂直的三角巾向上掀起头后部打结。

（5）膝部和肘部包扎：将三角巾折成四折，将膝盖或肘部包住，在后面交叉将两端各自从膝盖或肘部上、下部绕过，在上方打结。

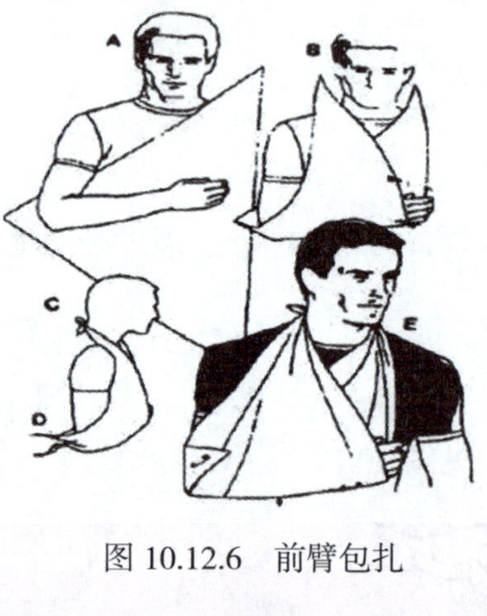

图 10.12.6　前臂包扎

（6）胸部包扎：如果受伤处在右胸，就把三角巾的顶角放在右肩上，将左右两角拉到背后，于右面打结，然后把右角提到肩部与顶角打结，如果受伤处在左胸，就把顶角放在左肩，包法相同。

（7）背部包扎：与胸部包扎法相同，不同的是从背部包起，胸前打结。

（8）前臂包扎：将直角点放在受伤一侧，伤臂与身体之间，上端放在颈部，另一端包住伤臂放在颈部另一侧，在后面打结，将直角点掖好，见图 10.12.6。

（9）锁骨包扎：按前臂包扎法包好后，再用一条三角巾折成条状，横向绕一周，在未伤一侧打结，将伤臂与身体固定。

（10）腹部包扎：将三角巾折成燕尾式，一侧稍长，燕尾朝下，贴于腹部，上边两角于腰后打结，燕尾端从两大腿中向后拉紧，经大腿与燕尾短端在大腿后方打结。

（11）手足包扎：将手（足）置于三角巾上，指（趾）尖朝向顶端，把上顶角折起，包在手（足）背上，将左右两角交叉，向上拉到手腕（足踝）的两面，最后缠绕打结。见图 10.12.7、图 10.12.8。

注意：若遇到外伤需要包扎，一时找不到三角巾或绷带时，可按部位不同就地取材，利用毛巾、手帕、衣服或帽子等物品代替进行包扎。

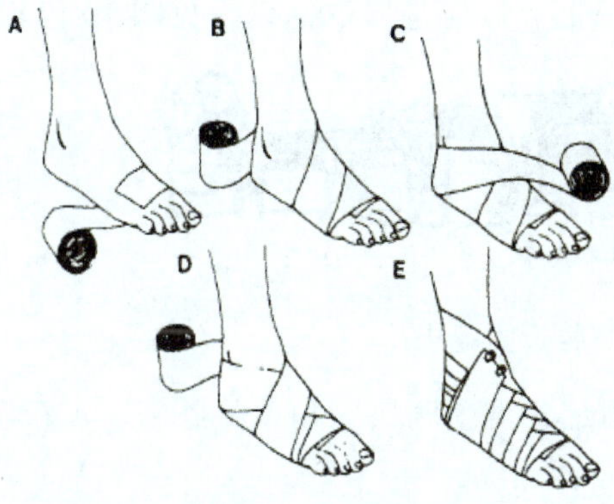

踝关节“8”字形包扎法

图 10.12.7　足部包扎

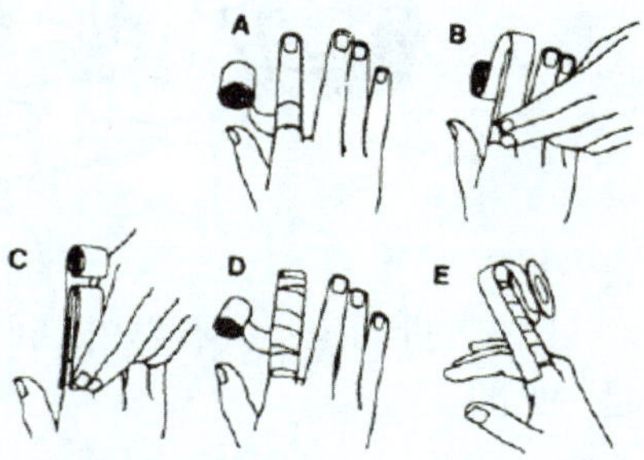

图 10.12.8　指尖包扎

第十三节　固定

骨折固定的原则：先固定骨折点的上、下端，后固定骨折点的上、下关节。

一、上肢骨骨折：上臂、肘、前臂或手腕骨折

（1）夹板固定法：在上臂侧放一块夹板，用三角巾在骨折部上、下端固定再将前臂悬吊在胸前。最后用一块三角巾将上臂和悬臂三角巾一同固定于胸部，见图 10.13.1。

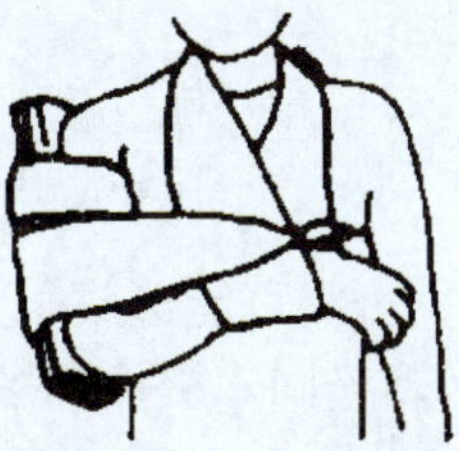

图 10.13.1　夹板固定法

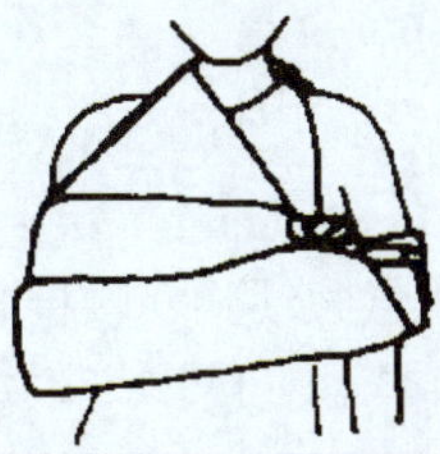

图 10.13.2　无夹板固定法

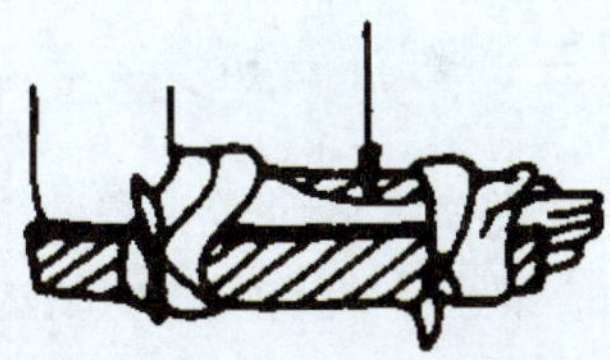

图 10.13.3　前臂骨折固定法

（2）无夹板固定法：用一宽带将伤臂固定于胸部，再用三角巾将前臂悬吊在前胸，见图 10.13.2。

（3）前臂骨折固定法：最好有两人进行固定，夹板固定好后用绷带或三角巾固定，并用悬臂带吊起来，见图 10.13.3。

二、下肢骨骨折

（1）大腿骨折固定：至少有两人参加固定，夹板固定好后，足部分用 8 字缠绕法，使腿与脚呈垂直。用三角巾把患肢和健肢固定在一起，限制患肢的活动，见图 10.13.4。

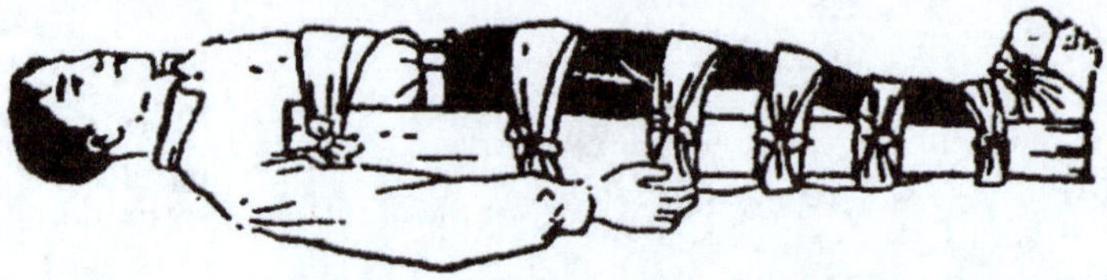

图 10.13.4　大腿骨折固定法

（2）小腿骨折固定：夹板放在伤腿外侧固定，再用两块三角巾将膝部、足跟和健肢固定在一起，见图 10.13.5。

图 10.13.5　小腿骨折固定法

（3）足部骨折固定法：急救时应扶住足关节、脱鞋或剪开鞋子，将夹板放在足底，用绷带缠扎固定，见图 10.13.6。

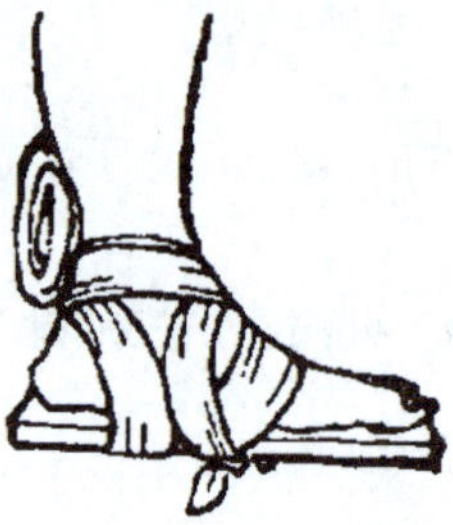

图 10.13.6　足部骨折固定法

三、脊柱骨折

此类病人俯卧较为安全舒适，切忌随意搬动胸、腰椎骨折的伤员，否则可能造成永久性截瘫，禁止一人或两人不用木板来移动和搬运；上下或交换担架时，必须连同木板一同搬运。

第十四节　应急医疗箱、急救箱

一、机载医疗设备的用途

（1）为机组人员和需治疗的人员提供基本的急救药品；

（2）仅为具有医疗执照证书、专业证明或机长根据其具有的医疗知识和技术判断是否能够使用应急医疗箱中器具的人员，提供便利的医疗器具。

二、操作

（1）打开应急医疗箱或急救箱的锁扣，断开铅封，打开盒子；

（2）使用应急医疗箱和急救箱内的物品提供救援。

三、要求

（1）确信使用人员完全了解使用说明表；

（2）乘务员上机后应检查药箱铅封是否完好，如发现铅封被打开则须报告机长，由机长通知相关部门；

（3）使用过药箱内物品和药品后，乘务员应认真填写药箱内的“药箱使用反馈信息卡”，并及时将反馈信息卡交至药箱管理部门，以保证药箱管理部门在下一个航班开始之前完成药品、器械的补充；

（4）乘务员使用过药箱后应及时报告机长，由机长通知相关部门。

四、“紧急医学事件报告单”的使用

（一）位置

记录单（一式两份）放置在每个机上应急医疗箱和急救箱内。

（二）目的

记录整个治疗过程及用药情况。

（三）操作

（1）“紧急医学事件报告单”上涉及的签名都必须由本人签署。

（2）记录单原件页由主任乘务长 / 乘务长带回交客舱部管理部门保管。

（3）记录单复印页由主任乘务长 / 乘务长交病人离机站的公司代办或代理公司或飞机执管单位的基地站运行控制中心。（公司总部交运行控制中心外场科机坪值班员。）

（4）主任乘务长 / 乘务长必须在该航班结束后的 24 小时内将“紧急医学事件报告单”上交至客舱部。

注意：将使用过的注射器放入应急医疗箱中以便妥善销毁。

五、飞行中应急医疗事件报告

应记录的应急医疗事件范围如下：

（1）旅客或机组成员在航空器上突发重病或死亡事件；

（2）由于航空器操作、设施、工作人员服务等原因造成旅客受伤；

（3）由于人员伤病造成飞机改航或备降；

（4）导致使用机上急救箱、应急医疗箱（除体温计、血压计外）中药品 / 物品的情况；

（5）突发公共卫生事件；

（6）主任乘务长 / 乘务长认为今后会有可能与航空公司发生纠纷的任何医疗事件。

六、应急医疗箱和急救箱的配备物品及标准

（一）应急医疗箱内医疗用品（见表 10-14-1）

（1）口咽气道（口咽通气道），系指在急救和心肺复苏中，限制舌后坠，维持气道开放，保持伤患者气道畅通而使用的医疗用品。其规格大小在 40~120 毫米不等，可根据实际情况自行确定其中的三种规格。

（2）注射器和针头：应配备一次性使用注射器（含针头）。配备规格为 2 毫升注射器 2 支，5 毫升注射器 2 支。合格证持有人如根据运行需要，调整配置其他型号注射器（含针头），应当报合格证管理局备案。

（3）硝酸甘油片：用于突发心绞痛或急性心肌梗死时的应急处置。合格证持有人可以选择具有同等功效的其他急救药品，但应当报合格证管理局备案。

（4）皮肤消毒剂：可选用含碘类（如碘伏）、洗必泰类、季铵盐类或植物（中草药）类等非醇类皮肤消毒剂，选用时应注意包装严密，且不应对航空器和运行存在安全威胁。

（5）0.9% 氯化钠（生理盐水）：主要用于清洗伤口（创伤面）或稀释注射用药品。其配置容量不得少于 250 毫升。

（二）应急医疗箱使用要求

（1）机上遇有急重伤病旅客，广播寻找医务人员后，向其出示应急医疗药箱内物品名称、用法一览表，供其使用；

（2）当医务人员要求使用箱内物品时，需确认该人的医生证明；

（3）特殊情况，机长有权决定打开并取用其中的相关用品；

（4）使用应急医疗药箱后，应填写机上紧急事件报告单，并请机长、使用医生和主任乘务长 / 乘务长签名；

（5）航班回港后，将机上紧急事件报告单交相应部门。

表 10-14-1　应急医疗箱内医疗用品

项目	数量
血压计	1 个
听诊器	1 副
口咽气道（三种规格）	各 1 个
静脉止血带	1 根
脐带夹	1 个
手术口罩	2 副

续表

项目	数量
医用橡胶手套	2 副
皮肤消毒剂	4 片
消毒棉签	40 支
体温计（非水银式）	1 支
注射器（2 毫升、5 毫升）	各 2 支
0.9% 氯化钠	250 毫升
1 ： 1000 肾上腺素单次用量安瓶	2 支
盐酸苯海拉明注射液	2 支
硝酸甘油片（或喷剂）	10 片（支）
醋酸基水杨酸（阿司匹林）口服片	30 片
应急医疗箱手册（含药品和物品清单）	1 本
机上应急事件报告单	1 本（若干页）

（三）急救箱内医疗用品（见表 10-14-2）

（1）绷带是指根据不同尺寸要求分割组成小卷的医用绷带。主要用于各种伤口的包扎固定，并不直接接触伤口。

（2）敷料是指包扎伤口的医用敷料。用以覆盖创伤面及其他损害的材料。应当经过消毒灭菌处理并规范包装。包装表面应当标注有效期；

（3）三角巾是指呈直角等腰三角形的包扎伤口材料。广泛适用于病人的头部、面部、手掌、腹部、足部、踝关节、前额、耳部等受伤部位包扎。合格证持有人可以选择具有同等功效的其他物品，但应当报合格证管理局备案。

（4）夹板是指固定骨折部位的材料，分为手臂夹板和腿部夹板， 可选择木制夹板、充气夹板、钢丝夹板等。

（5）胶布是指医用胶布。

（6）动脉止血带：适用于四肢大出血。当其他止血法不能止血时才用动脉止血带进行止血。止血带包括橡皮止血带（橡皮带、橡皮条和一次性止血带）、气性止血带（如血压计袖带）和布制止血带等。

（7）医用剪刀是指医用不锈钢圆头剪刀（如敷料剪刀）。用于急救时剪医用敷料，伤口处衣物等。

（8）医用橡胶手套是指医用灭菌橡胶手套。

（9）皮肤消毒剂：可选用含碘类（如碘伏）、洗必泰类、季铵盐类或植物（中草药）类等非醇类皮肤消毒剂，用于对创伤面的消毒。皮肤消毒剂包装应当严密、不泄漏，不应对航空器和运行存在安全威胁。

（10）单向活瓣嘴对嘴复苏面罩：用于对伤病人员实施心肺复苏时的人工呼吸。

（四）急救箱使用要求

（1）在机上出现外伤或出现紧急情况时可以使用；

（2）经过急救训练的乘务人员、在场的医务人员或经专门训练的人员均可打开和使用此箱内物品；

（3）使用后要做好记录，一式两份，一份由使用人留存，一份留箱内交回地面有关部门。记录单要有主任乘务长 / 乘务长和机长签名。

表 10-14-2　急救箱内物品

项目	数量
绷带，3 列（5 厘米）、5 列（3 厘米）	各 5 卷
敷料（纱布），10 厘米 ×10 厘米	10 块
三角巾（带安全别针）	5 条
胶布，1 厘米、2 厘米（宽度）	各 1 卷
动脉止血带	1 条
外用烧伤药膏	3 支
手臂夹板	1 副
腿部夹板	1 副
医用剪刀	1 把
医用橡胶手套	2 副
皮肤消毒剂及消毒棉	4 片
体温计（非水银式）	2 支
单向活瓣嘴对嘴复苏面罩	1 个
急救箱手册（含物品清单）	1 本
机上应急事件报告单	1 本（若干页）

（五）卫生防疫包

每架飞机在载客飞行中所配卫生防疫包的数量不得少于每 100 个旅客座位 1 个（100 座以内配 1 个），每个卫生防疫包应当能够防尘、防潮，每个卫生防疫包应当配备以下药品和物品，见表 10-14-3。卫生防疫包的配备数量以及包内各类药品和卫生防疫物品应当符合 CCAR-121 部附件 B 的规定。

表 10-14-3　卫生防疫包内物品

项目	数量
液体、排泄物消毒凝固剂	100 克
表面清理消毒片	1~3 克
皮肤消毒擦拭纸巾	10 块
医用口罩和眼罩	各 1 个（副）
医用橡胶手套	2 副
防渗透橡胶（塑料）围裙	1 条
大块吸水纸（毛）巾	2 块
便携拾物铲	1 套
生物有害物专用垃圾袋	1 套
物品清单和使用说明书	1 份
事件记录本或机上应急事件报告单	1 本（若干页）

（六）卫生防疫包使用要求

（1）穿戴个人防护用品。依次穿戴医用口罩、眼罩、医用橡胶手套、防渗透围裙。

（2）配制消毒液。取 1 片表面清理消毒片放入 250~500 毫升清水中，配置成 1 ∶ 500~1 ∶ 1000 浓度的消毒液，用于对污染物的座舱内物品表面和地面进行初步消毒。

（3）将消毒凝固剂均匀覆盖于液体、排泄物等污物 3~5 分钟，使其凝胶固化。

（4）使用便携拾物铲将凝胶固化的污物铲入生物有害物专用垃圾袋中。

（5）用配好的消毒液浸泡的吸水纸（毛）巾对污物污染的物品和区域消毒两次，保证每次消毒液在表面滞留 5 分钟，再用清水擦拭清洗两次。最后将使用后的吸水纸（毛）巾及其他使用过的消毒用品放入生物有害专用垃圾袋。

（6）依次脱掉手套、围裙，用皮肤消毒擦拭纸巾擦手消毒；再依次脱下眼罩、口罩，最后用皮肤消毒擦拭纸巾擦手及身体其他可能接触到污物的部位。

（7）将所有使用后的防护用品装入生物有害专用垃圾袋后，将垃圾袋封闭，填写“生物有害垃圾标签”（见图 10.14.1），粘贴在垃圾袋封口处。

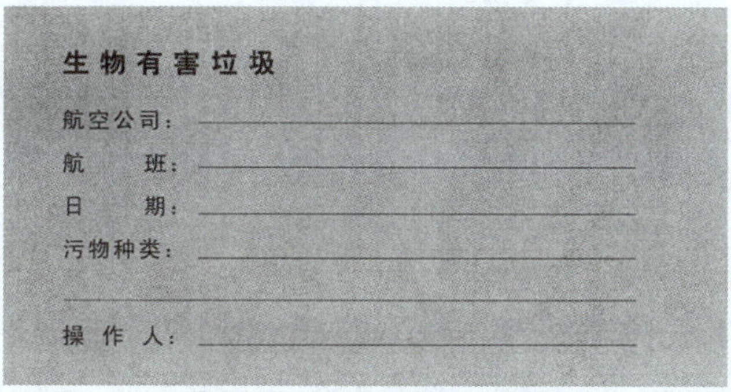

生物有害垃圾

航空公司：________________

航　　班：________________

日　　期：________________

污物种类：________________

____

操 作 人：________________

图 10.14.1　生物有害垃圾标签

（8）已封闭的生物有害专用垃圾袋暂时存放于适当位置，避免丢失、破损或对机上餐食造成污染。

（9）通知目的地的地面相关部门做好接收准备。

（10）生物有害垃圾袋按照医疗垃圾管理原则处置，负责接收的地面相关部门事先与医疗废物的专业机构签订协议，确保生物有害垃圾及时送到相关机构进行无害化处理。

（七）紧急医学事件报告单

紧急医学事件报告单见图 10.14.2。

紧急医学事件报告单

航班号 FLIGHT		机号 AIRPLANE NO.		日期 DATE		备降地 ALTERNATE			
病人姓名 NAME		性别 SEX		国籍 NATIONALITY		年龄 AGE		证件号 PASSPORT NO.	
座位号 SEAT		目的地 DESTINATION		联系电话 TELEPHONE		住址 ADDRESS			

事件情况 EMERGENCY	处理过程 PREPARATION

证明人姓名 WITNESS	地址/电话 ADDRESS/TELEPHONE	国籍及证件号 NATIONALITY&PASSPORT NO.	座位号 SEAT	签名 SIGNATURE

处理人员签名 NAME OF PREPARATION	地址 ADDRESS	联系电话 TELEPHONE	签名 SIGNATURE

乘务长签名 PURSER	

图 10.14.2 紧急医学事件报告单

（八）应急医疗设备和药品使用知情同意书

应急医疗设备和药品使用知情同意书见图 10.14.3。

应急医疗设备和药品使用知情同意书

本人因身体不适或伤痛，在乘坐的飞机上（航班号：____）使用了由航班免费提供的药品（药品名：________）共（____）片或航班提供的医疗急救设备（设备名：____________）。

我在服药（或使用医疗急救设备）前已阅读使用说明书，清楚了解该药或设备的使用方法和注意事项等，出现由于使用上述药品和/或医疗急救设备所导致的不良反应或症状，由本人负责。

旅客签名：__________；同行人签名（如需要）：________

医疗急救专业人员签名（如需要）：______________

客舱机组成员签名：__________、__________

年　　月　　日

图 10.14.3　应急医疗设备和药品使用知情同意书

【课后思考题】

1. 急腹症有哪些类？如遇突发急性腹痛，如何处置？
2. 使用止血带的注意事项有哪些？
3. 如何确定胸外心脏按压的位置？
4. 胸外按压常见的错误有哪些？
5. 如何识别机上旅客将要分娩？
6. 简述机上分娩的指征。
7. 简述指压止血法的要点。

附件：《大型飞机公共航空运输承运人运行合格审定规则》（CCAR-121 R5）

第一节　A章 总则

CCAR-121 是规范民用航空活动的一部规章，其全称是《大型飞机公共航空运输承运人运行合格审定规则》。

第121.1条　目的和依据

为了对大型飞机公共航空运输承运人进行运行合格审定和持续监督检查，保证其达到并保持规定的运行安全水平，根据《中华人民共和国民用航空法》和《国务院对确需保留的行政许可项目设定行政许可的决定》制定本规则。

第121.3条　适用范围

(a) 本规则适用于在中华人民共和国境内依法设立的航空运营人实施的下列公共航空运输运行：

(1) 使用最大起飞全重超过 5700 千克的多发飞机实施的定期载客运输飞行；

(2) 使用旅客座位数超过 30 座或者最大商载超过 3400 千克的多发飞机实施的不定期载客运输飞行；

(3) 使用最大商载超过 3400 千克的多发飞机实施的全货物运输飞行。

(b) 对于适用于本条 (a) 款规定的航空运营人，在本规则中称之为大型飞机公共航空运输承运人。

(c) 对于应按照本规则审定合格的大型飞机公共航空运输承运人，中国民用航空局（以下简称民航局）授权相关的民航地区管理局按照审定情况在其运行合格证和运行规范中批准其实施下列一项或者多项运行种类的运行：

(1) 国内定期载客运行，是指符合本条 (a) 款第 (1) 项规定，在中华人民共和国境内两点之间的运行，或者一个国内地点与另一个由局方专门指定、视为国内地点的国外地点之间的运行；

(2) 国际定期载客运行，是指符合本条 (a) 款第 (1) 项规定，在一个国内地点 和一个国外地点之间，两个国外地点之间，或者一个国内地点与另一个由局方专门指定、视为国外地点的国内地点之间的运行；

(3) 补充运行，是指符合本条 (a) 款第 (2)、(3) 项规定的运行。

(d) 大型飞机公共航空运输承运人应当遵守其他有关的中国民用航空规章，但在本规则对相应要求进行了增补或者提出了更高标准的情况下，应当按照本规则的要求执行。

(e) 大型飞机公共航空运输承运人在运行中所使用的人员和大型飞机公共航空运输承运人所载运的人员应当遵守本规则中的适用要求。

(f) 在本规则中，对于载运邮件的飞行，视为载运货物飞行；对于同时载运旅客和货物的飞行，视为载运旅客飞行，但应当同时满足本规则中有关货物运输条款的要求。

第 121.5 条　定义

(a) 在本规则中，局方是指民航局和民航地区管理局及其派出机构。

(b) 除本规则其他章中另有规定外，本规则中用语的含义在本规则附件 A《定义》中规定。

第 121.7 条　运行合格审定和持续监督

(a) 民航局对大型飞机公共航空运输承运人的合格审定和运行实施统一监督管理。

(b) 民航局飞行标准职能部门依据本规则组织指导大型飞机公共航空运输承运人的运行合格审定和持续监督检查工作，制定必要的工作程序，规定运行合格证、运行规范及其申请书的统一格式。

(c) 民航地区管理局负责对其所辖地区内设立的大型飞机公共航空运输承运人实施运行合格审定，颁发运行合格证和运行规范，并及时向民航局飞行标准职能部门备案。

(d) 大型飞机公共航空运输承运人取得运行合格证和运行规范后，即成为本规则规定的运行合格证持有人 (以下简称合格证持有人)。

(e) 民航地区管理局及其派出机构负责对其所辖地区内设立的或者在其所辖地区内运行的合格证持有人实施持续监督检查。

第 121.9 条　飞机的湿租

(a) 除经民航局批准外，合格证持有人不得湿租境外航空运营人或者境内未按照本规则批准运行的航空运营人的飞机。

(b) 合格证持有人在进行涉及湿租的运行前，应当向局方提交一份与国内外其他公共航空运营人所签订的飞机湿租租赁合同和有关批准文件的副本，局方收到租赁合同副本后，将确定合同中飞机的运行控制方，并根据需要，向合同一方或者双方分别颁发运行规范的修改项，否则合格证持有人不得进行湿租运行。

(c) 合格证持有人实施湿租运行，应当提供下列需要列入运行规范的信息：

(1) 合同双方的名称和合同的有效期限；

(2) 合同所涉及的每架飞机的国籍标志和登记标志；

(3) 运行种类；

(4) 运行的机场或者区域；

(5) 具体说明计划由哪一方负责运行控制和实施这种运行控制的时间、机场或者区域。

(d) 在对前款事项作出决定时，局方将考虑下列因素：

(1) 机组成员资格；

(2) 飞机适航性和维修工作；

(3) 飞行签派；

(4) 飞机的补给服务；

(5) 航班计划；

(6) 安全运行责任；

(7) 局方认为有关的其他因素。

(e) 经局方批准，合格证持有人在因特殊原因取消其飞机的飞行时，可以租用带有一名或者多名机组成员的飞机，载运其旅客进行飞行。这种飞行应当遵守本规则中与所实施运行有关的规定。

第 121.11 条　境外运行规则

大型飞机公共航空运输承运人在中国境外运行时，应当遵守《国际民用航空公约》附件二《空中规则》和所适用的外国法规。在《民用航空器驾驶员合格审定规则》(CCAR–61)、《一般运行和飞行规则》(CCAR–91) 和本规则的规定严于上述附件和外国法规的规定并且不与其发生抵触时，还应当遵守 CCAR–61、CCAR–91 和本规则的规定。

【课后思考题】

1. CCAR-121 部的全称是什么？
2. CCAR-121 部的目的和依据是什么？
3. CCAR-121 部的适用范围有哪些？

第二节　G 章 手册的要求

第 121.131　条手册的制定和保存

(a) 合格证持有人应当具有为实施其各种运行的全体飞行、维修和其他地面运行工作人员制定并供其使用和指导其操作的手册，并且有合适的手册管理系统，负责制定、分发、修订和补充手册，使其保持现行有效。

(b) 本条 (a) 款要求的手册应当符合下列要求：

(1) 包含必需的指令和信息，使有关人员能安全地完成所担负的工作职责；

(2) 除局方批准外，使用中文写成。如果合格证持有人在运行中使用了不熟悉中文的人员，则应当同时为其提供相应文字的手册，并且应当保证这些手册的一致性和同等有效性；

(3) 采用易于修订的形式；

(4) 在有关的每一页上，具有最后一次修订的日期；

(5) 符合所有适用的中国民用航空规章、该合格证持有人的运行合格证与运行规范；对于实施国际运行的合格证持有人，还应当符合所适用的外国规章。

(c) 合格证持有人在其主运营基地至少要保存一套完整的手册。

第 121.133 条　手册内容总体要求

手册应当包含下列所有内容，但可以分为两个或者两个以上的单独分册，每一分册应当包括所有适用于该类人员的内容：

(a) 概述：

(1) 实施飞行运行有关的人员与其职责的说明；

(2) 飞行签派和运行控制，包括：适用的签派协调、飞行控制、飞行跟踪程序等；

(3) 航路飞行、导航和通信程序，包括：当任何所需的特定设备不工作或无法提供服务时，签派或放行飞机继续飞行；

(4) 关于限制飞行机组成员和客舱乘务员的飞行时间和值勤期以及为其提供足够休息期的规定；

(5) 机载导航设备清单，其中包含与基于性能导航区域内的运行有关的任何规定；

(6) 适用的远程导航程序、ETOPS 的发动机失效程序和备降机场的选择与使用；

(7) 应持续保持无线电监听的情况；

(8) 确定飞行最低高度的方法；

(9) 确定机场运行最低标准的方法；

(10) 旅客在机上时实施燃油加注的安全预防措施；

(11) 地面操作的安排和程序；

(12) 机长发现有事故发生后使用的搜寻和救援程序；

(13) 不同类型运行中飞行机组指挥权接替次序的指定；

(14) 对所要装载的燃油与滑油量计算的具体说明，其中考虑到运行中的所有情况，包括在航路上释压和一台或多台动力装置失效的可能性；

(15) 应当使用氧气的情况和按照本规则第 121.327、329、331 和 333 条规定确定氧气的携带量；

(16) 重量与平衡控制方面的操作指示；

(17) 地面除冰、防冰操作的实施和控制方面的操作指示；

(18) 空中交通服务飞行计划的填写规范，运行飞行计划的内容和使用方法；

(19) 飞行各阶段标准操作程序 (SOP)；

(20) 关于正常检查单的使用及其使用时机的操作指示；

(21) 离场应急程序；

(22) 保持高度意识和使用自动或飞行机组高度喊话的操作指示；

(23) 在仪表气象条件下使用自动驾驶仪与自动油门的操作指示；

(24) 关于空中交通管制许可的确认与接受的操作指示，特别是针对那些许可中包含有超越障碍物许可的情况；

(25) 离场与进近简令；

(26) 用于熟悉空域、航路和机场的程序；

(27) 稳定进近程序；

(28) 接近机场道面时的大下降率限制；

(29) 开始或继续仪表进近所需的条件；

(30) 实施精密、类精密和非精密仪表进近程序的操作指示；

(31) 夜间与仪表气象条件下，仪表进近与着陆运行中的飞行机组职责分配和机组成员工作负荷管理的程序；

(32) 避免可控飞行撞地的操作指示与训练要求，以及近地警告系统的使用政策；

(33) 避免空中相撞和使用空中交通防撞系统 (ACAS) 的政策、操作指示、程序和训练要求；

(34) 关于拦截民用飞机方面的信息和操作指示，包括：

(i) 被拦截飞机的机长应当采取的程序；

(ii) 拦截和被拦截飞机使用的目视信号。

(35) 对准备在 15000 米 (49000 英尺) 以上运行的飞机，还需要以下资料：

(i) 在受到太阳宇宙射线辐射时，使驾驶员能够确定应采取的最佳行动方案的资料；

(ii) 决定下降后的程序，其中包括：

(A) 向合适的空中交通服务单位发出预先情况警告以及获得临时下降许可所必需的程序；

(B) 与空中交通服务单位之间的通信不能建立或被中断时应采取的措施。

(36) 安全管理体系的详细内容；

(37) 载运危险物品的操作指示和资料，包括紧急情况下采取的措施；

(38) 保安方面的操作指示及指南；

(39) 根据保安部门相关规定制定的搜查程序检查单；

(40) 航空人员健康管理、航空食品卫生、飞机消毒和卫生防疫的规定与程序；

(41) 电子飞行包 (EFB) 管理要求和程序 (如适用)；

(42) 电子导航数据管理程序。

(43) 飞机追踪程序。

(b) 飞机运行信息：

(1) 飞机型号审定数据和运行极限数据；

(2) 飞行机组使用的正常、非正常和应急程序及有关检查单；

(3) 所有发动机工作时爬升性能的操作指示和信息；

(4) 供飞行前和飞行中制定计划使用的飞行计划数据，包含不同的推力、功率和速度设定情况下的数据；

(5) 所用每个机型的最大侧风和顺风分量限制，以及在考虑了阵风、低能见、跑道道面状况、机组经历、自动驾驶使用、非正常或紧急情况或其他有关运行因素影响时，对这些限制数值进行的缩减；

(6) 重量与平衡计算方面的操作指示和数据；

(7) 飞机装载和载荷固定方面的操作指示；

(8) 可供每一型号飞机运行人员和飞行机组所使用的包括与该型号飞机运行有关的正常、非正常和应急程序以及该飞机各系统和所用检查单的详细信息在内的飞机操作手册，手册的设计还需符合人的因素要求；

(9) 供所用机型和经批准的特殊运行使用的最低设备清单和外形缺损清单， 其中包含与基于性能导航区域内的运行有关的任何规定；

(10) 应急和安全设备的检查单和使用说明；

(11) 应急撤离程序，包括与机型相关的程序、机组协调、紧急情况下机组成员的指定位置和紧急情况下每个机组成员的职责；

(12) 客舱乘务员所使用的正常、非正常和应急程序，以及与此有关的检查单和必需的飞机系统信息，并且包括一个用于解释这些程序是供飞行机组成员和客舱乘务员之间协调使用的说明；

(13) 用于不同航路的救生和应急设备清单，以及在起飞前验证其工作正常的必要程序，包括确定所需氧气量和可用量的程序；

(14) 供幸存者使用的地空目视信号说明。

(c) 航路和机场：

(1) 航路信息指导，用于确保飞行机组每次飞行都能够获得适用于该运行的通信设施、助航设备、机场、仪表进近、仪表进场和仪表离场方面的信息以及运营人认为正确实施飞行运行所必需的其他信息。

(2) 每一所飞航路的最低飞行高度；

(3) 可能用作目的地机场或备降机场的每个机场的运行最低标准；

(4) 在进近或机场设施降级的情况下机场运行最低标准的提高；

(5) 符合规章要求的所有飞行剖面的必需信息，包括但不仅限于下列确定内容：

(i) 干、湿和受污染情况下的起飞跑道长度要求，包括影响起飞距离的系统失效情况；

(ii) 起飞爬升限制；

(iii) 航路爬升限制；

(iv) 进近爬升限制和着陆爬升限制；

(v) 干、湿和受污染情况下的着陆跑道长度要求，包括影响着陆距离的系统失效情况；

(vi) 补充信息，如轮胎速度限制。

(d) 训练：本规则 N 章规定的飞行机组成员、客舱乘务员和飞行签派员训练大纲的详细内容。

第 121.135 条　手册的分发和可用性

(a) 合格证持有人应当向下列人员提供本规则第 121.131 条所要求的手册及其修改和补充，或者该手册的有关部分：

(1) 维修人员和有关地面运作人员；

(2) 机组成员；

(3) 负责管理该合格证持有人的局方人员。

(b) 按照本条 (a) 款持有手册或者手册相关部分的每个人，应当使用合格证持有人提供的修改和补充页，使手册内容保持最新有效状态，并在执行指定任务时可以随时查阅。

第 121.137 条　飞机飞行手册

(a) 合格证持有人对其使用的每一型号飞机，应当保持现行有效的经局方批准的飞机飞行手册。

(b) 合格证持有人的每架飞机应当携带用机组人员所熟悉的文字写成的经局方批准的飞机飞行手册，或者携带本规则第 121.131 条要求的手册，但该手册中应当包含相应的飞机飞行手册所要求的资料，并且应当清楚地标明这些资料中作为飞行手册的内容。

(c) 如果该合格证持有人选择携带本规则第 121.131 条所要求的手册，合格 证持有人可以根据相应的飞机飞行手册，修订其操作程序部分和修改性能数据的编排形式，但经修订的操作程序和经修改的性能数据编排形式应当符合下列要求：

(1) 经局方批准；

(2) 清楚地标明作为飞机飞行手册的内容。

【课后思考题】

1. 请简述手册内容总体要求。
2. 请简述手册的分发和可用性。

第三节　M 章 机组成员和其他航空人员的要求

第 121.381 条　航空人员的条件及限制

(a) 合格证持有人不得使用，任何人员也不得作为按照本规则运行的航空人员被使用，除非该人员符合下列条件：

(1) 持有局方颁发的相应的现行有效航空人员执照或证件；

(2) 在按照本规则运行时，按照要求携带现行有效的航空人员执照、体检合格证和其他必需的证件；

(3) 合格于所从事的工作。

(b) 按照要求携带证件的每个航空人员，应当在局方检查时出示证件。

(c) 合格证持有人不得使用已满 63 周岁的人员在实施本规则运行的飞机上担任飞行机组必需成员。任何已满 63 周岁的人员，也不得在按照本规则运行的飞机上担任飞行机组必需成员。

第 121.383 条　飞行机组的组成

(a) 合格证持有人在运行飞机时，其飞行机组成员不得少于所批准的该型飞机飞行手册中规定的数量，也不得少于本规则对所从事的该种运行所要求的最少飞行机组成员数量。

(b) 对于本规则要求应当具有飞行人员执照才能完成的两种或者两种以上职能，不得由一名飞行人员同时完成。

(c) 合格证持有人在按照本规则运行时，飞行机组至少配备两名驾驶员，并且应当指定一名驾驶员为机长。

(d) 在飞行机组必需成员中要求有飞行机械员每次飞行中，应当有飞行机组成员在飞行机械员生病或者由于其他原因而丧失工作能力时能代替其工作，合格于应急完成相应的职能，以保证安全完成飞行。在这种情况下，飞行人员完成所代替的职能时，无需持有相应的执照。

第 121.385 条　飞行机械员

担任飞行机组必需成员的飞行机械员，其配备应当符合飞机飞行手册中对机组定员的要求。

第 121.391　条客舱乘务员

(a) 为保证安全运行，合格证持有人在所用每架载运旅客的飞机上，应当按照下列要求配备客舱乘务员：

(1) 对于旅客座位数量为 20 至 50 的飞机，至少配备 1 名客舱乘务员；

(2) 对于旅客座位数量为 51 至 100 的飞机，至少配备 2 名客舱乘务员；

(3) 对于旅客座位数量超过 100 的飞机，在配备 2 名客舱乘务员的基础上，按照每增加 50 个旅客座位增加 1 名客舱乘务员的方法配备，不足 50 的余数部分按照 50 计算。

(b) 如果在按照本规则第 121.161 条 (a) 款或者 (b) 款的要求进行的应急撤离演示中，合格证持有人使用的客舱乘务员人数，多于按照本条 (a) 款对演示所用飞机的最大旅客座位数量所要求的客舱乘务员人数，则该合格证持有人应当按 照下列条件配备客舱乘务员。

(1) 飞机为最大旅客座位数量布局时，客舱乘务员人数至少应当等于应急撤离演示期间所用的人数；

(2) 飞机为任一减少了旅客座位数量的布局时，客舱乘务员人数至少应当在本条 (a) 款对该布局旅客座位数量要求的客舱乘务员人数之外再增加应急撤离演示期间所用客舱乘务员人数与本条 (a) 款对原布局所要求人数之差。

(c) 合格证持有人在制定客舱乘务员配备数时，除了满足本条 (a) 款和 (b) 款要求外，还需考虑以下因素：

(1) 出口的数量；

(2) 出口的类型和撤离手段；

(3) 出口的位置；

(4) 客舱乘务员座位位置；

(5) 水上迫降时客舱乘务员要求的程序；

(6) 负责成对出口的客舱乘务员额外程序要求；

(7) 航线类型。

(d) 按照本条 (a)、(b) 和 (c) 款所批准的客舱乘务员人数应当规定在该合格证持有人的运行规范中。

(e) 在起飞和着陆过程中，本条要求的客舱乘务员应当尽可能地靠近所要求的地板高度出口，而且应当在整个客舱内均匀分布，以便在应急撤离时最有效地疏散旅客。在滑行期间，本条要求的客舱乘务员，除完成保障飞机和机上人员安全的任务外，其他时间应当坐在其值勤位置并系好安全带和肩带。

第 121.393 条　在经停站旅客不下飞机时对机组成员的要求

在中途过站停留时，如果乘坐该机的旅客仍停留在飞机上，合格证持有人应当遵守下列规定：

(a) 如果保留在飞机上的客舱乘务员数量少于本规则第 121.391 条 (a) 款要求的数量，则合格证持有人应当采取下列措施：

(1) 保证飞机发动机关车并且至少保持打开一个地板高度出口，供旅客下飞机；

(2) 保留在飞机上的客舱乘务员数量应当至少是本规则第 121.391 条 (a) 款要求数量的一半，有小数时，舍去小数，但至少为 1 人；

(3) 可以用其他人员代替要求的客舱乘务员，代替客舱乘务员的人员应当是符合第 121.419 条应急撤离训练要求的合格人员且应当能够为旅客所识别。

(b) 如果在过站时该飞机上只保留 1 名客舱乘务员或者其他合格人员，则该客舱乘务员或者其他合格人员所在的位置应当符合经局方批准的该合格证持有人运行程序的规定。如果在飞机上保留 1 名以上客舱乘务员或者其他合格人员，这些客舱乘务员或者其他合格人员应当均匀分布在飞机客舱内，以便在紧急情 况下最有效地帮助旅客撤离。

第 121.395 条　飞行签派员

实施国内或者国际定期载客运行的合格证持有人，应当在每一飞行签派中心安排有足够数量的合格飞行签派员，以确保对每次飞行进行恰当的运行控制。

第 121.397 条　紧急情况和应急撤离职责

(a) 对于每一型号及其改型飞机，合格证持有人应当对要求的每类机组人员，分别指派其在紧急情况时或者应急撤离时应当完成的任务。合格证持有人应当证明，完成这些任务是现实可行的，并且考虑到了任何有理由预见到的紧急情况的处置，包括个别机组成员可能丧失工作能力或者在客货混装的飞机上，由于货物的移动，机组成员不能到达客舱这样的紧急情况。

(b) 合格证持有人应当将本条 (a) 款要求的每类机组必需成员的任务规定在其手册中。

【课后思考题】

1. 请简述航空人员的条件和限制。
2. 请简述客舱乘务员的配备要求。
3. 请简述航空人员紧急情况和应急撤离时的职责。

第四节　N 章 训练大纲

第 121.401 条　训练的基本要求

(a) 合格证持有人应当按照下列要求，保证为所有机组成员、飞行签派员和其他相关人员提供充分的训练：

(1) 制订符合本章、本规则附件 D《飞行训练要求》、附件 E《熟练检查要求》和本规则附件 G《高级飞行模拟机的使用》规定要求的训练大纲，使其获得相应的初始批准和最终批准，并按照训练大纲进行训练；

(2) 为训练提供足够的地面训练设施和飞行训练设施；

(3) 对于每一型别飞机及在该飞机型别范围内的各种改型，提供实施本规则训练和检查所需的合适的训练资料、考试题、表格、指南、程序，并使其保持现行有效；

(4) 提供足够的地面教员、飞行教员、飞行模拟机教员、飞行签派教员和航空检查人员，以实施所要求的训练和检查。

(b) 对应当进行定期复训、飞行检查或者资格检查的机组成员、飞行签派员，在要求进行训练或者检查的那个日历月之前一个或者之后一个的日历月中完成了训练或者进行了检查的，被视为在所要求的那个日历月中完成了训练或者进行了检查。

(c) 负责每一段训练或者检查的每个教员、主管人员或者航空检查人员，在完成这些训练或者检查后，应当对被训练或者检查合格的机组成员、飞行签派员、飞行教员或者航空检查人员的技术熟练程度和知识水平作出合格证明。这种合格证明应当作为该机组成员或者飞行签派员记录的一部分。

(d) 适用于一个以上飞机型别或者机组成员位置的训练科目，如果已在其中某一型别或者某一机组成员位置上完成了该训练科目，则这些科目在以后的训练中，除定期复训之外，不需要重复训练。

(e) 对于在飞行训练中进步较快、完成较好的受训人员，经其教员或者航空检查人员推荐，并顺利通过航空检查人员或者局方的相应飞行检查，则该员的飞行训练的计划小时数可以适当减少。但是，如果局方发现该训练单位在前 6 个月训练期间，按照本款推荐的人员有 20% 飞行检查不合格，则不得适用本款，直至局方认为该单位飞行训练效果已有改善为止。

第 121.402 条　实施训练的特殊规定

(a) 除合格证持有人自身提供训练之外，合格证持有人可以与取得《飞行训练中心合格审定规则》（CCAR-142）飞行训练中心合格证的训练中心签订合同或者协议，委托该训练中心或者使用其提供的服务对合格证持有人的飞行机组成员进行本规则要求的训练、考试或者检查，但该训练中心应当：

(1) 取得按照 CCAR-142 部颁发的运行规范；

(2) 有符合 CCAR-142 部要求并适用的训练设施、设备和教程；

(3) 有批准的符合于本章要求并适用于训练教学的课程、课程段和课程部分；

(4) 有可以提供训练、考试或者检查的足够教员和检查员。

(b) 经局方对训练大纲的批准，本规则合格证持有人可以与其他本规则合格证持有人或者训练机构签订合同或者协议，委托其提供对合格证持有人飞行机组成员之外的人员进行本规则要求的训练、考试或者检查。

第 121.403 条　训练大纲的制订要求

(a) 合格证持有人应当按照每一飞机型别分别制订训练大纲并保持其现行有效，供运行该型别所需要的每一机组成员和飞行签派员使用。

(b) 每个训练大纲应当包括新雇员训练、初始训练、转机型训练、升级训练、复训和重新获得资格训练等基本类别的训练提纲。一般每一种训练提纲应当包含地面训练、飞行模拟机飞行训练、飞机飞行训练、应急生存训练、差异训练和资格检查等课程段的课程设置。每一课程段应当列明所训练的内容和计划小时数，在飞行模拟机飞行训练、飞机飞行训练和资格检查课程段中，还应当列明正常、非正常和应急动作、程序的详细说明。

(c) 每种训练提纲还应当包括下列内容：

(1) 受训人员的进入条件及训练后应当达到的质量要求；

(2) 合格证持有人将使用的所有训练设施、设备，包括飞行训练器、飞行模拟机等训练设备的清单；

(3) 所使用的教员、航空检查人员的资格；

(4) 局方按照本规则第 121.405 条 (d) 款颁发的关于减少训练计划小时数的批准文件。

第 121.405 条　训练大纲及其修订的批准

(a) 申请训练大纲及其修订的初始批准和最终批准时，合格证持有人应当向局方提交按照本规则第 121.403 条制订或者修订的训练大纲，并提供局方要求的有关资料。

(b) 对于符合本章要求的训练大纲或者其修订，局方以书面形式发出初始批准，合格证持有人即可依照该大纲进行训练。在训练中局方对该训练大纲的训练效果作出评估，指出应当予以纠正的缺陷。

(c) 合格证持有人按照初始批准的训练大纲所进行的训练，能使每个受训人员获得充分的训练，完成其指定任务的，局方可以为其颁发该训练大纲或者其修订的最终批准。

(d) 在颁发训练大纲或者其修订的初始批准和最终批准，包括批准减少本章规定的计划小时数时，局方主要考虑，该合格证持有人训练中使用的资料、设备、方法和程序，是否有助于保证教学质量和提高效率。在颁发减少训练计划小时数的批准时，局方将向合格证持有人提供一份作出这种批准所依据的必要条件的文件。

(e) 当局方认为，为了使已经获得最终批准的训练大纲继续保持良好训练效果，应当对其作某些修订时，则合格证持有人在接到局方的通知之后，应当对大纲进行相应的修改。合格证持有人在接到这种通知后 30 天之内，可以向局方提出重新考虑的请求。在对重新考虑的请求未作出决定的期间，该通知暂停生效。

第 121.407 条　飞行模拟机、客舱模拟器和其他训练设备的批准

(a) 在按照本规则所进行的训练和检查中所用的每一飞行模拟机、客舱模拟器和其他训

练设备均应当符合下列条件：

(1) 经局方批准，可以用于该合格证持有人、该型别飞机和所涉及的具体动作、程序或者机组成员职能；

(2) 持续保持获得批准所要求的性能、功能和其他特性；

(3) 在所模拟的飞机作了改装，导致获得批准所要求的性能、功能或者其他特性发生变化时，作与其相一致的改装；

(4) 在使用之前，对其进行每日的飞行前功能检查；

(5) 具有每日的缺陷记录本，在每次训练飞行或者检查飞行结束时，由有关的教员或者航空检查人员将发现的每个缺陷记入该记录本中。

(b) 一台飞行模拟机、客舱模拟器或者其他训练设备，可以批准给一个以上的合格证持有人使用。

(c) 飞行模拟机满足下列条件方可以用于代替飞机，来满足本规则第 121.461 条、第 121.465 条和本规则附件 D、附件 E 中的飞机飞行训练和检查要求：

(1) 按照本条得到批准，并且符合本规则附件 G 对高级飞行模拟机的相应要求；

(2) 在经批准的训练大纲中使用，该大纲符合本规则附件 G 的相应要求。

第 121.409 条　使用飞行模拟机、客舱模拟器和其他训练设备的训练课程

(a) 合格证持有人的经批准训练大纲中，可以包括使用飞行模拟机、客舱模拟器或者其他训练设备的训练课程。

(b) 在飞行模拟机上的训练课程可以用于代替本规则第 121.465 条规定的熟练检查，但该课程应当符合下列条件并且应当按照第 121.465 条要求进行检查以确定是否圆满完成训练课程：

(1) 至少设置了 4 小时在飞行模拟机驾驶员操纵位置上的训练，并且在训练前后有简要讲解和讲评；

(2) 至少设置了本规则附件 E 规定的程序和动作的训练，或者设置了航线模拟训练，该航线模拟训练应当使用一个完整的飞行机组，至少包括了在航线运行中可以预见到的动作与程序 (含非正常和应急)，并在该合格证持有人一个典型航路上实施；

(3) 是由符合本规则第 121.411 条中相应要求的教员实施的。

(c) 要求在其飞机上装备低空风切变系统的每个合格证持有人，应当在相应机型的驾驶员训练课程中，使用经批准的飞行模拟机，进行低空风切变飞行程序和动作的训练。

(d) 对于本规则第 121.419 条 (c) 款、第 121.429 条 (a) 款和 (b) 款、第 121.439 条 (b) 款所要求的训练课程，合格证持有人应使用客舱模拟器等客舱训练设备和设施来实施完成这些训练或者训练的某些部分。在客舱模拟器上的训练课程应由符合本规则第 121.411 条要求的客舱乘务教员实施。

第 121.419 条　机组成员的应急生存训练

(a) 机组必需成员应当针对所飞飞机的型别、布局及所实施的每种运行，完成本条规定的应急生存训练。

(b) 应急生存训练应当包括下列内容：

(1) 讲解应急工作的任务分派和程序，包括机组成员之间的协调配合；

(2) 逐个讲解下列应急设备的所在位置、功能和使用方法：

(i) 用于水上迫降和撤离的设备；

(ii) 急救设备；

(iii) 手提灭火器，重点是适用不同类型失火的灭火器型号；

(iv) 配有撤离滑梯或者滑梯救生筏的应急出口，重点是不利情况下应急出口的操作。

(3) 讲解紧急情况的处理，包括下列内容：

(i) 急剧释压；

(ii) 空中或者地面的失火和烟雾控制程序，重点是找到客舱区域 (包括所有厨房、服务舱、升降机、盥洗室和放置电影屏幕处) 内的电气设备和相关的断路器；

(iii) 水上迫降或者其他形式的撤离，包括在紧急情况下，撤离那些需要由别人帮助才能迅速移至某一出口的人员；

(iv) 旅客或者机组人员生病、受伤等非正常情况的处置，包括熟悉应急医疗设备；

(v) 劫机和其他非法干扰情况的处理。

(4) 回顾和讨论以前与实际紧急情况有关的飞行事故和事件。

(c) 每一机组成员应当在规定的训练期限内，使用配置在其所服务的每一型别飞机上的应急设备，完成下列应急演练：

(1) 一次性应急演练。在初次转入该机型的训练中，每个机组成员应当完成下列一次性应急演练：

(i) 至少一次佩戴防护式呼吸装置的演练。在该次演练中，该员应当佩戴该型飞机机载防护式呼吸装置或者经批准的模拟设备，使用一个型号的机载手提灭火器或者经批准的灭火器去扑灭实际或者模拟的失火，该灭火器应当适合所扑灭的失火的类型；

(ii) 至少一次经批准的灭火演练。在该次演练中，该员至少应当使用一个型号的机载手提灭火器或者经批准的灭火器去扑灭实际或者模拟的失火，该灭火器应当适合所扑灭的失火的类型。如果该机组成员在上述 (i) 目的防护式呼吸装置演练中扑灭的是实际失火，则本目规定的灭火演练不必再进行；

(iii) 每人使用至少一种机载或者经批准的用于训练的应急撤离滑梯进行撤出飞机的应急撤离演练。机组成员可以观察飞机出口在应急方式下被打开以及与之相连的出口滑梯或者滑梯救生筏被放出并充气的过程，或者亲自操作设备完成这些动作。

(2) 定期应急演练。下列训练应当在该机型初次训练时完成，以后每 24 个日历月定期复训一次。在训练中应当完成下列第 (i) 至第 (v) 目的应急演练和设备操作练习，并完成对第 (vi) 至第 (ix) 目演练的观察：

(i) 每种类型应急出口的正常和应急方式操作，包括放出应急撤离滑梯所要求的动作和力量；

(ii) 安装的每种型号手提灭火器；

(iii) 每种类型的应急氧气系统，包括防护式呼吸装置；

(iv) 个人漂浮装置的穿戴、使用和充气 (如适用)；

(v) 水上迫降（如适用），至少包括驾驶舱的准备工作和程序、机组的协调配合、对旅客的简要说明和客舱的准备工作、救生衣的穿戴和充气、救生绳的使用、组织旅客和机组登上救生筏或者滑梯救生筏；

(vi) 从飞机（或者训练设施）上取出每种型号的救生筏并充气（如适用）；

(vii) 将每种型号的滑梯救生筏从一舱门转移到另一舱门；

(viii) 将每种型号的滑梯救生筏展开、充气和从飞机或者训练设施上脱开；

(ix) 应急撤离，包括滑梯的使用。

(ix) 应急撤离，包括机组的准备工作和程序、滑梯的使用。

(d) 在 7600 米以上高度的飞行中服务的机组成员，应当接受下列内容的教育：

(1) 呼吸原理；

(2) 生理组织缺氧；

(3) 高空不供氧情况下的有知觉持续时间；

(4) 气体膨胀；

(5) 气泡的形成；

(6) 减压的物理现象和事件。

第 121.421 条　机组成员和飞行签派员的差异训练

(a) 机组成员和飞行签派员的差异训练，至少应当包括适用于其所担负的任 务与职责的下列内容和时间：

(1) 讲授该飞机初始地面训练所要求的每一相应科目或者其一部分的差异；

(2) 进行该飞机初始飞行训练所要求的每一相应动作或者程序的差异飞行训练；

(3) 局方认为对于该飞机、该运行、该机组成员或者飞行签派员所必需的地面和飞行训练计划小时数。

(b) 某一具体型别飞机的所有改型的差异训练，可以包括在该飞机的新雇员训练、初始训练、转机型训练、升级训练和定期复训中。

第 121.422 条　机组成员的保安训练

合格证持有人应当制定供机组成员使用的保安训练大纲，并经局方批准后按照该大纲实施训练。该训练大纲应当根据国家以及民航保卫部门不同时期的具体要求、国内外形势变化以及运行区域和特点等情况及时进行更新和修订。

机组成员的保安训练大纲至少包括以下内容：

(a) 事件严重性的确定；

(b) 机组成员之间的信息传递和协调；

(c) 恰当的自我防卫；

(d) 经批准供机组成员使用的非致命性保护器具的使用方法；

(e) 了解恐怖分子的行为，以使机组成员有能力应对劫机者的行为和旅客的反应；

(f) 针对不同威胁情况的真实场景演练；

(g) 用于保护飞机的驾驶舱程序；

(h) 飞机的搜查程序和最低风险爆炸区的指南。

第 121.429 条　客舱乘务员的初始和转机型地面训练

(a) 客舱乘务员的初始和转机型地面训练应当至少讲授下列内容：

(1) 一般科目，包括下列内容：

(i) 机长的职权和客舱乘务员的职责；

(ii) 旅客的管理，包括遇有精神错乱或者其他具有危及安全举动的人时所应遵循的程序；

(iii) 机组资源管理训练。

(2) 对于每一飞机型别，讲授的内容应当包括下列项目：

(i) 飞机的一般介绍，着重介绍影响水上迫降、撤离、空中应急程序及其他有关任务的物理特征；

(ii) 机内广播系统和与其他飞行机组成员联络的设备的使用，包括遇到试图劫持飞机或者其他非正常情况时的应急处置方法；

(iii) 厨房电器设备和客舱加温、通风控制装置的正确使用。

(b) 客舱乘务员的初始和转机型地面训练，应当包括资格检查，以确定其完成指定任务和职责的能力。

(c) 客舱乘务员的初始地面训练，除经批准按照本规则第 121.405 条予以减少外，其计划小时数应当符合下列规定：

(1) 对于组类Ⅰ飞机，至少具有 32 小时。

(2) 对于组类Ⅱ飞机，至少具有 48 小时。

第 121.439 条　定期复训

(a) 定期复训应当以每 12 个日历月为一周期安排，保证每一机组成员或者飞行签派员，获得关于该型别飞机和所涉及的机组成员工作位置的充分训练并 保持近期熟练水平。

(b) 机组成员和飞行签派员的定期复训地面训练应当至少包括下列内容：

(1) 机组成员或者飞行签派员在所涉及的飞机和工作位置方面知识状况的问答或者考查；

(2) 根据需要讲授本规则第 121.415 条 (a) 款要求的初始地面训练的适当科目，包括应急生存训练 (对飞行签派员不作要求)；

(3) 对于客舱乘务员和飞行签派员，分别按照本规则第 121.429 条 (b) 款和第 121.431 条 (b) 款的要求进行资格检查；

(4) 机组资源管理定期复训，对飞行机组成员，可以在航线模拟训练中完成这一训练或者训练的某些部分。

(c) 机组成员和飞行签派员的定期复训地面训练，除按照本规则第 121.405 条的规定予以减少外，其计划小时数应当符合下列规定：

(1) 对于飞行机组成员，至少具有下列计划小时数：

(i) 组类 I，以活塞式发动机为动力的飞机，16 小时；

(ii) 组类 I，以涡轮螺旋桨发动机为动力的飞机，20 小时；

(iii) 组类 II 飞机，25 小时。

(2) 对于客舱乘务员，至少具有下列计划小时数：

(i) 组类 I，10 小时；

(ii) 组类 II 飞机，16 小时。

(3) 对于飞行签派员，至少具有下列计划小时数：

(i) 组类 I，以活塞式发动机为动力的飞机，8 小时；

(ii) 组类 I，以涡轮螺旋桨发动机为动力的飞机，10 小时；

(iii) 组类 II 飞机，20 小时。

(d) 飞行机组成员的定期复训飞行训练应当至少包括下列内容：

(1) 对于驾驶员，至少完成本规则附件 E 规定的动作与程序和低空风切变训练。复训的飞行训练应该在经局方鉴定合格，至少 B 级以上的高级飞行模拟机上进行，飞行训练的计划小时数为每 12 个日历月不少于 8 小时。除局方批准外，对于没有飞行模拟机的机型，复训应当在地面利用该型别飞机或者训练设备训练应急操作动作与程序，并且每 12 个日历月内至少应当有 4 小时使用飞机进行飞行训练；

(2) 对于飞行机械员，完成本规则第 121.435 条 (a) 款规定的飞行训练。

【课后思考题】

1. 请简述定期复训的相关要求。
2. 请简述机组成员机组安保复训的相关要求。
3. 请简述训练大纲的制定要求。

第五节 O 章 机组成员的合格要求

第 121.451 条 概则

(a) 在配备三名（含）以上驾驶员的运行中，如需配备一名在巡航阶段替代机长工作的巡航机长，该驾驶员除无需满足本规则第 121.457 条规定的运行经历外，应当完全合格于在该型别飞机上担任机长。

(b) 除下列检查和训练外，合格证持有人不得在按照本规则实施的运行中进行其他任何飞行检查或者训练：

(1) 驾驶员的航线检查；

(2) 飞行机械员的检查（除应急程序外），但被检查的飞行机械员应当是已按照本规则第 121.471 条 (a) 款规定合格并符合近期经历要求的；

(3) 客舱乘务员的训练和资格检查。

(c) 除驾驶员航线检查和飞行机械员飞行检查外，接受训练或者检查的人员不得作为机组必需成员使用。

第 121.455 条 必需的训练

(a) 只有按照经批准的训练大纲，圆满完成了相应型别飞机和相应机组成员位置的下列训练，方可以担任该型别飞机的机组必需成员：

(1) 新雇员训练。对于新雇员，应当圆满完成新雇员训练提纲中的地面基础教育内容，并根据不同新雇员的原有经历和拟担任的职位，完成本款第 (2) 到 (7) 项中相应的训练内容。

(2) 初始训练。对于未在相同组类其他飞机的相同职位上经审定合格并服务过的机组成员，应当圆满完成初始训练。

(3) 转机型训练。对于已在相同组类其他型别飞机的相同职务上经审定合格并服务过的机组成员，在转入该机型的同一职位之前，应当圆满完成转机型训练。

(4) 升级训练。对于在某一型别飞机上合格并担任副驾驶的机组成员，应当圆满完成升级训练，方可以担任该机型飞机的机长。

(5) 差异训练。对于已在某一特定型别的飞机上经审定合格并服务过的机组成员，当使用的同型别飞机与原飞机存在差异时，应当圆满完成差异训练。

(6) 定期复训。符合下列要求：

(i) 对于每个飞行机组成员，在前 12 个日历月之内，应当圆满完成本规则规定的服务于每一机型的复训的地面和飞行训练；

(ii) 对于客舱乘务员，应当在前 12 个日历月内完成复训地面训练和资格检查。

(7) 重新获得资格训练。对于因为不符合近期经历要求、未按照规定期限完成定期复训、未按照规定期限完成飞行检查或者飞行检查不合格等原因而失去资格的机组成员，应当进行相应的重新获得资格训练。

(b) 对于履行危险物品处理或者载运职责的人员（含地面人员）应当按照《民用航空危险品运输管理规定》（CCAR-276）规定进行训练并保持训练记录。

第 121.457 条　新机型和新职位上的运行经历要求

(a) 在飞机上担任机组必需成员的人员，应当在该型别飞机和在该机组成员位置上，圆满完成本条要求的巩固知识与技术所需的飞行经验、飞行次数和航线飞行经历时间，取得规定的运行经历。但下列情况除外：

(1) 除机长之外的机组成员，可以按照本条规定，在担任本职工作中，获得符合本条要求的运行经历；

(2) 符合机长要求的驾驶员可以担任符合第 121.451 条 (a) 款规定条件的巡航机长或者副驾驶；

(3) 对于同一型别中的各个改型，不要求在该改型上建立新的运行经历。

(b) 在获得运行经历时，机组成员应当符合下列规定：

(1) 持有适合于该机组成员职位和该飞机的执照与等级；

(2) 已经圆满完成有关该型别飞机和该机组成员职位的相应地面与飞行训练；

(3) 客舱乘务员已经圆满完成有关该机型和客舱乘务员职的相应地面训练；

(4) 这些经历应当在按照本规则实施的运行中获得。但是，当某一飞机先前未曾由合格证持有人在按照本规则实施的运行中使用过时，在该飞机验证飞行或者调机飞行中所获得的经历可以用于满足本条的运行经历要求。

(c) 驾驶员应当按照下述要求获得运行经历：

(1) 待取得机长运行经历的驾驶员，应当在飞行检查员或者飞行教员的监视下履行机长职责。对于完成初始或者升级训练、待取得机长运行经历的驾驶员，应当在局方监察员或者局方委任代表的监视下完成规定的职责至少一个航段飞行（包括起飞和着陆）。在按照本条规定取得运行经历的过程中，飞行检查员或者飞行教员应当担任机长并坐在驾驶员座位上。

(2) 副驾驶应当在飞行检查员或者飞行教员监督下完成其职责；

(3) 运行经历所要求的飞行经历时间和飞行次数应当符合下列规定：

(i) 组类Ⅰ，活塞式发动机为动力的飞机，飞行经历时间至少 15 小时；

(ii) 组类Ⅰ，涡轮螺旋桨发动机为动力的飞机，飞行经历时间至少 20 小时；

(iii) 组类Ⅱ飞机，飞行经历时间至少 25 小时；

(iv) 本项要求的运行经历中，应当包括至少 4 次飞行，其中包括至少 3 次作为该飞机的操作驾驶员的飞行。其中的 1 次操作应当在高度 3000 米（10000 英尺）以下用人工飞行的方式操作飞机。

(d) 飞行机械员应当在飞行机械检查员或者教员的监督下履行飞行机械员 职责至少达到下列小时数：

(1) 组类Ⅰ，活塞式发动机为动力的飞机，8 小时；

(2) 组类Ⅰ，涡轮螺旋桨发动机为动力的飞机，10 小时；

(3) 组类Ⅱ飞机，12 小时。

(e) 客舱乘务员应当在航线飞行中按照下述要求获得运行经历：

(1) 在客舱乘务教员指导下履行规定的职责；

(2) 在客舱乘务检查员的监督下履行规定的职责至少达到 5 小时；

(3) 正在获得运行经历的客舱乘务员不得担任机组必需成员。

(f) 对于新机型、新职位的驾驶员，为巩固其知识与技术，合格证持有人应当采取下列措施，保证其飞行连续性：

(1) 在完成新机型或者新职位上的训练之后的 120 天之内，应当安排航线飞行至少 100 小时；

(2) 如果驾驶员在完成必需的 100 小时航线飞行经历时间前，到该合格证持 有人运行的另一型别飞机上担任驾驶员，则该驾驶员在重新回到新机型上担任 驾驶员时，应当首先在飞行模拟机或者飞机上完成经批准的复习训练；

(3) 对于在 120 天之内没有完成必需的 100 小时航线飞行经历时间的驾驶 员，应当在飞行模拟机或者飞机上完成熟练检查并重新建立 120 天之内 100 小 时的航线飞行经历。

第 121.475 条　客舱乘务员的搭配要求

(a) 合格证持有人在按照本规则运行时，应当指定 1 名客舱乘务员为乘务长，作为客舱机组的负责人，履行客舱管理的职责并向机长报告。乘务长的资格应符合局方相关要求。

(b) 合格证持有人应当建立一套客舱乘务员排班程序，保证科学合理地搭配客舱机组成员，安全地完成所分派的任务。搭配客舱机组成员时当考虑以下因素：

(1) 客舱乘务员的年龄和飞行时间经历；

(2) 客舱乘务员的训练、资格满足所飞机型、区域和特殊运行的要求。

第 121.477 条　客舱乘务员的合格要求

(a) 在飞机上担任客舱乘务员的人员，应当通过局方按照本规则批准的训练大纲训练并经合格证持有人检查合格。在按照本规则运行时，应当持有现行有效的航空人员体检合格证和合格证持有人颁发的客舱乘务员训练合格证。

(b) 客舱乘务员应于前 12 个日历月之内，在按照本规则第 121.538 条要求所批准的可服务的一种机型上，至少已飞行 2 个航段，方可在此机型上担任客舱乘务员。

【课后思考题】

1. 请简述机组人员合格要求中的必需训练。
2. 请简述客舱乘务员的合格要求。
3. 请简述新机型和新职位上的运行经历要求。

第六节　P 章　机组成员值勤期限制、飞行时间限制和休息要求

第 121.418 条　概则

(a) 合格证持有人在实施本规则运行中，应当建立机组成员疲劳风险管理和定期疗养的制度，保证其机组成员符合本章适用的值勤期限制、飞行时间限制和休息要求。任何违反本章规定的人员不得在本规则运行中担任机组必需成员。

(b) 本章中的用语定义如下：

(1) 扩编飞行机组，是指飞行机组成员数量超过飞机机型所要求的操纵飞机的最小值，从而可由其他合格的飞行机组成员替换某一飞行机组成员，被替换的飞行机组成员可在飞行中休息；扩编飞行机组中应至少包含一名具备机长资格和一名具备巡航机长或以上资格的人员；

(2) 机上休息设施，是指安装在飞机内可以为机组成员提供休息机会的铺位或座位，其中分为：

(i) 1 级休息设施，是指休息用的铺位或可以平躺的其他平面，独立于驾驶舱和客舱，机组成员可控制温度和光线，不受打扰和噪音的影响；

(ii) 2 级休息设施，是指飞机客舱内的座位，至少可以利用隔帘与旅客分隔，避免被旅客打扰，可以平躺或接近平躺，能够遮挡光线、降低噪音；

(iii) 3 级休息设施，是指飞机客舱内或驾驶舱内的座位，应可倾斜 40°，并可为脚部提供支撑；

(3) 置位，是指机组成员根据合格证持有人的要求为完成指派的飞行任务，作为乘员乘坐飞机或地面交通工具，但不包括其往返当地适宜的住宿场所的交通。置位属于值勤，置位时间不能作为休息时间。当置位计入飞行值勤期时，在确定本章中最长飞行值勤时间时，置位不视作航段。

(4) 适宜的住宿场所，是指可以控制温度、降低噪音、条件良好的场所，该场所能够控制光线亮度，使机组成员可以在床位或椅子上以平躺或接近平躺姿势睡觉或休息。适宜的住宿住所只适用于地面设施，不适用于机上休息设施。

(5) 值勤，是指机组成员按照合格证持有人的要求执行的所有任务，包括但不限于飞行值勤、置位、备份(包括主备份和其他备份)和培训等。

(6) 飞行值勤期，是指机组成员接受合格证持有人安排的飞行任务后(包括飞行、调机或转场等)，从为完成该次任务而到指定地点报到时刻的开始，到飞机在最后一次飞行后发动机关车且机组成员没有再次移动飞机的意向为止的时间段。一个飞行值勤期还可能包括机组成员在某一航段前或航段之间代表合格证持有人执行的其他任务，但没有必要休息期的情况(如置位、主备份、飞机或模拟机培训发生在某一航段前或航段之间，但没有安排必要的休息期)。在一个值勤期内，如机组成员能在适宜的住宿场所得到休息，则该休息时间可以不计入该飞行值勤期的值勤时间。

(7) 日历日，是指按照世界协调时间或当地时间划分的时间段，从当日 00:00 至 23:59 的 24 小时。

(8) 主备份，是指机组成员根据合格证持有人的要求，在机场或合格证持有人指定的特定地点随时等待可能的任务。

(9) 休息期，是指从机组成员到达适宜的住宿场所起，到为执行下一次任务离开适宜的住宿场所为止的连续时间段。在该段时间内，合格证持有人不得为机组成员安排任何工作和给予任何打扰。值勤和为完成指派的飞行任务使用交通工具往来于适宜的住宿场所和值勤地点的时间不得计入休息期。

(c) 本章中时间均为北京时间，部分地区存在较长时差的另行规定。

第 121.491 条　客舱乘务员的飞行值勤期限制

(a) 当按照本规则第 121.391 条规定的最低数量配备客舱乘务员时，客舱乘务员的飞行值勤期不得超过 14 小时。

(b) 在按照本规则第 121.391 条规定的最低数量配备上增加客舱乘务员人数时，客舱乘务员的飞行值勤期限制和休息要求应当符合如下规定，增加 1 名客舱乘务员，飞行值勤期不得超过 16 小时；增加 2 名客舱乘务员，飞行值勤期不得超过 18 小时；增加 3 名或者 3 名以上客舱乘务员，飞行值勤期不得超过 20 小时。

(c) 发生意外运行情况下飞行值勤期的延长：

(1) 合格证持有人可以将本条 (a) 或 (b) 款规定的值勤期限制延长 2 小时或延长至可以将飞机安全地降落在下一个目的地机场或备降机场；

(2) 将本条 (a) 或 (b) 款规定值勤期限延长 30 分钟以上的情况只可在获得本规则第 121.495 条 (b) 款规定的休息期之前发生一次。

第 121.493 条　客舱乘务员的累积飞行时间、值勤时间限制

(a) 本条所规定的限制包括客舱乘务员在适当时期内代表合格证持有人所执行的所有飞行。

(b) 合格证持有人不得为客舱乘务员安排，客舱乘务员也不得接受超出以下规定限制的

累积飞行时间：

(1) 任一日历月，100 小时的飞行时间；

(2) 任一日历年，1100 小时的飞行时间。

(c) 合格证持有人不得为客舱乘务员安排，客舱乘务员也不得接受超出以下规定的累积飞行值勤时间限制：

(1) 任何连续 7 个日历日，70 小时的飞行值勤期；

(2) 任一日历月，230 小时的飞行值勤期。

(d) 客舱乘务员在飞机上履行安全保卫职责的时间应当计入客舱乘务员的飞行和值勤时间。

第 121.495 条　机组成员休息时间的附加要求

(a) 合格证持有人不得在机组成员规定的休息期内为其安排任何工作，该机组成员也不得接受合格证持有人的任何工作。

(b) 任一机组成员在实施按本规则运行的飞行任务或主备份前的 144 小时内，合格证持有人应为其安排一个至少连续 48 小时的休息期。

(c) 如果飞行值勤期的终止地点所在时区与机组成员的基地所在时区之间有 6 个或者 6 个小时以上的时差，则当机组成员回到基地以后，合格证持有人必须为其安排一个至少连续 48 小时的休息期。这一休息期应当在机组成员进入下一值勤期之前安排。本条款所述基地是指合格证持有人确定的机组成员驻地并接受排班的地方。

(d) 除非机组成员在前一个飞行值勤期结束后至下一个飞行值勤期开始前，获得了至少连续 10 个小时的休息期，任何合格证持有人不得安排，且任何机组成员也不得接受任何飞行值勤任务。

(e) 当合格证持有人为机组成员安排了其他值勤任务时，该任务时间可以计入飞行值勤期，当不计入飞行值勤期时，在飞行值勤期开始前应当为其安排至少 10 个小时的休息期。

【课后思考题】

1. 请简述客舱乘务员的周、月、年飞行时间的限制。
2. 请简述机组成员休息时间的附加要求。
3. 请简述客舱乘务员的值勤期限制和休息要求。

第七节　X 章　应急医疗设备和训练

第 121.741 条　适用范围

本章规定了按照本规则实施载客运行的合格证持有人的机载应急医疗设备和训练的要求，但并不要求合格证持有人及其代理人提供专业的应急医疗服务。

第 121.743 条　应急医疗设备

(a) 按照本规则运行的合格证持有人应当在其载客飞机上配备下列应急医疗设备：

(1) 急救箱；

(2) 应急医疗箱；

(3) 卫生防疫包。

(b) 本条所要求的各项应急医疗设备：

(1) 应当附加名称标识，并有明确的使用方法提示；

(2) 应当放置在客舱内，便于机组成员取用；

(3) 应当以 6 个月为周期或根据所配物品有效期和更新要求进行定期检查更新，以确保在紧急情况下能够使用。检查更新日期应当标注在包装外。

(c) 每架飞机配备的应急医疗设备数量和医疗物品种类应当符合本规则附件 B 的要求。

第 121.745 条　机组成员处置飞行中紧急医学事件的训练

(a) 合格证持有人的每一训练大纲中应包括本条规定的，针对每一型别、厂家、构型的飞机、每一机组必需成员、每一运行种类的适用训练内容。

(b) 训练应当包括下列内容：

(1) 遇有紧急医学事件时的处置程序，包括机组成员之间的协调；

(2) 应急医疗设备的存放位置、功能和使用方法；

(3) 急救箱、应急医疗箱和卫生防疫包内物品和药品的用途及使用方法；

(4) 每一客舱乘务员还应训练：

(i) 心肺复苏和隔离消毒等知识和操作；

(ii) 至少每 24 个月进行一次复训，包括心肺复苏的操作练习。

(c) 本条要求的机组成员实际操练和复训不需要达到或者相当于专业急救人员的水平。

【课后思考题】

1. 请简述应急医疗设备的相关要求。
2. 请简述机组成员处置飞行中紧急医学事件训练的相关要求。

参考文献

[1] 中华人民共和国交通运输部 . 大型飞机公共航空运输承运人运行合格审定规则（CCAR–121）. 2017.

[2] 中国四川航空股份有限公司 . 客舱乘务员手册 .

[3] 中国国际航空股份有限公司 . 客舱乘务员手册 .

[4] 中国国际航空股份有限公司 . 客舱乘务员训练大纲 .

[5] 中国东方航空股份有限公司 . 客舱乘务员手册 .

[6] 法国空客公司 . 客舱机组机型操作手册 .

[7] 美国波音公司 . 客舱机组机型操作手册 .

[8] 中国红十字会 . 急救手册 .